本书系湖南省自然基金项目（2019JJ40129）最终成果

股指期货管控的金融逻辑

杨林　杨雅如　著

中国金融出版社

责任编辑：贾　真
责任校对：张志文
责任印制：张也男

图书在版编目（CIP）数据

股指期货管控的金融逻辑／杨林，杨雅如著.—北京：中国金融出版社，2020.7

ISBN 978-7-5220-0625-3

Ⅰ.①股… Ⅱ.①杨…②杨… Ⅲ.①股票指数期货—期货交易—风险管理—研究 Ⅳ.①F830.91

中国版本图书馆 CIP 数据核字（2020）第 085041 号

股指期货管控的金融逻辑
GUZHI QIHUO GUANKONG DE JINRONG LUOJI

出版
发行　中国金融出版社

社址　北京市丰台区益泽路 2 号
市场开发部　（010）66024766，63805472，63439533（传真）
网上书店　http://www.chinafph.com
　　　　　（010）66024766，63372837（传真）
读者服务部　（010）66070833，62568380
邮编　100071
经销　新华书店
印刷　保利达印务有限公司
尺寸　169 毫米×239 毫米
印张　16.75
字数　235 千
版次　2020 年 7 月第 1 版
印次　2020 年 7 月第 1 次印刷
定价　52.00 元
ISBN 978-7-5220-0625-3
如出现印装错误本社负责调换　联系电话（010）63263947

致 谢

本书得到湖南省自然基金委与湖南农业大学经济学院专著出版资金资助

摘　要

现代金融的核心功能是风险管理。随着经济全球化与金融深化，以期货为代表的风险管理金融市场迅猛发展，呈现三足鼎立格局，尤其是股票市场的发展，使股指期货成为大国风险管理的金融重器。2008年国际金融危机期间，股指期货成为股市波动的宏观稳定器。

关于2015年6月至8月中国股市的异常波动情况，国内专家、学者称为股市危机（也称股灾）[①]。本书也使用股市危机（或股灾）的说法。

2015年股市危机是我国资本市场发展中的里程碑事件。股指期货市场被质疑为股市危机"帮凶"。面对股指期货风险管理功能失灵现象，中国金融期货交易所及时出台"史上最严"的股指期货管控政策，从保证金比例、佣金比例、仓位三个维度六次收紧，并从交易时间上加以限制，缩短延伸交易时段至同步交易。市场运行平稳后，又四度松绑。党的十九大以来，防范风险成为当前三大攻坚战之首。深入分析股指期货渐进式管控政策效应，可以为防范系统性金融风险、构建股指期货相机抉择的管控机制提供理论支持。

本书选取2015年6月15日至8月26日沪深300指数5分钟高频数据，通过对股指期货市场价格发现功能及波动溢出效应进行实证，发现股市危机期间沪深300股指期货仍具备价格发现功能，且存在对现货市场的单向波动溢出，存在一定的"助跌"效应。

[①] 2015年7月20日《人民日报》发表的题为"股市危机干预是国际惯例"一文中讲道：在全球各国股市的发展历史上，无论是成熟市场还是新兴市场，很多都遇到过被称为"股灾"的剧烈下跌。吴晓求教授在《财贸经济》2016年第1期为"股市危机：结构缺陷与规制改革"一文中论证了2015年股市危机是我国资本市场发展中的里程碑事件。

光大证券"乌龙指"事件是具有历史意义的跨市联合操纵演习，昭示了高频交易引发交易风险。光大证券不仅可以操纵股指期货市场趋势，而且可以避险并火中取栗；同时也暴露出了在事件驱动下我国对中小投资者保护制度存在的缺陷。2015年股市危机期间，伊世顿公司利用高频交易操纵股指期货市场狂赚数亿元，业界哗然。本书依据案件的违法事实，深度剖析了抢先交易操纵模式。

自2015年7月以来，股指期货限制政策持续长达3年，本书选取2015年股市危机前后期现货市场高频数据为研究对象，通过结构突变点检验划分上升期、下降期及捆绑期，并基于股指期货市场价格发现和市场稳定两大基础功能，分别从价格引导、价格发现、风险溢出三个角度对三阶段期现货市场间价格关系进行比较，对股指期货捆绑政策的必要性与有效性进行全面化分析。

自2017年以来，随着股市危机缓解，恢复股指期货风险管理功能成为亟待解决的现实问题。本书通过对股指期货松绑政策对股票市场定价效率影响的研究发现，对各阶段松绑政策月度效应检验表明，股指期货松绑政策对股票市场定价效率短期内的确具有提升作用，股指期货松绑政策阶段效应呈现先抑后扬的变化趋势。各阶段松绑政策月度效应横向比较结果与其阶段效应结论基本一致，股指期货松绑政策整体上并未有效提升股票市场定价效率，这可能是由松绑政策对股票市场定价效率正向影响持续时间显著短于前期负面影响时期所致。因此，应当继续稳步推进股指期货松绑政策的实施；后期股指期货松绑政策要保持适度、稳健。

目录 CONTENTS

第一篇 总 论 ·· 1

第一章 导 论 ··· 3
第一节 问题提出及文献回顾 ··· 3
第二节 研究方法、研究目标、创新点 ·· 9
第三节 研究思路与总体框架 ·· 13

本篇小结 ·· 15

本篇参考文献 ·· 16

第二篇 股市流动性踩踏危机 ·· 19

第二章 股市流动性踩踏危机概论 ·· 21
第一节 研究背景 ·· 21
第二节 研究目的与意义 ·· 22
第三节 相关文献综述 ··· 25
第四节 研究方法与研究思路 ·· 31
第五节 可能创新点与不足 ··· 32

第三章 杠杆效应与股市流动性踩踏危机 ······································ 33
第一节 2015年股市杠杆资金及交易状况 ·· 33
第二节 去杠杆与股市流动性踩踏的内在机理 ·································· 41

第三节　杠杆交易对流动性踩踏危机影响的具体分析
　　　　　　——基于融资融券交易 ………………………………… 50

第四章　股市流动性踩踏危机的现状特征分析 ……………… 53
　　　第一节　流动性踩踏危机的现状 ……………………………… 53
　　　第二节　流动性踩踏危机的特点 ……………………………… 56
　　　第三节　股市流动性踩踏危机的风险特殊性 ………………… 59

第五章　去杠杆形成股市流动性踩踏危机实证分析 ………… 62
　　　第一节　变量的选取与数据的来源 …………………………… 62
　　　第二节　单位根检验 …………………………………………… 64
　　　第三节　建立 VAR 模型 ………………………………………… 65
　　　第四节　格兰杰因果关系检验 ………………………………… 67
　　　第五节　脉冲响应分析 ………………………………………… 68
　　　第六节　方差分解 ……………………………………………… 68
　　　第七节　结论及政策建议 ……………………………………… 70

本篇小结 …………………………………………………………… 73

本篇参考文献 ……………………………………………………… 75

第三篇　市场功能失灵 ………………………………………… 79

第六章　股指期货风险管理功能的理论基础与研究假设 …… 81
　　　第一节　股指期货市场的价格发现功能 ……………………… 81
　　　第二节　股指期货的市场稳定功能 …………………………… 82

第七章　股指期货与现货市场溢出效应实证分析 …………… 84
　　　第一节　数据选取与统计性描述 ……………………………… 84
　　　第二节　模型设计与实证检验 ………………………………… 86
　　　第三节　结论及政策建议 ……………………………………… 92

本篇小结 94

本篇参考文献 95

第四篇 市场操纵案例 97

第八章 股指期货市场联合操纵演习：以光大证券"乌龙指"事件为例 99

第一节 问题的提出 99

第二节 光大证券"乌龙指"事件始末 100

第三节 光大证券"乌龙指"事件对中小投资者的影响及归因分析 102

第四节 完善事件驱动下的我国中小投资者保护机制建议 106

第九章 高频交易操纵市场的金融逻辑：以伊世顿案为例 110

第一节 问题的提出 110

第二节 伊世顿操纵市场案违法事实 112

第三节 伊世顿案的市场影响分析 115

第四节 伊世顿案操纵模式比较分析 117

第五节 伊世顿案操纵模式仿真模拟 118

第六节 结论及监管启示 119

本篇小结 123

本篇参考文献 125

第五篇 限制政策效应 129

第十章 限制政策效应概论 131

第一节 研究背景及意义 131

第二节　相关文献综述 …………………………………… 133
　　　第三节　研究思路及研究方法 …………………………… 136
　　　第四节　主要研究内容 …………………………………… 137
　　　第五节　创新点与不足 …………………………………… 138

第十一章　限制政策影响股指期货市场功能理论基础 ………… 140
　　　第一节　股指期货对现货市场影响机制 ………………… 140
　　　第二节　国外股市危机期间股指期货限制性政策 ……… 144
　　　第三节　股指期货限制性政策作用机制 ………………… 148

第十二章　2015年股指期货限制政策及市场表现 ……………… 153
　　　第一节　2015年中国股市 ………………………………… 153
　　　第二节　股指期货限制政策调整 ………………………… 155
　　　第三节　市场危机中股指期货市场表现 ………………… 159

第十三章　限制政策对股指期货市场功能影响实证分析 ……… 164
　　　第一节　研究样本与趋势划分 …………………………… 164
　　　第二节　股指期货价格发现功能测度 …………………… 168
　　　第三节　股指期货市场稳定功能测度 …………………… 172
　　　第四节　结论及政策建议 ………………………………… 175

本篇小结 ……………………………………………………………… 178

本篇参考文献 ………………………………………………………… 180

第六篇　松绑政策效应 ……………………………………………… 187

第十四章　松绑政策效应概论 ……………………………………… 189
　　　第一节　研究背景及意义 ………………………………… 189
　　　第二节　相关文献综述 …………………………………… 191
　　　第三节　研究思路及方法 ………………………………… 196

第四节　主要研究内容 …… 197
　　第五节　创新点与不足之处 …… 198

第十五章　股指期货松绑政策背景及市场表现 …… 201
　　第一节　国内外股指期货松绑政策 …… 201
　　第二节　中国股指期货松绑政策下的市场表现 …… 209

第十六章　股指期货松绑政策对股票市场定价效率影响理论分析 …… 215
　　第一节　股指期货市场对股票市场定价效率影响机理 …… 215
　　第二节　股指期货政策调控措施作用机制 …… 217
　　第三节　股指期货松绑政策对股票市场定价效率影响机制 …… 219

第十七章　股指期货松绑政策对股票市场定价效率影响实证分析 …… 221
　　第一节　模型与方法 …… 221
　　第二节　数据样本与 PSM 匹配 …… 226
　　第三节　实证结果与分析 …… 229
　　第四节　稳健性分析 …… 237
　　第五节　结论及政策建议 …… 243

本篇小结 …… 246

本篇参考文献 …… 248

后记 …… 253

第一篇　总　论

第一章 导 论

第一节 问题提出及文献回顾

一、研究背景及意义

(一) 研究背景

现代金融的核心功能是资金融通与风险管理。随着经济全球化与金融深化，风险越来越多且越难以管理，以期货为代表的风险管理金融市场迅猛发展，与以商业银行为代表的间接金融市场、以投资银行为代表的直接金融市场，呈现三足鼎立格局（姜洋，2018）。其中，股票市场的发展，使股指期货成为大国风险管理的金融重器。

股指期货风险管理的金融逻辑。国际股指期货发展30多年以来，历经多次危机。在市场发展初期，股指期货也曾在各国股灾期间被质疑为股灾的"帮凶"而备受责难，如1987年美国股灾、1990年日本泡沫破灭、1998年东亚金融危机。但随着股指期货市场的逐步发展完善，特别是在2008年国际金融危机、2010年欧债危机中，股指期货充分发挥了其价格发现和套期保值核心功能，成为股市波动的宏观稳定器，获得国际社会普遍认可。根据股灾期间的股指期货实际作用，学者们延伸和拓展提出了不同功能，如系统性风险规避、股指期限套利、强化资产配置、增强投资组合流动性等，成为多层级资本市场体系中的重要组成部分（蔡向辉，2017）。

股灾是检验股指期货风险管理功能的试金石。2015年6月中旬至8月下旬，中国资本市场建立以来真正意义上的股市危机爆发，千股连续跌停、千股连续停牌，40余万亿元股票市值灰飞烟灭，市场异常惨烈；我国股灾期间股指期货市场被推上风口浪尖，大众媒体纷纷质疑其存在恶意做空、市场操纵行为，指责其为股灾"帮凶"。面对股指期货风险管理功能失灵现象，中国金融期货交易所及时出台"史上最严"的股指期货限制政策，从保证金比例、佣金比例、仓位三个维度六次收紧，并从交易时间上加以限制，缩短延伸交易时段至同步交易。市场运行平稳后，从保证金比例、佣金比例、仓位三个维度三度松绑，以达到股灾前水平。

2015年股灾是我国资本市场发展中的里程碑事件（吴晓求，2016）。党的十九大以来，防范风险成为当前三大攻坚战之首。深入分析股灾期间股指期货市场失灵问题和股指期货渐进式管控政策效应，可以为防范系统性金融风险、构建股指期货相机抉择的管控机制提供理论支持。

（二）研究意义

2015年股市危机是中国股指期货市场上市5年以来的首次考验，也是深刻认识与检验我国股指期货风险管理功能的契机。

首先，从市场特征来看，股灾表现为去杠杆引发的股票市场流动性踩踏危机，在特定危机背景下，期现货市场间的内在稳定机制在市场极端波动冲击下，受市场波动不对称性、套利摩擦及行为金融的影响，可能导致期现货市场间信息传导关系出现时变，存在股指期货市场失灵问题。

其次，从市场结构来看，中国股指期货市场相较于西方成熟股指期货市场，仍处于发展初期，具有市场规模较小、产品数量较少、投资者结构散户化、市场投机性强的特点，不能完全套用国际经验。

最后，从发展史实来看，国际股指期货市场限制政策大多处于20世纪前，时间较为久远，且持续时间短、政策范围窄、市场影响小。此次2015年中国股指期货限制政策的全面性、持续性和市场影响力极具典型性，形成危机期间股指期货市场风险管理自然实验机会，极具研究价值。

从理论层面来看，本书通过对危机期间股指期货与现货市场动态关系的系统性研究，剖析两市场间的风险传染机制，并从理论和实证的角度探索股指期货跨市场操纵的可能性及实际操纵过程的科学性，总结股指期货危机治理措施的得失，科学评估股指期货渐进式管控政策效应，合理解释市场质疑，增进人们对股指期货功能、市场微观结构及信息效率的认识，从理论上重新认识并定位股指期货的风险管理功能。

从实践层面来看，我国股指期货市场当前正处在发展改革的"十字路口"，虽然正在渐进式放开股指期货市场限制，但股指期货市场依然低迷。如何改革市场制度与市场监管、股指期货风险治理走向何方等现实问题摆在了学者们和治理主体的面前。本书拟通过微观实证研究，为我国股指期货市场治理和发展作出一些方向性探索，特别是对于我国股指期货市场系统性危机保护提出基本的改革意见，为完善股灾期间渐进式管控机制与政策，以及资本市场长期健康稳定发展，提供建设性意见。

综上所述，本书通过整理分析股灾数据，深入剖析期现货市场风险传染路径，科学回答社会对股指期货市场的质疑，总结处置风险经验与教训，宏观上对于党的十九大提出的防范化解重大风险攻坚战，中观对于建立长期健康稳定发展的资本市场，微观上对于股指期货市场管控政策，具有深远的意义。

二、文献综述

（一）国内外研究动态

1. 关于股市危机下期现货市场联动关系的研究

关于期现货市场间的联动关系，研究对象主要集中于1987年美国股灾、次贷危机等大范围的国际危机。相关文献主要集中在价格发现、波动溢出和跳跃风险三个方面，但研究结论存在较大争议。一种观点认为，股指期货有助于危机期间现货市场稳定，并从保值避险机制、价格平抑机制、价格提示机制、预期稳定机制、流动性提供、跳跃性风险抑制等多个角度进行理论及实证分析（蔡向辉，2009；陈海强，2015；Harris，1989）。另一种观点则认为，危机市场情况下，期现货市场信息传导关系将出现异化，股指期货对现货市场由稳定作用转为助长助跌，并基于瀑布效应（田树喜，2007；杨再斌，2009）、正反馈效应（De Long，1990；邢天才，2010）、羊群效应（肖争艳，2014）的多种作用机制进行解释。

2015年中国股市危机爆发后，关于中国期现货市场危机期间的关联性研究显著增多，但结论方面仍存在较大差异。部分研究结果表明，危机期间股指期货具有很强的价格引导和风险传染效应，且期现货市场跳跃性均增多（赵慧敏，2018；刘成立，2017；李政，2016）。部分文献则认为危机期间，股指期货市场价格发现功能仍有效，并未对现货市场产生负面影响（牟晖，2018；周爱民，2017；乔莉，2016；苏民，2016）。

2. 关于期现货跨市场操纵行为的研究

国际上对于股指期货跨市场操纵研究主要集中于西方发达国家的主要股指期货市场，包括对跨市场操纵行为的定性与定量分析、行为模式剖析、操纵手段及操纵表现等（Allen 和 Gale，1992；Pirrong，2004；Muermann，2005；Merrick，2005）。由于国内股指期货市场发展时间较短，相关学术研究主要停留在理论方面，主要包括操纵行为认定标准及相关法律规范（冯建生，2017）、跨市场操纵模式（周伍阳，2013；石晓波，2016；陈煜，2017）、跨市场操纵的内在机理及案例分析（谢杰，2015）等。有部分研究尝试从市场交易信息中甄别出价格操纵行为，研究方法包括构建指标体系模型（崔晓健，2008）、极值理论（李悦雷，2010）、Logistic 模型（熊熊，2011）、流动性分析（张维，2011）、仿真金融模拟（冯芸，2016）等。

3. 关于股指期货管控政策有效性的研究

关于股指期货管控政策影响的研究主要集中在股指期货单一特定管控政策和渐进管控政策两个方面。

单一特定管控政策包括限制投机性持（开）仓位、调高保证金、调高交易佣金及非同步交易等（Chou 和 Wang，2006；Gomber，2016；刘用明，

2018；饶越，2014；Hsieh，2004）。

股指期货渐进管控政策研究，国内外文献主要包括市场波动性（Bacha O、Vila A F，1994；袁怀宇，2010）、流动性（Sean 和 Dan，1990；）、信息传递效率（Tomio Arai，1993）、透明度（Kleidon 和 Whaley，1992）、有效性（Brodsky，1994；Iihara Y，1996）等，且研究结果不一。国内研究则主要集中于2015年股指期货渐进限制政策效应，包括流动性风险（Qian Han，2016；Han 和 Pan，2017；丁逸俊，2017；Hong 等，2017；杨光艺，2018），以及风险溢出效应（王军和刘卓然，2016；刘成立，2017；丁逸俊和冯芸，2017；周陌成，2017）。但目前尚未发现文献对非同步交易时间调整政策及股指期货市场渐进松绑政策效应进行研究。

4. 关于股指期货管控政策对国际市场竞争影响的研究

关于对境内外股指期货市场竞争影响分析的相关研究主要集中在三个方面：市场份额、定价权、套期保值效率。

第一，国际金融市场份额竞争方面。基于 Lotka–Voltera 模型（生态竞争扩散模型），有关学者对成分股的投资者资源（投资者、市场资金）竞争关系（Modis，1999）、韩国 KSE 及 KOSDAQ 指数间的动态关系（Lee，2005）、MSCI 台湾指数期货和台湾 TAIFEX 指数期货间的市场份额动态竞争关系（熊熊等，2009）进行了研究。但目前仍未有针对中国境内外股指期货市场份额竞争的相关研究。

第二，境内外股指期货定价权争夺方面。关于国际市场的研究主要集中于日经225指数期货、台湾指数期货和摩台指数期货（Booth 等，1996；Roope 和 Zurbruegg，2002；Hsieh，2004；熊熊，2008；Hsieh，2004）。研究发现，本土上市的指数期货品种更具有价格发现优势，且有助于提升本土市场国际定价权。关于中国市场的研究，前期相关研究主要侧重于境外股指期货市场对中国股票市场的影响，包括香港 H 股指数期货和新加坡富时中国 A50 指数期货等（邢天才，2009；熊熊，2009；余书炜，2006；封思贤，2010；柴尚蕾，2015）。中国股指期货市场推出后，研究文献更多侧重于境内外股指期货市场间的关联性（徐峰和万迪昉，2015；罗洎，

2013）。研究普遍发现，沪深 300 股指期货的推出巩固和提升了本土市场的主导地位，但富时中国 A50 指数期货仍有较大话语权。

2015 年至今，中国股指期货市场政策管控对境内外股指期货定价权影响的研究仍极少，仅有基于 Granger 检验对限制政策出台前后沪深 300 指数和新加坡富时中国 A50 指数期货价格引导关系的相关研究（连俊华，2018），以及对政策前后标普 500 指数与沪深 300 股指期货市场间波动传递的研究（刘成立，2018）。

第三，套期保值效率方面。国内研究主要集中于沪深 300 股指期货与 A 股现货间（高辉和赵进文，2007；王晓琴，2007；梁斌等，2009；佟孟华，2011）。关于境内外股指期货套期保值效率比较研究仍较少，本书仅比较研究 2013 年富时中国 A50 指数期货与沪深 300 股指期货套期保值效率（范泰奇，2014）。

（二）研究述评

上述研究无疑极具启发意义，也是后续研究的基础。但存在以下不足。

一是 2015 年中国股市危机期间股指期货与现货市场间的联动关系研究较多，但结论分歧较大，且研究目标多基于市场波动性、流动性、信息传递效率等短期属性，对市场长期功能发挥仅有部分理论分析。关于危机期间股指期货跨市场操纵则大多基于宏观规范进行分析，甚少有微观实证加以佐证。对于此次危机期间股指期货市场操纵可能性、操纵行为识别、行为模式、操纵手段、操纵表现及期现货跨市场操纵的价格联动机制等方面也少有涉及。

二是股指期货渐进管控政策效应研究仍有待完善。一方面，现有文献主要是采用时间序列研究法或基于政策前后市场情况比较研究政策效应，因期货市场与股票市场受诸多经济因素综合影响，结论难以服众；另一方面，由于松绑前期规模较小且样本缺乏，关于股指期货渐进松绑政策及非同步交易时间调整研究目前仍是空白。

三是股指期货管控政策对国际市场竞争影响分析仍有待完善。在国际金融市场份额竞争方面，尚未有针对中国境内外股指期货市场间市场份额动态竞争关系的相关研究。关于境内外股指期货套期保值效率比较的研究也极少，且未涉及2015年股指期货管控期间。在境内外股指期货定价权争夺方面，目前的研究仅简单梳理了境内外股指期货市场价格引导关系，并未涉及波动传导机制，且研究时间段也仅限于限制管控期间，未包含松绑管控期。

第二节　研究方法、研究目标、创新点

一、研究方法

（一）计量分析

基于股灾期间期现货市场高频数据，本书采用VAR模型结合格兰杰因果检验、脉冲响应模型等对市场危机下股指期货与股票市场风险关系进行分析，建立股指期货操纵行为识别的数据—方法—指标模型，根据投资者属性数据及交易数据特征，集合采用小波转换与支持向量回归等数据挖掘方法，建立投资者与行为分析结果间映射关系，输出反操纵指标，深入分析股指期货市场操纵路径及影响因素。

基于股指期货渐进式紧缩政策阶段的期现货市场高频数据，本书综合采用PSM-DID及多期DID方法，根据政策实施阶段及月份进行多层次的划分，逐步进行整体DID、分阶段DID、月度DID，以缓解长期宏观经济趋势影响，观察股指期货渐进式紧缩政策对市场波动率及市场定价效率影响趋势的相对变化过程。

基于股指期货渐进式松绑政策阶段的期现货市场日度数据，本书从市场紧缩度、市场广度、市场深度及市场定价效率角度构建市场质量衡量指标，综合采用PSM-DID及多期DID方法，实证评估股指期货渐进式松绑政策下，现货市场质量恢复趋势相对变化过程。

从金融生态系统竞争视角出发，基于新加坡富时中国 A50 指数期货与沪深 300 股指期货周均日交易数据，本书建立 Lotka – Volterra 竞争扩散模型，以描述随中国股指期货市场渐进式政策管控变化，境内外股指期货合约间投资者资源动态竞争关系。

本书基于中国股指期货市场渐进式政策管控期间，沪深 300 指数、沪深 300 股指期货、富时中国 A50 指数和富时中国 A50 指数期货四个市场主力合约高频数据，划分限制期及松绑期，并针对价格发现、波动率传递过程两大定价权核心指标，分别采用向量误差修正模型（VEC）、信息份额（I – S）模型、长短期（P – T）模型及 BEKK – GARCH 模型对境内外股指期货市场定价权进行研究。

本书针对以 A 股市场为基础的不同套期保值金融工具：沪深 300 股指期货和富时中国 A50 指数期货，通过基金十大重仓股构建投资组合，并分别基于 OLS 模型、VECM 模型及 ECM – BGARCH 模型比较分析两种不同的套期保值工具的静态及时变动态最优套保率走势；基于风险最小化的传统套期保值绩效指标方法，对股市危机情况下，富时中国 A50 指数期货与沪深 300 股指期货市场系统性风险规避效率进行比较。

（二）统计分析

本书通过对国际市场危机情况股指期货限制案例及各国（地区）股指期货风险控制制度进行统计分析，系统分析全球股指期货市场风险控制现状，以及股灾以来股指期货市场交易数据的统计分析和市场风险情况，为我国股指期货制度设计提供借鉴。

（三）仿真模拟分析

本书利用股指期货交易软件文华财经，仿真模拟设计交易数据，重复多次进行受控实验，在不同投资者结构下分析伊世顿案股指期货操纵市场模式，弥补案例分析中存在的交易数据缺乏和无法重复受控实验的不足。

（四）案例分析

本书从光大证券"乌龙指"事件剖析跨市场操纵自然演习，进一步分析事件驱动下中小投资者的保护问题。通过伊世顿抢先交易市场操纵案例比较分析，首先陈述并分析案件违法事实；其次深度剖析了抢先交易操纵模式，比较分析了抢先交易操纵与连续交易、洗售、恍骗交易等操纵模式，并进一步采用数据仿真模拟方法分析操纵机理；最后对高频交易行业长期发展及监管提出相关政策建议。

二、研究目标

第一，全方位认识股灾期间股指期货与现货市场间关系变化情况及两市场间风险传染机制，探究市场极端行情下股指期货功能失灵异象。

第二，从理论和实证角度对危机期间股指期货市场操纵的可能及其操纵模式、获利机理、影响因素进行研究。

第三，根据股灾期间及后股灾时期政策调控的不同阶段，从市场波动率、市场定价效率及市场质量角度分别对渐进式政策管控效应变化趋势进行整体评估。

第四，基于股指期货市场渐进式政策管控阶段变化，对境内外股指期货市场间动态竞争关系变化趋势进行描绘。

第五，总结完善国际极端市场行情下风险控制的经验与教训，并提出灵活审慎的管控政策建议。

三、创新点

内容创新。已有文献尚未涉及股指期货管控政策对境内外股指期货市场竞争（市场份额、定价权、套期保值效率）的影响及非同步交易调整政策效应。本书将丰富相关理论文献。

方法创新。相较于已有研究采用的时间序列研究及政策前后市场情况比较，本书综合PSM－DID及多期DID方法，逐步进行整体DID、分阶段

DID、月度 DID 政策效应分析，可有效缓解长期宏观经济趋势影响，并区分股指期货渐进式紧缩政策效应长期及短期的变化趋势。

数据创新。本书采用 DID 模型，选取股灾期以来 2000 余个股票样本，分实验组与控制组，对运行 3 年时间日交易数据达到百万级的海量数据，用 Stata 软件统计分析，结论更精准。

综合创新。综合采用理论分析、实证检验及国际案例，本书从定价效率、市场波动率、发现价格等多个方面系统化地研究股指期货渐进式管控政策效应。

理论创新。通过以上研究争取实现理论创新，形成以下核心观点：

随着经济全球化与金融深化，防范风险成为三大攻坚战之首，以期货为代表的风险管理金融市场迅猛发展，与以商业银行为代表的间接金融市场、以投资银行为代表的直接金融市场，呈现三足鼎立格局。其中，股票市场的发展，使股指期货成为大国风险管理的金融重器。

2015 年 6 月发生的股市危机是一个里程碑事件。本质上是有毒资产的价值回归及股票价格的恐慌式下跌，股指期货对现货市场的单向波动溢出效应，具有一定"助跌"效应，成为刺破股市泡沫的加速器与股市危机加深的"幕后推手"；同时，股市危机期间利用指数权重成分股打压现货指数，期现联手，恶意做空，利用资金优势操纵市场。股指期货渐进式管控政策必要且及时。

股指期货渐进式管控政策，削弱了对现货市场的风险溢出效应，是切实可行且有效的。用降低国内市场运行质量来削弱股票市场定价效率，失去了套期保值功能，降低了国际金融市场竞争力，再从市场份额竞争、定价权争夺、套期保值效率比较上来看，处于被动局面。

股指期货渐进式松绑政策效应有助于提升股票市场定价效率。政策效应变化趋势先抑后扬，可能与股指期货各阶调控政策松绑程度、政策持续时间及前期市场基础相关。

本书建议进一步开放完善股指期货市场，改变单边市场状态，建立多空均衡协调机制；发挥风险管理的基础功能，建立系统风险规避机制；实行跨市场的风险监管，建立相机抉择的管控机制。

第三节 研究思路与总体框架

一、研究思路

一是研究管控政策出台背景。从去杠杆效应研究股灾期间股市流动性踩踏风险的形成机理，对2015年股灾期间股指期货与现货市场风险传染机制进行研究。

二是研究市场操纵案例。结合理论分析及实证研究对危机期间股指期货市场操纵的理论可能、获利机理及影响因素进行深入探讨，并分别基于光大证券"乌龙指"事件及伊世顿抢先交易实际案例对高低频跨市场操纵模式进行分析。

三是研究渐进式管控政策效果。整个政策闭环可划分股灾期间及后股灾时期。股灾期间，基于期现货市场高频数据，从紧缩政策稳定市场核心目的出发，研究股指期货渐进式紧缩政策对市场波动率及市场定价效率影响趋势。后股灾时期，从市场恢复程度的评估角度出发，研究股指期货渐进式放松政策对现货质量影响趋势。结合相关案例，总结国际危机期间股指期货风险管控经验，并借鉴发达国家和地区成熟的管控政策，为完善我国股指期货市场管控机制提出相关政策建议。

二、总体框架

内容之一　踩踏之灾　股灾期间股票市场流动性危机是怎样形成的？

1. 股市流动性踩踏危机的特征分析。
2. 去杠杆形成股市流动性踩踏危机实证分析。

内容之二　众矢之的　股灾期间股指期货是股灾的幕后推手吗？

1. 股灾期间股指期货与股票市场风险溢出效应研究。
2. 股灾期间股指期货"瀑布效应"研究。

内容之三　作恶之实　股灾期间股指期货市场存在恶意操纵行为吗？

1. 股指期货跨市场操纵演习研究：以光大证券"乌龙指"事件为例。

2. 股指期货市场抢先交易操纵模式研究：以伊世顿案为例、股灾期间伊世顿"火中取栗"之谜。

内容之四　缚虎之策　股灾期间股指期货限制性政策有效吗？

1. 基于市场定价效率的股指期货渐进式捆绑政策效应分析。

2. 基于市场波动率的股指期货渐进式捆绑政策效应分析。

内容之五　扛鼎之力　后股灾时期股指期货还是股市的定海神针吗？

1. 基于市场定价效率的股指期货渐进式松绑政策效应分析。

2. 基于市场波动率的股指期货渐进式松绑政策效应分析。

本篇小结

现代金融的核心功能是风险管理。随着经济全球化与金融深化,以期货为代表的风险管理金融市场迅猛发展,呈现三足鼎立格局,尤其是股票市场的发展,使股指期货成为大国风险管理的金融重器,2008年国际金融危机期间,它成为股市波动的宏观稳定器。2015年股灾是我国资本市场发展中的里程碑事件(吴晓求,2016)。党的十九大以来,防范风险成为当前三大攻坚战之首。因此,深入分析股灾期间股指期货市场失灵问题,深入分析股指期货渐进式管控政策效应,为防范系统性金融风险,构建股指期货相机抉择的管控机制,提供理论支持。

本篇首先分析了研究背景与意义,从股市危机下期现货市场联动关系研究、期现货操纵行为与股市波动研究、股灾期间股指期货限制性政策有效性研究、股指期货管控政策对国际市场竞争影响分析研究四个方面进行了综述;其次介绍了研究方法、研究目标及可能创新之处,其主要研究方法包括计量分析、统计分析、模拟分析、案例分析;最后介绍了本书的研究思路与总体框架。

本篇参考文献

[1] 清华大学国家金融研究院课题组. 完善制度设计提升市场信心建设长期健康稳定发展的资本市场 [J]. 清华金融评论, 2015, 12 (3): 14-23.

[2] 吴晓求. 股市危机: 结构缺陷与规制改革 [J]. 财贸经济, 2016, (1): 22-32.

[3] 许荣, 刘成立. 股指期货限制交易对定价效率影响研究 [J]. 经济理论与经济研究, 2018 (1): 61-74.

[4] 蔡向辉. 股指期货宏观稳定作用的微观基础探究 [J]. 证券市场导刊, 2014 (12): 20-25.

[5] 陈海强, 张传海. 股指期货交易会降低股市跳跃风险吗? [J]. 经济研究, 2015, 50 (1): 153-167.

[6] 戴方贤, 尹力博. 股指期货交易提升了股票市场有效性吗? [J]. 财贸经济, 2017, 38 (8): 36-51.

[7] 黄瑜琴, 王朝阳. 管控股指期货的救市政策有效吗? [J]. 国际金融研究, 2018 (9): 87-96.

[8] 程展兴, 剡亮亮. 非同步交易、信息传导与市场效率 [J]. 金融研究, 2013 (11): 154-166.

[9] 许彤彤, 王苏生. 仓位限额对股指期货价格发现的影响法 [J]. 华中理工大学学报, 2018 (7): 45-55.

[10] 刘成立, 王朝晖. 股指期货在预警股市系统性风险中的作用研究 [J]. 宏观经济研究, 2017 (6): 32-43.

[11] 姜洋. 发现价格: 期货和金融衍生品 [M]. 北京: 中信出版社, 2018.

[12] 王军, 刘卓然. 股指期货限制性措施对期现货价格关系的影响研究 [J]. 价格理论与实践, 2016 (9): 115-119.

[13] 刘成立. 股市危机中股指期货应该限制交易吗——基于2015年股市危机的实证分析［J］. 统计与信息论坛, 2017（1）: 84-92.

［14］ QIAN HAN, JUFANG LIANG. Index Futures Trading Restrictions and Spot Market Quality: Evidence from the Recent Chinese Stock Market Crash［J］. Journal of Futures Markets, 2017, 37（4）: 411-428.

［15］ SHIQING XIE, TAIPING MO. Index Futures Tradingand Stock Market Volatility in China: A Difference-in-Difference Approach［J］. The Journal of Futures Markets, 2014（3）: 282-297.

第二篇

股市流动性踩踏危机

第二章 股市流动性踩踏危机概论

第一节 研究背景

  股灾是指股票价格在短时间内大幅下跌从而造成巨额市值蒸发的过程。2015年，中国证券市场发生了历史罕见的暴涨暴跌现象。证券市场是一个牵涉我国上亿万名投资者的低门槛股票投资市场，在2015年的前6个月和后6个月A股出现了大相径庭的表现。A股市场在2014年下半年至2015年上半年可谓是气势如虹，A股市值由不足25万亿元快速增长到70万亿元，增长了将近两倍。上证指数自2014年7月在2050点附近开始启动行情以来一路攀升，在2015年6月中上旬上证综指涨至5178点达到我国股市的巅峰，上证指数的涨幅创下了在不满1年的时间里增长高达153%的历史纪录，投资者们情绪高昂，激情澎湃；2015年6月中旬，A股市场则发生了断崖式暴跌，2015年6月12日至7月8日，上证综指由5166.35点下跌至3507.19点。特别指出在2015年7月8日，我国资本市场发展过程中出现了罕见的大规模"停牌潮"现象，其中沪深两市有1300多只个股被迫跌停，1312家公司主动停牌，在整个A股市场的占比高达47.2%。18个交易日内，上证综指下跌了1659.16点，跌幅超过30%。2015年6月12日至8月26日，共计53个交易日，其中有21个交易日指数出现大幅下跌或暴跌，有17次千股跌停。其中，8月24日更有2153只个股跌停，去掉停牌个股，几乎全线跌停，另外有几个交易日出现了1900多只股票跌停，市场流动性在大规模"停牌潮"现象发生的情况下迅速枯竭，上证指数从5178点急剧下降至 2850 点，两个多月的时间跌幅达 45%。此次股票市场暴跌是 A 股市场上罕见的一次系统性下跌，跌幅则远超于 2007 年 5 月发生的暴跌，跌速也不逊色于 2007 年 5 月发生的暴跌。对市场产生了严重的冲击，引起了较大的社会恐慌。

第二节　研究目的与意义

一、研究目的

在股票价格下跌过程中，市场投资者争先恐后抛售手中持有的股票（或被强行平仓）；此时由于市场上极度缺乏交易对手，交易无法完成导致股票价格连续下跌之后更多的投资者竞相抛售股票（或被强行平仓），由此引发一系列连锁反应并形成恶性循环，进而引发流动性踩踏风险。易宪容和王国刚（2010）的研究表明，金融危机或股市危机发生会伴随着流动性的改变，在历史上发生过的金融危机或股市危机中，流动性在危机前后会有不同的表现状况。市场上最重要的是流动性（Yakov Amihud 和 Haim Mendelson，1988）。我们发现，在已有研究的基础上，无论是发达国家股市，还是欠发达的新兴国家股市，资本市场出现的流动性危机总是金融危机爆发的重要特征。2015 年我国股票市场危机的发生也出现了类似状况，那么造成市场流动性危机发生的幕后原因是什么呢？是什么因素导致股票市场出现流动性踩踏危机？股市危机期间流动性风险来自哪里、风险现状及特征是怎样？股票市场的暴跌会严重影响资源的有效利用，造成资源流失，市场丧失快速有效配置资源的能力，使市场上的投机行为泛滥，妨碍股票市场正常有序运转。股票市场一旦出现过度投机行为就极易形成股市泡沫，如果遇到泡沫破灭，投资者就会遭遇巨额的投资亏损。政府如果不能及时有效地扭转市场发展局面，还会导致市场投资总量的缩减，危害整个经济的健康发展，引发经济危机。因此，研究股灾期间股市流动性踩踏风险的形成对于维护金融市场的稳定是非常必要的。

2014年之前，中国股市是一个杠杆率不高的市场，然而，随着2014年7月股市开始猛涨，杠杆资金为谋求高收益，开始大张旗鼓地溢入股市，资本市场杠杆率迅速增高，其中主要杠杆资金的来源为两类：场外配资和场内融资。2015年6月，中国证监会清理配资盘触发了市场敏感神经，资产价格的突然下跌导致资金补给不足的杠杆投资者爆仓，市场因资金链的断裂出现流动性枯竭，从而再次引发市场价格的新一轮走低，进而导致市场信心逐渐丧失。资本市场的价格和流动性的螺旋下跌，股票价格指数屡次三番地跌破投资者市场心理价位，投资者对市场预期转向极度消极，预期股价将进一步下跌时，赎回资金开始成为投资者"止损"的必然选择，但是股票市场的流动性枯竭（大量公司开始主动或被动停牌，大量股票无量被钉死在跌停板上，大量的卖单无法成交）造成资金无法快速交付，投资者不得不抛售账户里质地相对较好、还未跌停、流动性相对较高的股票，使市场流动性进一步枯竭，进而导致流动性踩踏风险爆发。

2007年美国金融危机爆发后，美国普林斯顿大学的学者Pedersent和Brunnermeier在2009年初次提出"流动性螺旋"。他们的研究逻辑就是市场初始损失一旦对投资者资金流动性造成损害，如果不能及时得到资金补给，投资者将会不断地减仓，加剧市场损失，最终陷入市场缺乏流动性、投资者缺乏资金的流动性螺旋陷阱中。去杠杆成为在这个螺旋中的触发器，高杠杆成为放大器。虽然直到2009年流动性螺旋理论才被学者提出，但原本在1987年美国所发生的黑色星期一股灾中就已经出现过，美国股市当时也是先经历一波上涨行情，其市场配资规模高达440亿美元，当星期一股市价格陡然下跌时，配资规模骤减，通知需要追加保证金的配资账户数目达到了当时历史的最高水平。虽然"流动性螺旋"提出已有一段时间，但是对其进行深入研究的文献还比较少。

在这次突如其来的股灾中，我国政府及相关监管部门频频出台政策救市，结果却不尽如人意，但投资者们对政府救市采取的行为措施并不是一致赞同，而是各持己见、褒贬不一。政府救市行为为什么没有达到预期效果呢？以后该如何避免此类事件的再次发生？要回答这些问题，从源头上避免这种危机的再次发生，就需要研究清楚股市流动性踩踏风险的形成，为监管者监管市场提供依据，也为投资者决策提供参考。

二、研究意义

在对 2008 年国际金融危机发生的原因及过程的研究中，就已有学者们开始关注市场流动性踩踏风险。他们研究认为，造成股市大跌的直接原因是市场流动性的相互踩踏，而目前很少有学者研究关于流动性踩踏危机的形成原因及形成机理。这个问题的难点在于影响股票市场流动性的因素比较多，而且数据繁杂不易处理，在这样的背景下通过分层次研究不同因素对市场流动性的影响，进而分析股市流动性踩踏危机的形成机理。本篇在一定程度上丰富流动性踩踏危机形成机理的研究，而且截至目前国内外的学者对股票流动性的影响因素研究，主要可以归纳为以下三点：一是交易特点；二是公司状况；三是宏观政策等对股票流动性的影响。现有的研究文献较少涉及股市泡沫、高杠杆融资及市场微观交易机制对股票市场流动性的影响，故本篇研究将丰富这一领域的研究。

余立凡（2008）在研究 1987 年美国股灾与流动性间的关联时，得出维持股票市场健康正常运行的关键因素是良好的市场流动性的结论。流动性是股票市场存在的根源。从一个角度来讲，股票市场为参与者提供投资交易场所；从另一个角度来讲，投资者为了满足自身的流动性需要。虽然收益性、波动性、流动性都是衡量股票市场运行状况的重要指标，但实际上决定股票市场运行效率的本质因素是流动性，股市流动性直接关系到股票市场质量的好坏。股票价格受流动性的直接影响，从而导致市场波动性加大，进一步损害股票市场效率。一个较好的市场流动性，可以有效减少市场投资者的交易成本，减小交易对价格造成的冲击，降低市场波动性，有效及时地传递和反馈市场信息，使市场信息和价格能够快速高效对接，从而形成较为高效的股票市场，而流动性踩踏会直接降低股票市场效率，严重时会对经济发展造成毁灭性打击，甚至引发经济危机。

2015 年 A 股市场的剧烈波动是我国证券市场建立以来极其罕见的现象，

是中国第一次真正意义上的股灾。其时间虽短,但对市场和经济造成的影响却很大。2015年A股市场的波动损失相当于我国2015年国内生产总值(GDP)的50%,可以说损失相当严重。在本轮股灾中,市场监管层屡次入手救市但效果总是不尽如人意,无论是股灾爆发前还是股灾爆发后,市场曾不间断地陷入不受控制的状态,因此研究股灾期间流动性踩踏危机的形成机理,有利于帮助监管层更有效地管理和调控市场。

股灾期间市场上出现了非常严重的"羊群效应"现象,2015年7月初,大量股票停牌与开盘跌停导致市场连续陷入流动性枯竭的旋涡,投资者恐慌性的抛售造成的流动性危机可能蔓延开来,最终引起整个金融市场的动荡。因此,研究股市流动性踩踏危机发生机理、股灾期间股市风险监管策略具有重要的理论及现实意义。

第三节　相关文献综述

本篇将参考文献按照国外、国内的顺序对股市流动性相关概述、股灾期间流动性问题和流动性危机的形成机理进行综述研究。

一、关于流动性危机触发因素的研究

历史上发生了很多次金融危机事件,而大部分金融危机事件都伴随着市场流动性危机的发生。学者们开始对流动性危机的触发因素进行大量详细的分析。

Cespa 和 Foucault 以市场流动性供给者为重要出发点,通过分析流动性缺失的传染机制,实证研究阐明证实了美国股票暴跌和其即刻恢复的暂时性流动性危机。Chiarella 等还发现,投资者的某些技术分析策略会导致市场订单簿出现"空洞"(市场流动性枯竭的一种特别现象),造成市场泡沫的形成与破灭,从而揭发了投资者非理性行为在连续竞价的订单簿撮合机制下会造成市场流动性缺失。刘海龙、穆启国和吴冲锋(2003)研究结果证实,涨跌幅制度对市场流动性有明显影响。孙云辉(2005)以2001—2004

年为研究区间,取六大具备深远影响且与我国股市密切相关的政策事件为样本,运用一定的分析法观察股市流动性的变化对每个政策事件宣布的敏感性,从整体上分析政策事件的宣布是否会对市场流动性的发展趋势产生作用。研究结果显示,政策事件对股市流动性存在显著影响。万树平(2006)研究结果证实,流通市值、交易量、波动性和股票价格对股市流动性具有重大影响。Gorton(2008)发现信息不对称是美国2007年流动性危机发生的主要触发因素,而后Bolton、Santos和Schelnknan(2008)通过相关理论解释了信息不对称是如何影响市场流动性的问题。FranklinAllen、ElenaCarletti(2008)把影响市场流动性的因素主要归结为四个方面:一是影响长期资金市场和银行间市场上货币的利率;二是3A级证券化产品价格的降低;三是市场流动性危机的传染效应;四是市场流动性危机对实际经济造成的影响。杨朝军和王灵芝(2009)研究结果表明,投资者情绪会影响流动性风险的大小,信用风险是造成金融市场中发生流动性危机的重要因素。李丹丰和刘维奇(2014)指出,股票流动性变化趋势与企业信息披露质量的高低密切相关,换句话讲,企业对公众所披露信息的质量可以预料其股票流动性的变动趋势,而且预测的准确性与市场流动性信息的强弱呈正相关关系,企业股票流动性风险的变动和其信息披露质量之间具有明显的相关关系。鲁鸽(2016)研究发现,货币供应量的增加有利于市场流动性的提高,通过面板数据分析表明,对于个股也有类似的结论,以货币供应量为中介目标的货币政策,其扩张会提高个股的流动性,反之会降低个股的流动性,且对小盘股的影响相对较大。

二、关于股灾与流动性危机的研究

基于市场流动性研究股市危机或金融危机,越来越多的经济学家开始重视金融危机或股市危机与市场流动性之间关系的研究。George Soros 在1995年曾提出流动资本是资本市场兴盛的基础,然而市场流动性短缺是造成资本市场崩溃的前提条件的观点。Amihud 和 Mendelson(1990)研究结果表明,1987年股市受到流动性的强烈冲击导致崩盘,资本市场危机与流动性的枯竭同时发生，股价的暴跌造成了超过预期的买卖压力。Avinash Persaud（2001）研究了亚洲金融危机期间香港股票市场流动性状况，研究结果显示，在危机发生时明显伴随着市场流动性的枯竭，在危机结束后市场逐渐恢复流动性。另外，他们的研究结果还证实金融危机主要通过改变价格波动性和短期利息率逐步恶化市场流动性。Liu（2006）指出了在1987年10月爆发的资本市场金融危机中市场流动性出现了大面积连续下降现象。Allen Berger、Christa Bouwman（2008）在研究市场流动性变化与金融危机爆发之间的内在联系时，发现一般在金融危机爆发前，市场会极具流动性，并且这时银行类相关金融机构信贷标准相对比较宽松，公司融资成本较低，一旦危机爆发，市场流动性会戛然而止。Brunnermeier、Pedersen（2008）指出，市场流动性短缺与资金流动性骤减之间的恶性循环是现代金融危机发生的根源。杨小军（2009）指出，流动性是金融领域中一个最根本的重要概念，展现了金融资产、金融机构和金融市场之间的联动效应，自身具有资产的属性，与各类相关的机构、市场、资产之间存在明显的依存关系，并且这类依存关系常常会在市场波动中为股市危机的发生埋下隐患。王国刚和易宪容（2010）在研究美国股灾流动性传导机制及内在机理时发现，美国金融危机最为根本的是其本身的债务危机或流动性危机。孙彬（2010）研究发现，股市危机发生前流动性会经过一段无限扩张的时光，继而，伴随着经济的快速膨胀，市场流动性会因一个看似无关的触发事件出现拐点逆转，直到流动性枯竭致使流动性危机的发生。Brunnermeier、Pedersen（2009）研究表明，2008年国际金融危机发生的关键性因素是市场流动性的突然枯竭。张建军和胡红伟（2015）在研究全球历次重大股灾对我国的启示中发现，流动性的剧烈异常波动是引发股市危机的关键因素，并且市场利率、杠杆水平及市场基本经济状况均是引发股票市场流动性波动的重要原因。孙国茂（2016）研究结果证实，中国金融结构严重失衡是此次股市危机发生的主要因素，换个角度来讲，我国股市危机发生的主要原因是金融体系中无限度的信贷扩张，股市几乎濒临在资产价值崩溃的边缘。孙彧鑫和张文强（2016）在研究股票市场危机与流动性关系的过程中，证实市场波动性与流动冲击之间存在相关性，也就说明如果市场流动性冲击越强烈，则市场的波动程度越大，资本市场危机发生的可能性也就越大。吴良、燕鑫和杨宇程（2017）关于流动性危机与中国股灾之谜的研究结果表明，卖空限制对资产泡沫的形成起核心作用；在去杠杆阶段，流动性危机引发价格断崖式下跌进而引发股灾危机。

三、关于股市流动性危机形成机理的研究

陈国进等（2010）通过研究2007年金融危机事件，实证分析2007年6月至2008年12月机构投资者的日持仓数据，探究股票市场价格剧烈变动与市场机构投资者和个股之间的关联，论证结果表明机构投资者会加大股票市场波动。隋聪等（2014）从无标度网络、完全结构网络、随机网络方面探索了银行间债务失信风险的传染路径。国内外学者对减价出售这种风险传染机理进行了大量研究，现有的研究结果证实减价出售传染渠道的作用更剧烈。韦立坚等（2017）从市场微观机制、投资者非理性行为和融资杠杆角度，运用计算机模拟实验的方法，研究2015年我国股票市场的流动性危机，分析融资杠杆在投资者的技术适应性转换动态资产配置和分析策略作用下，并对市场泡沫的产生与破碎起到推波助澜的作用，最终导致市场连锁强行平仓，从而引起了流动性踩踏危机。王盈（2017）通过研究股票市场大幅下跌过程中减价出售的内生性机制发现，2015年股票市场大跌过程中伴随着减价出售现象，造成了市场流动性踩踏。

四、关于减价出售与流动性危机的研究

投资者减价出售不仅是市场风险传染的重要途径，而且是造成市场流动性踩踏发生的关键因素，因而它也是造成金融危机发生的主要推手。因为减价出售对市场具有强大的摧毁力，所以近年来学者们关于减价出售的研究与关注度在日益增加，他们的研究成果为市场相关部门的风险监管工作和管理工作提供了重要依据。

（一）减价出售的内生性

Shin 等（2005）模拟了银行间债务关系网络，通过研究分析偿还能力监管约束和资产盯市价值的流动性风险，结果表明陷入困境的金融机构将会主动降低价格以期抛售资产，然而资产盯市价值会引发新一周期的资产出售，造成资产市场价格进一步降低。Boyer（2006）以1989年1月至2002年12月加拿大、美国、泰国和中国香港的股票价格指数收益数据为基础，研究了新兴及发达资本市场和欠发达资本市场（泰国和中国香港）股指收益的相关性，着重强调了风险传染主要源自机构投资者的行为。

Beale（2011）认为，金融机构共同持有的资产（Common Asset Holdings）是导致层叠投资组合风险传染的主要原因。Greenwood 和 Thesmar（2011）研究证实了资产价格波动幅度与所有权相对集中度呈正相关关系。Raffestin（2014）在探究资产多元化策略可行性的同时，发现银行资产之间的联系因资产多元化（Diversification）的投资策略而得以加强，会加剧金融风险的传染。此外，Caccioli 等（2015）通过构建网络模型分析探究了减价出售是如何放大金融风险的。Kurlat（2016）通过引入竞争均衡因素研究在信息不对称情况下的减价出售，结果发现，若投资者不能够准确地识别资产的好坏，那么焦躁的市场投资者数量的增多将会出现安全转移效应。Guerrieri 和 Shimer（2014）通过运用存在逆向选择的一般均衡模型，探究减价出售与逆向选择的关联，研究结果证明，投资者市场上的逆向选择行为会导致减价出售现象的发生。

现有的研究结果表明，目标资本要求、债务质押合同、杠杆比率、投资组合保险、强制赎回等是减价出售的主要触发因素。Coval 和 Stafford（2007）指出，市场监管和投资者的自我约束是造成机构投资者减价出售行为的关键因素。Greenwood 等（2015）研究结果认为，目标杠杆比率的设置是造成银行系统发生减价出售现象的一个重要原因。Antinolfi 等（2015）研究在回购市场中，如果债务人不能及时履行偿还约定，那么其抵押物就会被以明显低于公允价值的价格减价出售，也就是在逆回购市场中债务人的违约行为是导致减价出售现象发生的主要原因。

(二) 减价出售传染

系统性风险形成的重要根源之一是风险传染，其概括起来主要包括债务违约风险传染和减价出售传染。关于债务违约风险传染现有大量学者作出了充分的研究分析。Allen 和 Gale (2000) 第一个提出银行网络会影响债务违约风险传染，接着 Freixas 等 (2000) 从随机网络角度出发研究了风险在银行间债务违约中的传染渠道，Nier 等 (2007) 从完全结构网络的视角出发探讨银行间债务违约风险的传染途径。大量的国内外学者对减价出售的风险传染展开了研究探讨，结果表明减价出售是重要的传染途径。Shleifer (1992) 首次定义减价出售为金融机构被迫出售其资产的行为，尤其是减价出售发生在金融机构之间存在交织持股时，源于内生性放大将造成更严重的亏损，最终引发系统性风险。Kyle 和 Xiong (2001) 在研究投资者的去杠杆行为效应时，发现在连续时间序列均衡模型中，去杠杆会加剧造成资产收益的波动性和相关性，继而引发传染效应。Nier 等 (2007) 研究结果表明，系统性风险的爆发和减价出售引发的流动性风险紧密相关。

Khandani (2011) 研究了在股票市场中多空中性组合的收益，结果证实系统性风险形成的重要原因是减价出售，增强了资产收益的相关性和波动性。Bluhm (2014) 通过模拟含有多家银行同时存在多种债务关系的银行间网络，探究减价出售对具有直接债务联系银行间系统的影响。研究结果表明减价出售会放大外生冲击，最终可能导致整个金融体系堕入风险窘境之中。Choi 和 Cook (2012) 研究证实抵押物的减价出售过程会形成一种反馈效应，加速金融风险传染，扩大风险传染范围。Giansante 等 (2012) 证实减价出售是重要的风险传染渠道。Lillo 和 Pirino (2015) 指出，在回购市场中如果有保证金制度的存在容易引发剧烈的系统性风险。Feinstein 等 (2016) 通过研究模拟 2007—2014 年美国银行间网络的债务和资产数据，证明了资产的减价出售和杠杆是造成系统性风险传染的两大关键因素。Duarte 和 Eisenbach (2013) 运用压力测试的方法，研究了美国银行间系统存在的减价出售所导致的风险传染途径与过程。Cont 和 Schaanning（2017）为了探究资产价格传染的风险在欧盟银行系统中的暴露状况，他以 90 家欧盟银行 2011—2016 年的 135 种资产数据为基础，运用一定方法验证了市场在受到较强的宏观冲击时，纵然其自身流动性较高也会发生减价出售现象，给银行资产组合造成巨额亏损。

第四节　研究方法与研究思路

一、研究方法

本篇研究对象为 2015 年股灾期间股市流动性状况变化，以股灾期间能够进行融资融券且未停牌的股票为样本，选取样本企业在去杠杆前后的融资额与流动性市值及能够表示流动性指标的数据，运用 VAR 模型探究市场去杠杆对流动性的影响，并最终给出政策性建议。具体来看，首先，对相关概念进行界定，并奠定理论基础。其次，对市场流动性影响因素进行具体分析，分析去杠杆率变化前后市场流动性的具体表现，探究各因素是如何对市场产生流动性螺旋下降并最终导致踩踏性危机的形成，对日后市场杠杆投资监管和市场流动性管理提出相关意见与建议。

二、研究思路

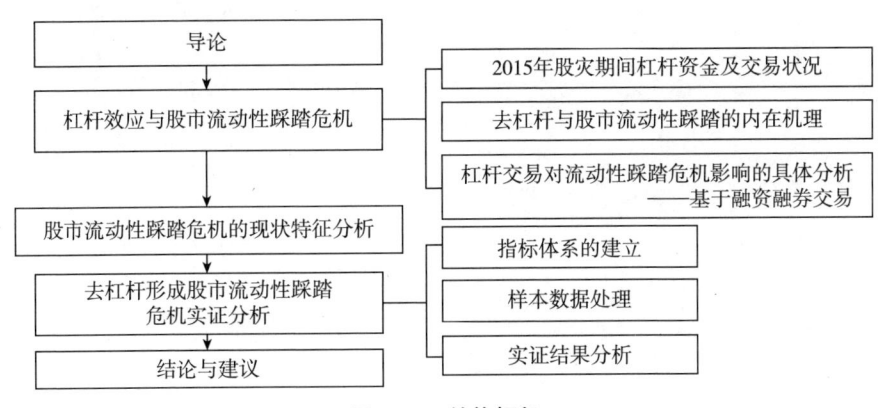

图 2-1　结构框架

第五节 可能创新点与不足

一、研究的创新点

关于股市流动性危机的形成机理,学者们大多从投资者疯狂抛售带来的流动性踩踏危机进行分析,但其实关于流动性踩踏危机的形成逻辑更为复杂,导致危机的原因是流动性螺旋。以流动性螺旋研究为逻辑点,分析股灾期间流动性风险的现状及特征,探究股市流动性危机的形成机理及传导过程,为股灾期间流动性踩踏危机监管政策提供参考。

二、研究的不足

本篇只针对2015年我国股票市场进行实证研究。事实上,国际股票市场都出现过股市危机现象,如果能选取国际股灾流动性危机进行比较研究,会使研究更具有说服力。目前对股市流动性踩踏危机形成机理的研究成果较少。本篇选择融资融券与股市流通市值的比例作为市场杠杆率,研究股市去杠杆冲击对股票市场流动性的影响及存在的不足之处。

第三章 杠杆效应与股市流动性踩踏危机

第一节 2015年股市杠杆资金及交易状况

一、股市杠杆交易的主要类型

(一) 融资融券

融资融券交易是我国股票市场上典型的杠杆交易,别名证券信用交易或保证金交易。其主要由两大部分组成,一是证券公司向投资者出借资金供其买入证券,为融资交易;二是证券公司向投资者出借证券供其卖出,为融券交易。投资者参与融资融券交易前需要先符合相应的要求,并且需要向证券公司提供一定的抵押担保物。融资可以放大投资者的操作规模,融券为投资者做空赚钱创造了条件。融资融券的交易主体包括券商和投资者。融资融券交易对投资者要求较高,投资者在进行融资融券交易之前必须具备相关知识并有一定的风险承受能力。从人类发展历史来看,融资融券制度是证券市场上一项基本的信用交易制度。

(二) 互联网配资

互联网配资平台自2014年下半年伴随着牛市的到来飞速发展,明显扩大了证券市场杠杆资金来源。一方面,互联网配资平台之所以能迅速兴起主要在于它打破了传统民间配资在空间和时间上的限制，其相对比较低的融资门槛充分挖掘了低净值人群的配资需求，扩大了其客户资源；另一方面，互联网配资平台充分利用了互联网优势，其融资申请、审核等手续简单快捷便利，可以直接在线上获得更加广泛的融资客户群体。

因此，配资客户数量伴随着2015年我国股票市场的走强而大幅增长。现存的绝大多数配资机构本身就是P2P平台，又或许是P2P平台通过与配资机构相互配合，为对接配资资金向社会公众售卖资金池产品。这种资金池的产品具有期限短、投资门槛低和较高固定利率的特点，因此，互联网配资对投资者的吸引力远大于银行所推出的理财类相关产品，从而为配资机构提供了充足的资金来源。场内杠杆资金的主要融资融券业务，其融资杠杆比率较低，可投资标的领域较小（可投股票数量仅占A股的1/3），融资成本相对比较低，仅有8.3%左右，但是其门槛比较高，达50万元，因此，并不是市场上所有的投资者都能进行融资融券交易。比较来说，互联网配资平台具有几乎没有投资标的限制、无须单独开立账户、杠杆率高3~5倍、门槛非常低、配资手续简单等特点，迎合多数证券市场上非合格的融资融券投资者的配资需求。

为了保护配资资金的安全，各配资公司都会根据情况设置强制平仓线控制亏损比例，杠杆越高越容易触及平仓线，因此高杠杆的配资账户通常都不能承受市场的大波动，很容易爆仓出局。假设某人配资为1万元，杠杆为5倍，亏损警戒线为本金部分的50%，亏损平仓线为本金部分的70%，即当账户持仓组合亏损到约8.3%时，互联网平台就会提醒配资人注意风险。如果亏损到7000元即组合下跌约11.7%时，平台就会要求配资人追加保证金，否则就会被强制平仓。同样情况下，如果杠杆为10倍，持仓组合下跌6%~7%时就会触及平仓线，下跌9.09%时，投资者就会血本无归。

配资加杠杆本身是一种中性的投资工具，但问题在于那些抗风险能力比较低的投资者通过互联网配资平台实现了在资本市场上较高杠杆的投资。相较于场内合规两融的杠杆比率，场外互联网配资的高杠杆倍数已经对股市造成了巨大的负面影响，并且许多高杠杆配资者缺乏投资经验，投机目的明显,也游离于监管之外。投资者通过这些互联网配资平台进行高杠杆交易,一旦股市发生异常波动,众多互联网平台的配资者将遭遇被动平仓或爆仓,这将进一步成为股市流动性踩踏危机发生的巨大隐患。

(三) 伞形信托

伞形信托本质上属于结构化证券投资信托,是指由证券公司、信托公司、银行等金融机构共同合作,结合各自优势,为证券二级市场的投资者提供投融资服务的结构化证券投资产品。具体来说,就是用银行理财资金借道信托产品,通过配资、融资等方式,增加杠杆后投资于股市。它能够在短时间内迅速满足在证券市场行情上涨的情况下各类风险收益客户的资金诉求,给大量的市场投资者提供了获得和瓜分投资收益的机会,实现产品收益与风险的匹配。2015 年,伞形信托在我国股票市场的运行机制如下:伞形信托打通了银行、信托、私募、券商与二级市场的众多信托公司,发动了一个信托计划,同时成立一个主信托账号,一个信托通道下设立多个完全独立的交易子单元(子信托),单独投资操作和清算。优先级资金是银行理财资金,劣后级一般则由普通投资者充当。而由信托公司收到交易子单元的交易指令后统一向证券公司发出交易指令,证券公司查核后再执行这些交易指令,如图 3-1 所示。

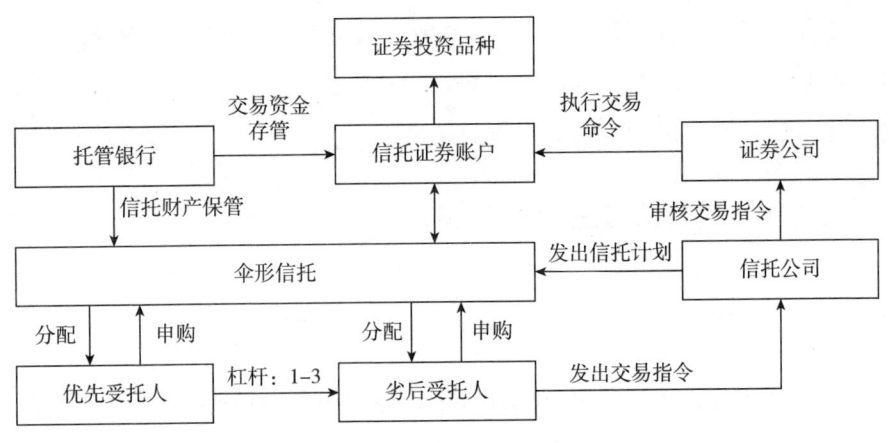

图 3-1 伞形信托结构

伞形信托中的优先级资金主要是指银行的理财资金，银行与信托公司约定固定收益率，当产品到期后，银行就会自动得到这部分收益。劣后级投资者则获得下不保底、上不封顶的收益。一般是一些机构客户或自然人大户及一些集团旗下的财务公司等持有劣后级资金。信托公司为确保优先级资金即银行理财资金的安全，在其所持有的各类伞形信托产品中均设有止损线和警戒线。2015年，业内对于止损线和警戒线设置的通常做法：如果劣后级与优先级的比例为1∶1，则止损线与预警线分别为70%和75%；如果优先级与劣后级的比例为1∶2.5，则止损线和预警线分别为87%和92%；如果劣后级与优先级的比例为1∶2，则止损线与预警线分别为85%和90%。如果遇到市场行情下滑或投资不当，为确保优先级投资者的本金及收益，劣后级投资者就很有可能会面临强制平仓的风险，而造成的这部分投资损失也是由劣后级投资者承担。倘若操作不当，平仓失败导致无法退出，即便是投资优先级的银行资金也将面临损失，而这种情况在股市剧烈动荡时，是很容易发生的现象。

在这一波股票市场上涨行情中，伞形信托为A股市场注入了大量的资金，推动了行情的上涨，但同时也在A股市场上埋下了种种雷区。因为在伞形信托下，子信托的操盘手不必遵守场内的风控规定，伞形信托对股票标的限制较少，ST股也可以涉猎，甚至对个股持仓比例也没有限制，子信托给予操盘手的权利要远远大于场内两融。同时，正是由于伞形信托对投资标的限制较少，所以，一旦重仓持有垃圾股票时，当股市走向发生逆转，股价暴跌导致接连爆仓，则引发流动性踩踏危机。

二、股市杠杆资金主要特点分析

（一）市场场内外融资规模量大，短期内增长过快

2010年3月，我国股票市场首次正式运行融资融券业务。从2014年下半年开始，股市上涨的行情从创业板扩展到整个市场。在财富效应推动下，沪深两市融资量快速翻了一番，从年初的2287万元增至近7000万元。在本

次股票市场上涨行情高峰时期，融资融券规模占 A 股市场总流通市值的比重明显高于日本（0.8%）、美国（2.5%）等成熟资本市场，最高可达 8.2%，市场风险明显积聚。同时，由于我国的卖空限制、融券成本高及券源不足等要素的存在，导致在我国资本市场上融券陷入一券难求的"跛脚"困境，而融资业务却一直高歌猛进，股票市场上融资占比超过 99%，成为融资融券的主要业务。2014 年至 2015 年，资本市场上融资余额从 2014 年 4 月的 4000 亿元以惊人的速度增加到 2015 年 8 月的 22000 亿元，其增速高达 450%（见图 3-2 和图 3-3）。

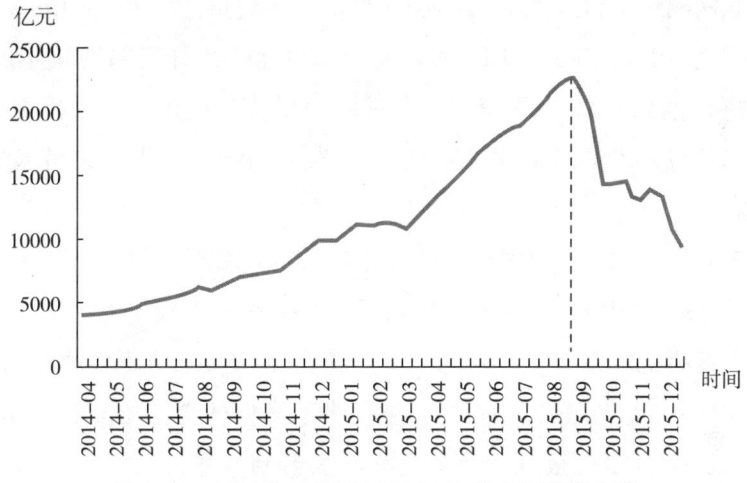

图 3-2　2014 年 4 月至 2015 年 12 月市场融资余额

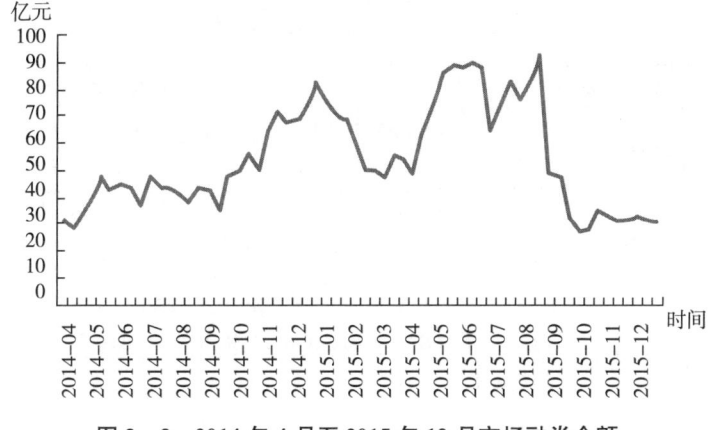

图 3-3　2014 年 4 月至 2015 年 12 月市场融券余额

自 2014 年 11 月以来，伴随着以分仓技术逐渐成熟及资本市场上持续向好的行情，场外互联网配资开始通过各个渠道渗入股市配资领域，并且在加杠杆进程中，为吸引更多的投资资金，配资渠道的门槛开始持续不断地降低，使一些资金较少、风险承受能力较弱的个人投资者可以借助互联网配资平台加大杠杆，在股票市场上进行投机，而资本市场监管部门难以准确掌握市场的全部情况。

截至 2014 年底，我国资本市场上配资公司的数量已经超过了 10000 家。在市场行情暴涨时期，通过股票配资平台进行投资的股民超过 40%，他们通过互联网配资平台放大自己的投资资金，以期望达到利益的最大化。据统计，截至 2015 年 3 月，P2P 网络配资平台业务累计交易规模超过 20 亿元，增幅高达 143%。各配资平台的业务量增长速度惊人，如投哪网 2015 年 2 月上线股票配资新系统，3 月成交量出现了爆发式增长，增幅达 415%。

表 3-1 是 2015 年我国较为典型的 7 家互联网配资平台。从表中可以看到不同的互联网配资平台规模不尽相同，有一些规模较小的 P2P 平台也在提供线上股票配资业务，并且除个别 P2P 平台是专业的股票配资平台外，众多的 P2P 平台只是借助牛市的热度提供了高杠杆交易的配资业务。由于这些互联网平台门槛很低，不采取账户实名制，并且杠杆率最高可达 10 倍，因而使很多资金量较小的杠杆交易需求者得到了投机交易的机会。

表 3-1　配资平台业务状况

平台名称	注册资金	平台性质	配资真实情况
金斧子	2000 万元	综合性金融服务类平台	配资种类：总操盘金额 1 万元、2 万元、4 万元等（配资时间为 10 天内）只收取管理费
PP Money	3000 万元	广涉理财、配资众筹等业务	因为配资人数多，配资时间长，需 7 个工作日，只有按月配资，没有按日配资业务
658 金融网	5000 万元	除配资外涉及 P2P 业务	1. 按月配资是以 P2P 募资形式获取资金，其配资的利息由募集人依照市场情况自己设定的，利息设得越高资金募集得越快。2. 按日配资固定 10 倍杠杆，1000 元起配，最高配资可达 33 万元

续表

平台名称	注册资金	平台性质	配资真实情况
投哪网	5000万元	除配资外涉及理财、融资	不可以按日配资,仅能按月配资(1~3个月),最高可配资400万元
赢在投资	1亿元	专业股票配资平台	最高配资比例达1:10,配资时间需要(1~3个工作日),配资金额5000元至500万元
钱生财	2.03亿元	专业的股票配资平台	月配资股票的金额,必须是1000元的倍数,最多可达500万元,最少3000元
迅银网	2.08亿元	专业股票配资平台	配资渠道有两种网上自己操作和专业人员操作,当配资金额达100万元以上可致电官网电话,由专人安排操作;当配资金额低于100万元则网上操作,最晚T+1天到账

证券投资信托业务"水涨船高",伴随着2014年下半年股票市场行情的上涨,尤其是被很多信托公司大力扩大的伞形信托业务,信托公司资金大量涌向证券市场。依据信托资金投向划分,向证券市场(股票)的投入占信托公司资金总额的比例从2014年第三季度末的3.53%上升至2015年第二季度末的9.53%(见表3-2)。

表3-2 信托公司资金投向证券市场(股票)数额及比例

	2014年第三季度末	2014年第四季度末	2015年第一季度末	2015年第二季度末
余额(万元)	43014276	55203166	77701618	141155419
占比(%)	3.53	4.23	5.77	9.53

资料来源:中国信托业协会。

(二)杠杆资金的被动去杠杆引发流动性危机,触动非杠杆资金离场

2015年6月15日至7月8日,股市二级市场的去杠杆成为引发股市急速下跌的导火索。

股票市场开始连续急速暴跌,在去杠杆过程中,市场价格受到卖盘冲击回落,由于保证金的要求,价格的下跌致使进一步去杠杆要求,市场陷入"恐慌性杀跌→高杠杆账户被强制平仓→卖盘涌出→股价进一步下跌→

次级类的高杠杆账户被平仓→卖盘进一步涌出而无买盘接手→股价更进一步下跌……"的循环交替中，高杠杆的投资账户率先爆仓，引发多米诺骨牌效应。根据杠杆高低，由场外配资、伞形信托到场内的融资融券依次下降，而投资者很快意识到这一连锁反应，一些尚未遇到平仓压力的账户资金也开始紧急撤离，在卖盘的强大压力下逐渐形成市场流动性踩踏危机，直至市场流动性枯竭。

此次去杠杆不仅使杠杆资金减少，而且导致强烈的市场挤兑行为，被动去杠杆还引发了机构与散户的竞相离场，从而导致进一步杀跌，加剧流动性踩踏行为。

（三）杠杆比过高导致下跌中杠杆率迅速提升

我国股市常见的配资比例有1∶3和1∶5，即假如以2元的本金配资6元为例，那么就是8元市值里只有2元是投资者本金。如果市场上涨20%，则其杠杆率则变成2.67倍，务必要不停地追加资金，才能躲过被强制平仓的命运；反之，则当市场有20%的回调时，那么其杠杆率就会由4倍迅速上升至16倍，本金只剩下0.4元。因为股票市场价格下跌时会导致杠杆率的迅速攀升，导致在市场调整时高杠杆的资金会更加快速出逃。清华大学国家金融研究院根据渤海证券相关数据测算，2014年10月至2015年6月股市上涨期间，峰值阶段进入股票市场的杠杆资金为5.4万亿~6万亿元，其中，两融以外的场外配资规模可达3万亿~3.8万亿元。在场外配资中，又以信托渠道杠杆资金规模最大，占比为60%，为1.8万亿~2.2万亿元。面对如此庞大的市场规模，强有力的去杠杆措施直接致使大面积股票集体跌停，导致资金流动性踩踏事件的发生。杠杆交易既可以为市场供给流动性，也可以加速市场流动性的枯竭，投资杠杆越高，则市场波动的承担能力就会越小。市场连续不断地大幅下跌，最终导致挤兑风险和流动性枯竭相互踩踏，陷入恶性循环之中。

第二节 去杠杆与股市流动性踩踏的内在机理

一、减价出售

所谓减价出售，就是当股票市场出现下跌趋势时，市场上的机构投资者为保证资金不受损失，不得不低价卖出其所持有的股票导致股票价格继续下降，从而使机构投资者遭受更大净值和赎回压力，并且引起市场上其他投资者也会陆续卖出自己手中所持有的股票，从而造成股票价格的螺旋式下降。Coval 和 Stafford（2007）指出，减价出售的主要特征就是投资者完全陷入被动的局面，即便会发生亏损，也不得不甩卖自己的股票。在我国资本市场上，存在很多推动投资者不得不抛售股票的管理机制、制度设计，如证券投资基金赎回压力、投资者的股权质押、市场上杠杆率监管要求或金融机构自身管理约束、场内外配资等。

（一）证券投资基金赎回压力

根据不同的标准，证券投资基金可以分为不同的种类，例如，根据基金单位能否赎回或增加，可分为封闭式基金和开放式基金。封闭式基金有固定的存续期，在封闭期内，不能申购和赎回，投资者只能在二级市场上买卖基金单位。而开放式基金可根据投资者的需求，随时向投资者出售基金或赎回发行在外的基金单位，开放式基金的运作方式很大程度上提高了自身的发展后劲，它的主要优势在于为投资者提供了交易的流动性，但是一旦遇到股市的大幅下跌，它就会遭受较大的流动性风险，情况恶劣时会引发金融市场的系统性风险。

开放式基金如果遇到市场行情连续走低或者自身经营管理不善，就会面临巨额基金份额赎回，开放式基金极易遭遇流动性不足的问题。当遇到流动性不足的问题时，开放式基金被迫调整它原本的长期稳定型投资策略，不得不出售大量相对风险较高的股票资产，而投资风险较低、流动性较高的现金和国债，将会引起股票价格的下降，继而进一步对开放式基金的经营业绩造成不良影响，或者会造成更危急的赎回现象，引发股票价格更进一步地下降。因此，基金的减价出售与其流动性短缺会陷入恶性循环，最终使金融市场的系统性风险爆发。

（二）投资者的股权质押

股权质押属于权利质押的一种，主要是指出质人（股票持有者）以其所拥有的股票所有权作为质押标的物设立的质押。股权质押在我国当今资本市场上非常常见。比如，当投资者需要资金的时候，他可以自主选择是股权质押还是向类似于银行的金融机构筹款。与银行贷款相比，股权质押则十分便捷，它没有琐碎复杂的审核过程，对质押股票要求比较宽松，所以成为资本市场投资者融资的主要途径。在市场行情持续向好的时候，市场参与者投资热情高涨，投资者为获得更多的资金扩大自己的投资收益会进行大量的股权质押。

不过，股权质押在满足投资者融资需求的同时，也会为其带来一定的投资风险，即当作为质押标的的股票市场价格下降至止损线时，将被强制平仓。当投资者（质押人）因质押股票价值下降而无法及时追加担保物的时候，债权人可以要求出售股票投资组合（质押物）。

（三）金融机构的 VAR 等自身管理约束或杠杆率等监管要求

随着资本市场的迅速发展，市场风险日趋复杂，金融机构越来越重视对风险的管理，例如 VAR，就是金融机构通过计算投资组合的 VAR，预测组合在持有期内最大的损失，来实现对其投资组合杠杆风险的控制，譬如存在一个金融机构最高能承受的风险限额是 10 亿元，而其 VAR 值为 12 亿元，则金融机构需要对该组合投资策略进行调整，降低高风险资产的比率，于是金融机构需要抛售其所持有的部分资产。另外，为预防市场风险过高导致金融危机的发生，监管部门会对投资基金类金融机构设置一个目标杠杆比率。倘若市场行情走低、股票资产价格下跌，投资基金类金融机构为防止杠杆率上升,符合相关部门的监管杠杆比率,将不得不抛售其所持有的资产。

(四)场内外配资

投资者具有良好的盈利能力或比较强的风险控制能力,为增加投资杠杆,扩大投资收益,受制于资金量不足可以通过配资的方式来达到其投资目的。但是一旦投资组合账户发生损失,投资者不能进行减仓或者追加保证金,将会面临被强行平仓的风险(Chow 和 Vanda,1998)。目前在我国股票市场上主要存在场内配资和场外配资两种方式,场外配资主要是指结构化配资,主要由银行资金、民间资金和互联网资金构成,具有配资门槛低、杠杆率高的特点,而且长期处于市场监管的灰色地带,规模量大且不易被统计,具有非常高的投资风险。与场外配资相比,场内配资数量和杠杆率远低于场外配资。

总结上述投资者出售股票的行为可以发现,他们都是被动抛售资产的,而不是由投资者非理性行为造成的。因此为去杠杆、降风险而发生的减价出售,它的首要特点是投资者被动抛售。譬如,存在一个杠杆为4倍、总资产为1000的投资组合,那么该投资组合中负债资金占总资产的比重为80%,自有资金仅占总资产的20%。倘若该投资组合价格下跌10%,则投资杠杆变为8倍。此时为降低杠杆控制市场风险,则组合持有者被迫抛售资产、降低负债率。假如杠杆需要保持在4倍及以内,则投资者需要被迫抛售40个投资组合单位量。

二、竞相抛售模型

Pedersen(2009)通过构建竞相抛售模型来探究证实市场上流动性危机的产生机制。倘若市场中有两个投资者甲和乙,他们不仅和市场上存在的其他一些长期投资者进行交易,而且彼此之间还存在交易行为,总需求曲线斜率绝对值为1。换个角度说,假如市场上有投资者买入1单位的资产,则市场均衡价格就会升高1单位;反之,若市场上有投资者卖出1单位的资产，那么市场均衡价格下跌 1 个单位。

A、B 和 C 分别代表三个不同的资产交易时间点，在时间点 D 处将进行投资分红。投资者甲、乙因为自身资金约束最多只能购买 10 个单位的股票。

在时间 A，投资者觉得股票价格低于其实际价值，每人在价格为 116 时购买 8 个单位股票。

在时间 B，此时存在两种可能，一种可能是甲、乙两个投资者资金量正常，不需要抛售股票；另一种可能是投资者甲亟须资金而不得不抛售其所持有的股票。在前一种状况下，两个投资者用仅有的资金又分别购入两个单位股票，从而促使价格上涨为 120（116 + 2 + 2 = 120），并且该股票保持这一价格直到分红时间点 D。

首先来剖析第二种情况。投资者甲在 B 时刻不得已抛售持有的股票。如果这时投资者乙依然持有 10 个单位的股票，他不知道投资者甲出售股票的缘由或动机。这种背景下致使股价下降到 108（116 − 8 = 108），股票交割均价为 112。

倘若投资者乙知道投资者甲会抛售股票的动机或缘由，他就会预期股票有下跌的趋势，如果继续持有股票将会损害自身的利益。所以，他会在 B 时刻出售手中此时所持有的股票，然后再择时购入，鉴于两个投资者均决定在 B 时刻抛售手中所持有的股票，从而致使价格跌落到 100（116 − 8 − 8 = 100），其交割均价为 108。没有遭受冲击的投资者乙在 C 时刻买回其股票，将拉动价格反弹到 108（100 + 8 = 108），平均交割价格为 104，最后他还会用仅剩的资金再另外购买两股股票，促使价格上升到 110。可以发现，投资者乙卖出的平均价格为 108，而买回的平均价格为 104，从而获得了 4 个买卖价差，因此他的财富比前一种不交易的情况增加了 4。

因此，当市场上甲投资者卖出股票时，则交割均价跌至 112，如果甲、乙两个投资者都选择卖出股票时，则价格跌幅会更大，交割均价跌至 108，而且因为甲投资者早就淡出市场，他享受不了价格回弹带来的收益。上述这一简单的资本市场资产下跌与反弹的例子，表明流动性冲击会加大投资者的损失。

在上述案例中,投资者乙没有资金的损失,自身资金状况正常他就可以先出售手中所持有的预期价格会降低的股票,随后再低价购回,从而可以在长期买卖价差中获得盈利。然而,现实中市场上的情况会复杂得多。一旦存在有人刻意打压市场价格而你却不为所动,那么很快就会陷入窘境之中。Brunnermeier 和 Pedersen (2005) 研究表明,投资者抛售资产时的心态会影响投资者最终所受到的损失,一般恐慌抛售与投资者正常状况下的抛售相比,会对投资者造成更大的损失;在充满恐慌性情绪的市场中,投资者竞相抛售,造成市场价格成螺旋形下降,继而陷入因担心亏损而争相抛售,由抛售造成投资者更大的亏损,如此周而复始的窘境,最终导致系统性风险的爆发。

从上述案例中可以发现,市场流动性在关键时候缺失,有没有可能市场上存在多个未受冲击的投资者作为买盘进入市场,从而稳住市场价格使其不会剧烈波动?Brunnermeier 和 Pedersen (2005) 针对上述问题研究了存在很多投资机会的不间断的时间模型,倘若存在投资者有足够的意愿和资金吸收另一部分投资者不得不出售的股权份额,就会出现上述情况。不过,倘若不存在投资者愿意吸纳或投资者没有足够资金来吸纳这些被抛售的股权份额,则最终会导致股票价格下降,而且这一价格波动过程给投资者交易提供高抛低吸的机会与动机,继而引起价格的过度反应。

因此,只有在市场上卖盘压力大于买盘吸纳能力时,才会发生竞相抛售现象。换个角度来讲就是当市场上有一定数量的投资者陷入流动性攻击的边缘并且此时交易十分拥堵,而市场上仅有非常少的局外投资者准备进入市场并且有交易意愿时,就很有可能造成竞相抛售的现象。

三、流动性螺旋

2015 年 6 月中旬,自 2014 年 7 月开始的股市上涨行情在持续不到 1 年的时间里发生了惊人的逆转,其幕后直接推手是政府相关监管部门一系列严查场内外配资的行为及货币市场流动性趋紧的变化。依照某证券交易所首席分析师的粗略估计，危机期间场内外配资资金盘踞了上海证券交易所和深圳证券交易所总成交量的10%以上，其中在最高点时杠杆资金逼近沪深两市整个交易量的20%。在任意一个金融市场上如果杠杆资金超过市场上总资金的20%，则该市场极易产生资产抛售浪潮，证券监督管理层选择在市场杠杆率在20%左右时严查配资杠杆，势必会导致股市危机的爆发。

Brunnermeier和Pedesen（2009）初次将流动性分开解释为市场流动性（Market Liquidity）和融资流动性（Funding Liquidity）两个部分，并证实了两者之间存在流动性螺旋（Liquidity Spirals）效应。当投资者融资比较容易时，他们将加大对证券的投资，从而为市场注入大量的流动性，较好的市场流动性会引导市场行情向好发展，从而导致股票价格上升；市场繁荣的上涨行情会吸引更多的投资者转向高杠杆投资，通过加杠杆买入更多的股票资产，进一步促进股市流动性的增加，继而引发股价新一轮的上涨和新一轮市场参与者的加杠杆投资，在上述情况下融资流动性与市场流动性产生互相促进的正向螺旋效应。股市杠杆资金是一把"双刃剑"，市场风险随着杠杆资金的增加也在慢慢积累，市场将会逐渐变得脆弱，一旦出现不利因素，尤其是当融资流动性受到阻碍时，股价将会发生断崖式下跌，继而导致高杠杆投资者账户被强制平仓，市场卖压凸出，股票市场价格继续下跌，更进一步导致次市场上级高杠杆账户的强制平仓，股价不受控制地进一步下跌。如此往复循环，市场流动性被逐渐吞噬，最终枯竭，导致整个市场股价的崩塌。由此产生了融资流动性和市场流动性的反向踩踏性螺旋效应。

T+1结算规定、涨跌幅限制、卖空限制等市场交易制度，会辅助其他因素对枯竭型的流动性螺旋效应产生负面加剧作用。一旦市场中流动性螺旋产生，市场参与者在投资亏损和流动性枯竭的双重压力下，就会不得不以不理想的价格卖出其所持有的资产，继而导致价格下跌风险在不同类资产中相互传染。2015年的股票市场就是坠入了流动性螺旋的困境。在这次股市危机中屡次发生国内外罕见的因流动性踩踏而爆发流动性螺旋效应现象。

中国证监会于2015年6月13日发布了关于严查市场配资的通知，其中重点强调以下三点：第一，各个证券交易公司务必严苛透彻地排查自己的IT系统，对IT系统的外部接入情况有个清楚的认知，严格把控业务的合法合规性和业务信息技术风险。第二，各地区相关监管部门务必对所治理范围内的排查状况进行总结并形成报告。第三，中国证监会将严格依据法律法规对各个证券交易公司的违法行为或由其IT系统的外部入口造成的危害市场安全的事故进行调查问责。推动2014年下半年至2015年上半年A股迅速繁荣的关键因素是大规模杠杆资金的强势出场，因此，市场监管部门为控制市场泡沫无限增大的风险而决定抑制杠杆资金规模的措施本是不应责备的。

从一个角度来讲，中国证监会在资金面极度匮乏的6月严查配资，在每年年中，面对人民银行和中国银监会制定的资金监管指标的考核条例及配合完成高市值半年度财务报表的需求，市面上存在的大小银行会利用一切办法大量吸收储蓄存款，货币市场处于资金面全面收缩的状态。而且，商业银行对货币资金的需求远不止这些，2015年6月整个银行间市场处于焦躁不安的状态，从人民银行官网所披露的消息中可以获知，6月人民银行通过公开市场操作净收回5000多亿元资金。虽然后来通过逆回购给市场投放了800多亿元资金，但总体上讲市场上通货依然缩水了4000多亿元。

市场上最活跃的高杠杆投机者是本次最先受到清理场外配资的一类群体，配资市场的清理直接引发了股市上第一轮股票抛售潮，造成股价上涨行情发生逆转，股价的突然暴跌将导致其他进行高杠杆交易的账户被强行平仓，市场卖压迅速增大，股票市场价格不断大幅下跌，导致持次高杠杆交易账户也逃脱不了被强制平仓的命运，使股价持续不断下跌。如此不断循环，逐渐形成融资流动性和市场流动性的反向踩踏性螺旋现象。市场流动性因投机者资本的损失而发生骤缩，流动性的缩减与股票的大幅抛售使市场价格陷入崩塌，价格的大幅下跌把市场上的杠杆投资者逼到了要么斩仓要么补充保证金的窘境，由于市场的下跌和资金面的紧张使筹资越发艰难，市场上绝大部分投资者因资金链断裂而没有能力及时追加保证金，最终不得不被强行平仓，投机者作为市场上最活跃的投资者，其资金与市场流动性陷入螺旋性下跌的旋涡。

在股市上涨行情发生的逆转过程中，处于市场监管灰色地带的场外高杠杆配资者的投机资金成为众矢之的，一般他们的投资杠杆能达到9倍或10倍，一旦市场价格回调9%，那么10倍杠杆的资金投资者将面对被强制平仓被迫离开市场或及时增补保证金的命运，由于投资者筹资困难和市场监管的强制平仓制度将造成价格连续回落，于是7~8倍的杠杆投资者将被迫接受同样的遭遇，引发市场的"抛售潮"。在2008年国际金融危机中，直接造成的次级贷款上的损失约为7000亿美元，仅占股票市值的5%。但是，因为遭受损失的贷款与高杠杆的大金融机构紧密相连，在螺旋效应放大的机制下，导致整个股市市值流失了约8万亿美元。

从另一个角度来讲，筹资变难是市场被迫陷入流动性螺旋的关键因素。根据民间调研的数据可以发现，10：3的杠杆投资在股市危机发生后需要反复追加保证金，股灾期间，场外配资被"一刀切"，场内融资保证金比例提高，市场上的投机者面临着资本及筹资两个方面的严重打击。Pedersen（2009）指出，投机者的资金宽裕程度与市场的流动性呈正相关关系。当投机者因资本金不足筹资困难，又要避免触碰到"资本约束线"时，他们就会主动减少仓位，继而市场的流动性会随之降低，此时股票价格在逐渐远离它的基本面价值，而由负债的流动性所决定。

此外，在上证综指接二连三地遭遇大幅下跌后，股票市场上大量的基金净值大幅降低，恐慌性投资情绪迅速在市场上蔓延，投资者一个接一个地要求赎回基金。对于投资者来讲，赎回资产保全自己的资产少受损失的诉求理所当然，然而投资者的这一行为对于基金流动性来讲无疑是雪上加霜，增加筹资难度。对于基金管理者来讲，因为缺乏资金补给，需要将其所持有的股票不计价格抛售。股灾期间，大批基金在赎回的压力下，只能连续卖出股票，导致股票价格下跌，由于风险的传染性，导致整个市场千股跌停。

2015年股灾期间出现了大面积的恶意停牌事件,这一事故严重加剧了市场流动性的下跌程度。

2008年国际金融危机期间,美国股票市场停牌数不足5%,然而2015年我国股市危机时期的市场上停牌公司数量占市场总上市公司数量的一半(见图3-4)。其中,大部分公司为了防止自身股价暴跌只好非正常停牌,市场上没有停牌的股票在开盘时大跌,这种情况下大部分基金只得被动地卖出具有流动性的股票,因此,市场上除了停牌的股票,就是暴跌的股票。

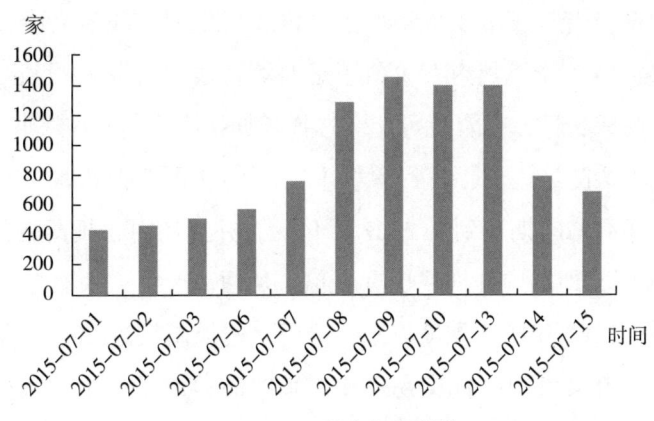

图3-4　A股市场停牌数

上述现象的发生表明市场流动性已经枯竭,在一个缺乏流动性的市场索要收益率补偿,只会推动股票价格更大幅度地下降,最终造成具有流动性踩踏危机的股灾(见图3-5)。

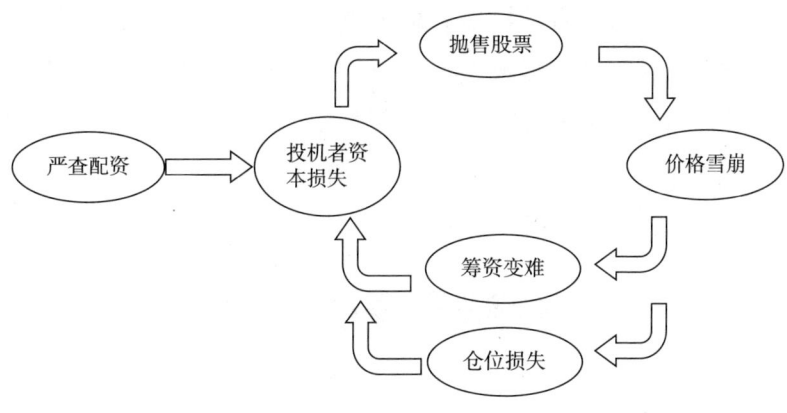

图3-5　流动性螺旋

第三节 杠杆交易对流动性踩踏危机影响的具体分析
——基于融资融券交易

一、融资融券过度交易推动股票高估值

正常情况下,投资者进行市场投资时,主要考虑股票价格与其内在价值之间的关系,当股票市场价格低于其内在价值时,投资者会及时进行投资,待股票价格上涨至其内在价值附近时抛售股票(相对投机者而言,如果股票具有高成长性,投资者可能会选择长期持有),并不会冲动地追涨推高股价,也不会随波逐流,盲目入场。2015 年我国股票市场以场内两融来看,融资余额高峰时期达到了 2.27 万亿元,并且场内合规两融的保证金率也可达到 50%,即场内杠杆率也有 2 倍。从两市融资买入额占 A 股成交额的比例来看,2014 年第三季度以来,这一比例最高接近 20%,而这仅仅只是场内合规融资渠道的杠杆交易占比,我国证券市场上中小投资者是市场投资中的主力军,而且市场上的中小投资者缺乏相应的价值投资知识,风险的辨认能力比较弱,经常会出现跟风操作,具有"羊群效应"。"羊群效应"和过度的融资融券效应使股价大幅偏离价值。市场整体状况受杠杆交易的影响是非常大的,尤为明显的是这种过度交易推高了股票估值并催生了大量的泡沫。在市场行情快速上涨的过程中,过高的杠杆融资交易会使股价偏离适当价位,逐渐形成市场泡沫,致使股票价格远远高于自身的内在价值。由于融资的"杠杆效应",市场波动增加会更加明显。当股票价格下跌时,因为中小投资者筹资能力有限,不能实时追加保证金,造成部分杠杆投资账户被迫平仓,引发股价更深一步的螺旋式下跌。

二、股价下跌与融资融券平仓状况具体分析

2014 年第三季度牛市开启以来,融资融券业务交易异常活跃。当监管层对杠杆交易开始整顿后,抛单增加引致股价大幅下跌,而股价的大幅下

跌会导致杠杆交易的融资盘发生被动平仓或爆仓现象，从而加剧股灾的发生。就场内融资交易来说，本篇以古井贡酒（000596）为例，对股市危机期间个股股价下跌时投资者杠杆交易的具体状况作简要说明。2015年6月15日，方正证券股份有限公司（以下简称方正证券）的融资利率为8.35%。其维持担保比例执行标准见表3-3。

表3-3 方正证券融资融券维持担保比例

项目	维持担保比例（%）
警戒线	150
平仓线	130

保证金比例随着融资标的的不同而各不相同。以古井贡酒（000596）为例，2015年6月15日，方正证券对古井贡酒证券标的设置的初始保证金比例为80%。假设市场上存在某个投资者的融资融券账户有可投资资产200万元，全额融资古井贡酒。

如果投资者希望获得最大收益，则可先用全部自有资金做保证金融资，使融资杠杆最大化，融资买入古井贡酒，总值为250万元（200万元÷0.80=250万元）。

之后再通过自有资金普通买入200万元，结果投资者融资融券账户会有总资产共450万元（200万元+250万元=450万元，其中负债为250万元）。

不考虑利息及费用，目前的维持担保比例为（200+250）/250=180%；当前的投资杠杆为（200+250）/200=2.25倍。

如果投资者以上述方式购入股票后，当股票总市值下跌至400万元，即下跌幅为（450-400）/450=11.1%时，那么市场上融资融券维持担保比例为400/250=160%。此时，投资者应时刻关心其仓内股票的走势变化。

假如市场行情持续走低，该投资者持有的股票持续下跌，当其仓内股票资产总值跌至350万元时，也就相当于股票跌幅为（450-350）/450=22.22%时，那么市场上融资融券维持担保比例下降到140%，则该投资者将会面临被强制平仓的风险。在接下来的2个交易日内，投资者务必补充账户所需保证金，把维持担保比例提高到150%以上。如果此时投资者未能及时填补保证金,当股价继续下跌且跌幅达到 28% 时,融资维持担保比例下降到 130% 以下,投资者若还未增补保证金,则会遭到证券公司的强制平仓。

由此可见,对于融资融券配资者来说,个股跌幅只要达到两个跌停板就会遭遇平仓,并且就 2015 年我国股票市场来看,杠杆交易者不在少数,在股市整体环境发生逆转之后,抛单不断增加,股票价格跌速加快,若杠杆交易者不及时补充保证金,则会直接遭遇账户被平仓,大量杠杆资金亏损会加大股票市场价格的剧烈波动,若在连续跌停的情况下,极易发生系统性一致平仓状态,引发流动性危机。

三、去杠杆引发流动性踩踏危机的形成

自 2014 年 7 月开始不到一年的时间里,A 股市值迅速增加 45 万多亿元,并在 2015 年 6 月逼近 70 万亿元。杠杆性投资在股市行情持续向好的情况下迅速增长,股市在达到本轮上涨的巅峰位置后由于没有维持它继续上涨的动力支撑,市场去杠杆引发股市流动性踩踏危机。

在市场去杠杆过程中,卖盘冲击导致市场价格回落,因为保证金要求的存在,市场价格的回落导致市场更深一步去杠杆。Kiyotak 和 Moore(1997)、Geanakoplos(2010)的研究中发现,抵押物价格下跌后导致抵押物不足,会引发进一步抛售资产的需求。在去杠杆导致的价格回调时,投资者都不谋而合地选择了观察,没有买盘来接受被投资者抛售的股票资产。市场极度缺乏流动性,连续大面积的股票跌停导致市场出现大部分股票流动性枯竭,市场出现了结构性的变化,难以找到一个交易平衡点来阻止市场价格断崖式下跌,最终导致市场接近崩溃边缘。

第四章 股市流动性踩踏危机的现状特征分析

第一节 流动性踩踏危机的现状

2015 年我国股市爆发了一场少有的股灾与大面积股票同时跌停的流动性踩踏危机。流动性踩踏是指在市场行情持续走低的过程中，投资者争相抛售账户里的股票（或遭遇强制平仓）；并且此时，市场几乎没有买盘，股票交易无法进行，导致更多的股票价格更大幅度下跌，激发越来越多的投资者抛售（或遭遇强制平仓），如此环环相扣的反应最终酿成市场的恶性循环。这就是学术概念中的一种因流动性短缺而引发的风险或危机（Liquidity Crash，或 Liquidity Meltdown）。股市暴跌时，市场卖盘数量远远超过买盘数量（此时市场上几乎没有买盘），这必定会造成市场出现流动性不足的状况，继而导致股市危机的发生。正如 O'Hara 指出，"流动性就是一切"，当市场缺少流动性的时候，市场将无法有效地行使它的功能。实际上，在股灾期间市场已经无法正常实现价格发现和资源配置的功能了，大面积的上市公司停牌（占 A 股上市公司的近一半），杠杆交易被严苛控制，暂停新股发行，市场失去了它应有的活力。所以流动性踩踏危机是目前资本市场上最可怕的风险事件，严重时会使整个市场处于"休克状态"。

本次股市暴跌分为三个阶段，本章着重介绍前两个阶段。2015 年 6 月 12 日至 7 月 9 日上证指数迎来第一次断崖式下跌，这段时期被学者公认为股灾 1.0。由此市场进入了第一个踩踏性暴跌阶段，A 股市场交易总股数与交易金额呈现震荡式下降，短短18个交易日，上证综指就从6月12日的5178.19点跌到了7月9日的3373.54点（见图4-1），深沪两市总市值约蒸发19.45万亿元，虽然与历史上发生的大股灾相比，跌幅不算最大，但其下跌速度确实创下了历史新高。

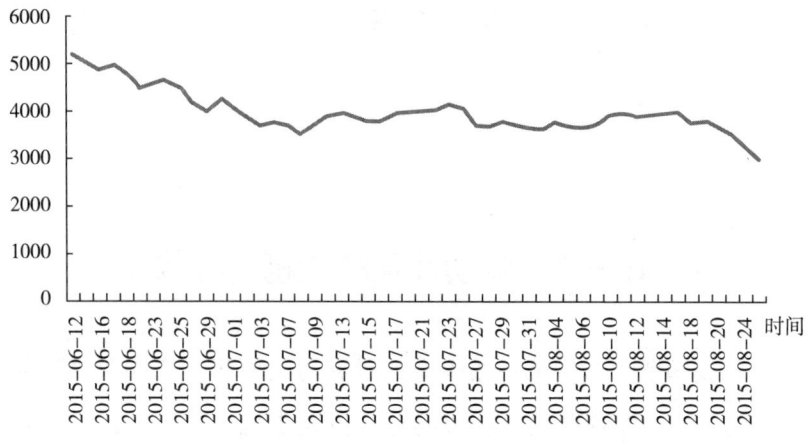

图4-1 上证收盘指数周线走势

（资料来源：东方财富网）

股灾2.0阶段是指2015年8月18日至8月26日。在这个时间段内市场踩踏性下跌趋势迅猛，个股出现了大面积的跌停现象，最多时有2186只个股跌停，几乎全军覆没，上证综指由3993点下跌至2927.29点，跌幅高达29%。

由图4-2、图4-3可以发现，股票市场交易总股数与总金额出现巨大反差，在市场流动性短缺的时候，A股市场总交易股数和交易金额不及市场繁荣时期的一半。

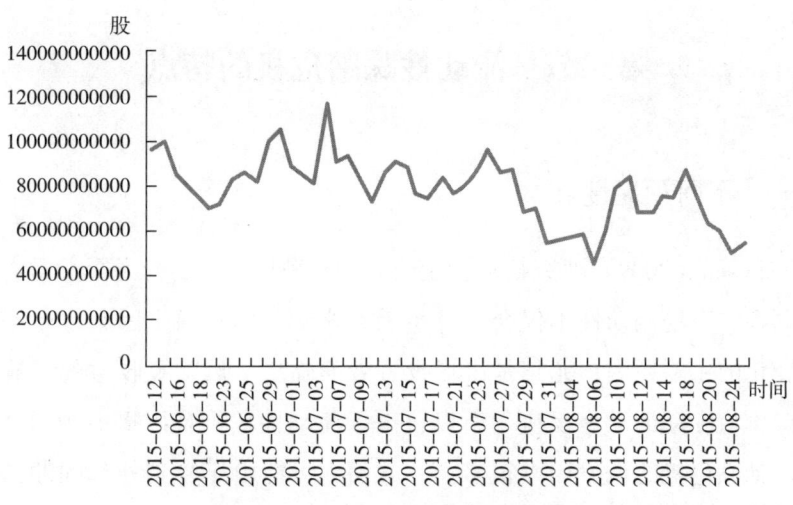

图4-2　A股交易总股数周线走势

（资料来源：东方财富网）

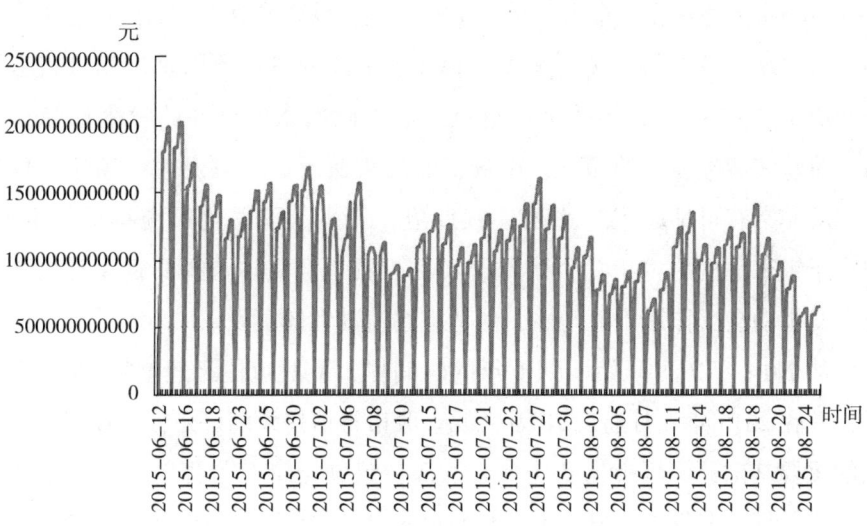

图4-3　A股市场交易总金额周线走势

（资料来源：东方财富网）

第二节 流动性踩踏危机的特点

一、不可预见性

Pedersen（2009）研究指出，投资者竞相抛售资产的行为会严重吞噬市场流动性。市场流动性不仅会与外生因素影响，而且内生因素也是市场流动性变化的主要原因，尤其是市场投资者面临诸多风险和收益的不确定性及资产价值变动的动态反应。所以，市场流动性危机难以提前预料，因为市场流动性危机的诱发因素很多，一方面它可能由于受到外部的冲击而发生，另一方面也很有可能是由市场的波动而引发。例如，2010 年 5 月 6 日，由于市场交易员一次操作失误，美国道琼斯指数暴跌至 1000 点附近，创下了其市场指数在历史上最大的单日下跌点数，跌幅高达 9.2%，是近年来金融危机中跌幅最大的一次。其实起到加速下跌的另一原因是市场投资者刚刚经历了 2007—2010 年的金融危机，对于此次意外事件的发生如惊弓之鸟，对欧洲债务危机的顾虑，市场信心极度匮乏。一旦发生市场流动性危机，就非常有可能引发一系列连锁反应，产生其他恶化市场状况的事件。类比于银行危机的"挤兑"事件，市场投资者会集体选择明哲保身离开市场，此举动会反作用于流动性，加速市场流动性的蒸发。

从 2014 年 7 月开始不到 1 年的时间里，A 股市值迅速增加 45 万多亿元，并在 2015 年 6 月逼近 70 万亿元。股市行情持续向好是杠杆投资迅速增加的重要基础，一旦市场到达一定的高位且缺乏继续上涨的动力，最终在政府去杠杆的背景下引发股市崩盘。Wind 数据显示，2015 年 6 月 12 日至 7 月 8 日共 17 个交易日里，沪深 300 指数下跌了 1672 点，出现了多个千股跌停日，最严重的一个交易日有超过 2000 只股票同时跌停。究竟是什么原因导致股市突然暴跌呢？虽然杠杆资金入市会加剧市场泡沫的形成，但是在去杠杆前期市场监管层并没有意识到会给市场带来如此大的影响。

二、传染性

在 2015 年中国股票市场上演的流动性踩踏危机中股票联动性和流动性缺失传染，即绝大多数股票同时跌停，如上所说的出现大面积历史罕见的跌停现象，在连续 17 个交易日里有 8 个交易日涌现超过 900 只股票跌停，巅峰时有 2000 多只股票跌停。此外，由于订单簿被清空，市场流动性短缺在不同的交易板块之间相互传染，最终导致市场主体因流动性踩踏风险的爆发而崩塌。

场内外高杠杆交易者引发的估值泡沫是引起 2015 年股灾发生的一个关键原因。水能载舟也能覆舟，一旦市场泡沫破裂，将会有大批的杠杆投资者蒙受不小的亏损。当市场价格跌破了事先预设的一定比例时，投资者需要被迫追加保证金，如果投资者不能及时补充相应数量的保证金，那么他们将面临被强制平仓的风险，市场价格会进一步持续下降，将会导致更多的杠杆仓位因强制平仓的压力被迫需要追加保证金，而且杠杆平仓压力会如滚雪球般加大市场价格下跌的风险。在此过程中，当市场上的投资者被平仓或面临被平仓，务必需要追加保证金时，就会加剧投资者的市场恐慌情绪，迫于无奈可能必须将其所持有的蓝筹股抛售。市场上出现大面积公司停牌或跌停，在面临流动性赎回的短期巨大压力下，投资者也只好"割肉"卖出蓝筹股，市场恐慌放大效应造成市场流动性踩踏危机。

投资者在此次股灾中损失惨重。大多数散户特别喜欢持有小盘股票，很容易发生股票跌停而无法出售的情况。在这种情况下，市场投资者只能被迫卖出具有流动性的绩优股以避免其被平仓的风险，由此导致原本相对较好的大盘蓝筹股价格下跌。同样在面临巨大赎回压力时，基金投资人也会出现与散户类似的市场行为。资本市场的稳定机制在流动性踩踏下失灵。

由于金融危机的传染效应，市场出现的流动性踩踏不仅会在同一个市场中的不同板块之间相互传染，而且对其他市场的流动性也会造成严重而恶劣的影响。投资者的恐慌情绪会随着市场流动性的枯竭而使市场面临未知风险的变化而变化，并且在短期内市场价格会在不同板块之间迅速传染放大,从而造成价格下跌过程中的踩踏效应,当市场上停牌股票的家数迅速增加时情况更是如此。流动性踩踏所引发的投资者恐慌情绪一旦蔓延,便会在不同市场、不同板块之间互相传染,继而进一步使市场投资者不断产生负面投资情绪。

三、持续性

Acharya 和 Chordia(2005)研究指出,市场流动性是自相关的。换句话说就是流动性危机对市场危害深远且持久,市场在受到流动性冲击的影响后,极有可能会发生流动性危机,且危机后市场行情持续震荡,并需要一个漫长而持久的修复过程。

图 4-4 为 2015 年下半年至 2016 年初上证指数走势,再现了市场在受到流动性危机后政府救市并修复的过程。

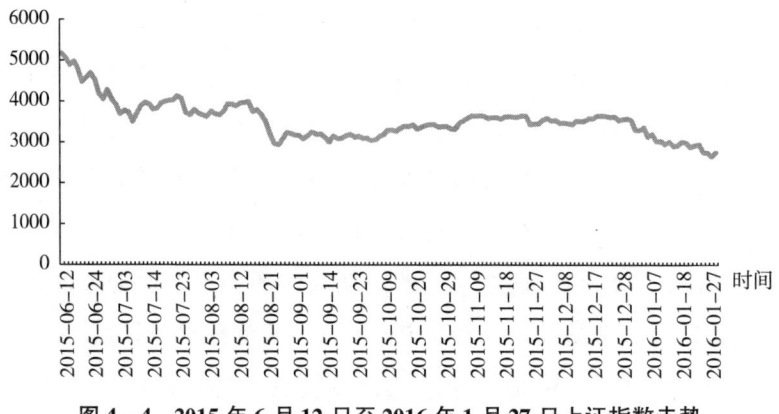

图 4-4　2015 年 6 月 12 日至 2016 年 1 月 27 日上证指数走势

首先,2015 年 6 月 12 日至 7 月 8 日市场清理配资导致恐慌,引起踩踏式出逃,引发高杠杆账户被强行平仓,市场开始出现跳水式暴跌。但是市场上去杠杆预期形成,投资者信心、投资意愿持续下降,开始大规模赎回持有的各类金融产品,场内资金互相踩踏挤兑,2015 年 7 月 9 日至 8 月 17 日多次出现大面积的千股跌停。2015 年 8 月 18 日至 26 日股市再度崩盘,市场持续下跌形成。

在救市资金强力介入下,从 2015 年 9 月起,股市开始了温和的反弹。

2016年1月市场又出现了新一轮的下跌,直至最后市场进入阴跌,整个市场定价机制扭曲,大部分资产遭到贬值,市场融资规模急剧缩小,实体经济衰退,企业家、居民对未来的预期下降,对我国整体经济发展造成恶劣影响。

第三节 股市流动性踩踏危机的风险特殊性

一、"杠杆螺旋"的负反馈效应

在现有的条件下,股市流动性危机已经无法通过市场自身的机制来修复,杠杆效应将引发一个自我强化的负反馈机制。如果市场下跌没有办法得到抑制,那么"投资者—信托公司—证券公司—银行"这个基于市场上涨维系的产业链将断裂,"杠杆螺旋"将沿着民间配资—信托配资—银行配资—券商融资融券—券商股票质押—银行股票质押—信用风险—汇率风险—系统性危机传染。2015年7月3日的股市下跌已经全面传染至以1∶1配资为主的券商融资融券业务;如果风险传染至银行的股票质押业务,那可能就会引发以银行为主导的金融体系风险。

"杠杆螺旋"引发了一场史无前例的危机。在去杠杆力量的作用下,邪恶的"潘多拉盒子"被打开,市场失去了内生的稳定性,即市场失灵。政府必须立即替代市场,使之沿着有序、可控和健康的方向发展。政府应该统领市场、统筹规划、统一行动,寻找到一个破解"杠杆螺旋"的熔断机制,如人民银行无限制地向中国证券金融股份有限公司(以下简称证金公司)注入流动性、设立国家金融市场平准基金、严格限制裸卖空、对股指期货卖空征收高额的资本利得税、重塑市场信心及综合运用财政、货币和金融政策打断自我强化的负反馈循环。

二、股价下跌中的磁吸效应风险加大

股市磁吸效应主要是指实行涨跌停板制度或者熔断机制后,当证券价

格将要触发强制措施时，同方向的投资者因担心流动性丧失而抢先交易，而反方向的投资者为等待更好的价格而延后交易，造成证券价格加速达到该价格水平的现象，因为在交易分时图上的显示为涨跌停板线像磁石一样快速将股价吸纳，故而被称为磁吸效应，又称为锚定效应。磁吸效应主要有以下两个特点：一是在股价接近涨停板限制价格时，这一限制价格对股价的引力会上升；二是总结市场股价变化规律可以发现，只要股价出现非常靠近涨停板价格限制时，则该股票非常有可能停止交易，换句话讲，就是市场具备预测的自我实现能力。

在我国股灾期间，10%的涨跌停板制度屡屡对市场的暴跌推波助澜，致使市场出现异常时间点，原本就极度缺乏的流动性显得尤其匮乏。表4-1是股市危机时期所有交易日的千股跌停数据。

表4-1 股市危机期间市场停牌数

日期	跌停股数（只）
2015年6月19日	1096
2015年6月26日	2049
2015年6月29日	1578
2015年7月1日	941
2015年7月2日	1525
2015年7月3日	1475
2015年7月6日	964
2015年7月7日	1765
2015年7月8日	915
2015年7月15日	1287
2015年7月27日	1861
2015年8月18日	1647
2015年8月24日	2179
2015年8月25日	2018
2015年8月1日	1159
2015年9月14日	1446

资料来源：国泰安数据库。

2015年6月18日至9月13日，共有58个市场交易日，其中有16个交易日出现千股跌停，概率高达27%。这意味着每4个交易日便会发生1个交易日的千股跌停，导致出现上述大面积跌停现象的主要因素就是在杠杆率畸高的A股市场上存在独特的涨跌停板制度。其实涨跌停板限制是先天的熔断，致使在去杠杆过程中流动性骤缩的特殊情况下，出现股票价格下跌的磁吸效应。

第五章　去杠杆形成股市流动性踩踏危机实证分析

第一节　变量的选取与数据的来源

在本次股市剧烈震荡中，融资杠杆加剧了市场波动幅度。投资者通过场内外配资渠道参与股票市场投资，并大规模购入股票。从融资数据上看，场内融资融券规模超过2.2万亿元资金，占标的股票总市值的11%；粗略估计场外配资规模为1.7万亿元资金。本轮股灾主要可以分为两个时期：一是泡沫形成期，是从2015年1月1日至6月12日，即杠杆资金疯狂入市时期。二是去杠杆导致的市场崩盘期，是从2015年6月12日至7月8日，即去杠杆导致股市危机发生时期。本章主要研究第二阶段去杠杆导致的市场崩盘期，但是由于场外配资数据无法精确计算，以场内配资（融资融券）为主要研究对象，2015年我国股票市场的场外配资相对于场内配资杠杆倍数较高，政府清理力度较大，若场内去杠杆与股市流动性踩踏式下跌有直接关系，则场外配资去杠杆对股市流动性踩踏式下跌的影响更甚。所以本章直接研究从2015年6月12日至7月8日共17个交易日的相关数据。在此之后政府强势进入救市，所以，在国家队入市前主要是市场力量在驱动。

截至2015年6月12日，在我国股票市场上可以进行融资融券的股票共895只，在本章的研究区间内，有92只股票早已停牌。此外，46只股票没有杠杆融资即融资余额为0，它们不需要面临去杠杆要求。所以在研究过程中需要去除这些存在干扰性的股票，以其他757只股票为重点研究对象，研究股票流动性变化是否能被杠杆率合理解释。

本章涉及的主要变量包括去杠杆政策变量和股市流动性变量。以杠杆率（融资余额与股票流通市值的比值）及卖空率（融券余额与股票流通市值比值）来表示去杠杆政策变量。目前学术界有的学者的研究主要是通过换手率或买卖价差指标变化来体现股票市场的流动性冲击。另外，部分学者从市场的弹性、深度、宽度等各个维度进行研究，但研究结果不能准确地描述流动性冲击，甚至会因指标选取的不同而得到截然不同的结论。为了避免现有研究中所出现的缺陷，准确反映股票市场的流动性冲击变动，分别采用两种截然不同的计算方法，用不同的指标表示股票市场的流动性冲击程度，耿中元在研究货币政策对股票市场流动性影响的实证检验中，利用格兰杰因果检验、VAR 模型、脉冲响应分析、方差分解等方法在分析货币供应量及利率对股市流动性影响机制的基础上，研究了对货币政策中介目标是如何影响股市的流动性变化，本章也将利用类似的实证方法研究股市去杠杆是如何影响股市流动性踩踏机制的形成的。

王建和庄新田（2006）采用的当月的股票市场的相对报价差，具体计算方法如式（5-1）所示：

$$LIQ1_t = 2(P_{ht} - P_{lt})/P_{ht} + P_{lt} \quad (5-1)$$

其中，$LIQ1_t$ 表示用第一种方法衡量的股票市场第 t 日遭受的流动性冲击；P_{ht} 和 P_{lt} 分别表示第 t 日股票交易的最高价和最低价，该指标数值越大，说明股票市场的相对报价差越大，市场的流动性成本越高，流动性冲击越大。

王明涛（2011）对 Amihud 提出的非流动性指标，计算方法如式（5-2）所示：

$$LIQ2_t = (L1_t + L2_t)/2/Turn_t \quad (5-2)$$

其中，$LIQ2_t$ 表示用第二种方法衡量的股票市场第 t 日遭受的流动性冲击；$L1_t = (P_{ht} - P_{lt})/P_{lt}$ 和 $L2_t = (P_{ct} - P_{ct-1})/P_{ct-1}$，$P_{ht}$ 和 P_{lt} 分别为第 t 日股票交易的最高价和最低价，P_{ct} 和 P_{ct-1} 为第 t 日和第 $t-1$ 日的股票交易的收盘价，$Turn_t$ 表示第 t 日股票交易换手率。该方法测算的流动性含义与方法一测算的指标含义基本一致,但是该指标还能够反映股票市场的交易成本问题,该指标的数值越大,说明股票市场的交易成本越高,由此形成的流动性冲击也相应越大,流动性越低。

第二节 单位根检验

如果直接对数据进行拟合,即使拟合度很高也不一定表示数据是平稳的,因为很有可能是非平稳的"伪回归"现象,表现出类似的趋势但却不是平稳数列。

本章首先观察杠杆率、卖空率和股票流动性的趋势来初步判断它们的平稳性,然后利用 Eviews 软件进行单位根检验判断它们的平稳性。如果数据平稳,再建立 VAR 模型确定最佳滞后阶数。其次,进一步建立 VAR 模型进行格兰杰因果关系检验研究它们之间的因果关系。最后,运用脉冲响应和方差分解方法来研究杠杆率变动分别对股市流动性踩踏危机的冲击效应及解释贡献度。杠杆率 LR、卖空率、流动性指标 ADF 平稳性检验的结果见表 5-1。

表 5-1 LR、$LIQ1t$、$LIQ2t$ 的平稳性检验结果

变量	检验形式	ADF 值	P 值	5%临界值	平稳性结论
LR	(C, 0, 0)	-57.0176	0.0024	-2.8087	平稳序列
$LIQ1t$	(C, T, 0)	-29.0378	0.0012	-3.4382	平稳序列
$LIQ2t$	(C, T, 0)	-16.0377	0.0419	-3.7662	平稳序列
SSR	(C, 0, 0)	-35.2135	0.0013	-2.5952	平稳序列

注:C 表示有常数项,T 表示有时间趋势项,0 表示滞后阶数。

由表 5-1 可知,在 5%的置信水平下,实证研究的 LR、$LIQ1t$、$LIQ2t$、SSR 4 个变量的 ADF 值均小于临界值,因而拒绝原假设,即 4 个变量都是平稳序列。

第三节 建立 VAR 模型

在建立 VAR 模型和协整检验之前,需要确定 VAR 的最佳滞后阶数。如果没有进行最佳滞后阶数的操作,会影响协整检验和格兰杰因果检验的结果。在选择滞后阶数的时候,滞后项和自由度要综合考虑。

由于我国对卖空限制一直比较严格,卖空率在股灾前后变化幅度不如杠杆率的变化幅度大,为了更好地分析去杠杆与股市流动性踩踏危机的关系,本章主要研究杠杆率变化对股市流动性踩踏危机形成的影响。

一、杠杆率对股市流动性的影响

在5%的显著性水平下,LR、FPE、AIC 这三个指标均显示选择二阶滞后项的 VAR 模型(见表5-2)。考虑自由度既不损失又足够,最终本章确定杠杆率对股市流动性踩踏危机检验的 VAR 模型选择二阶滞后项。

表5-2 VAR 模型滞后阶数表

Lag	LogL	LR	FPE	AIC	SC	HQ
0	37459.56	NA	2.61E-12	-15.31925	-15.31393	-15.31738
1	51720.93*	28493.57	7.70E-15	-21.14557	-21.11901	-21.13625
2	53953.73	53.38439*	3.24E-15*	-22.01298*	-21.83766	-21.95146
3	52324.33	325.5929	6.10E-15	-21.37928	-21.31021*	-21.35504*
4	52561.65	472.9928	5.57E-15	-21.46980	-21.37948	-21.43811
5	53313.12	1496.480	4.12E-15	-21.77060	-21.65903	-21.73145
6	53835.97	1040.349	3.35E-15	-21.97790	-21.84508	-21.93130
7	53926.86	180.7066	3.25E-15	-22.00853	-21.85446	-21.95447*
8	52161.10	878.7273	6.48E-15	-21.31906	-21.27124	-21.30228

注:*表示10%的统计显著水平。

二、构造 VAR 模型

表 5-3　构造 VAR 模型结果

	LR	LIQ2t	LIQ1t	SSR
LR (-1)	0.974150	54.38777	1.807308	-0.000293
	(0.01312)	(10.0092)	(0.07152)	(7.5E-05)
	[74.2470]	[5.43376]	[25.2706]	[-3.93006]
LR (-2)	0.048363	-63.13781	-1.873718	0.000298
	(0.01345)	(10.2643)	(0.07334)	(7.6E-05)
	[3.59453]	[-6.15121]	[-25.5482]	[3.89709]
LIQ2t (-1)	7.08E-05	0.436794	-0.001855	6.65E-07
	(3.8E-05)	(0.02873)	(0.00021)	(2.1E-07)
	[1.88027]	[15.2042]	[-9.03911]	[3.10778]
LIQ2t (-2)	0.000104	0.035038	-0.000360	-8.82E-08
	(2.0E-05)	(0.01538)	(0.00011)	(1.1E-07)
	[5.14388]	[2.27874]	[-3.27692]	[-0.76989]
LIQ1t (-1)	-0.013778	10.42790	0.357891	-4.36E-05
	(0.00220)	(1.67737)	(0.01199)	(1.2E-05)
	[-6.26651]	[6.21682]	[29.8612]	[-3.48951]
LIQ1t (-2)	-0.013538	-17.45484	0.091929	4.32E-05
	(0.00209)	(1.59778)	(0.01142)	(1.2E-05)
	[-6.46391]	[-10.9245]	[8.05231]	[3.62584]
SSR (-1)	10.35955	-2237.343	-28.21850	0.681741
	(1.93587)	(1476.83)	(10.5523)	(0.01100)
	[5.35138]	[-1.51497]	[-2.67417]	[61.9571]
SSR (-2)	-10.28131	2227.628	11.86242	0.211965
	(1.84012)	(1403.79)	(10.0304)	(0.01046)
	[-5.58730]	[1.58687]	[1.18265]	[20.2659]
C	0.002036	1.674175	0.062818	3.53E-06
	(0.00029)	(0.22422)	(0.00160)	(1.7E-06)
	[6.92818]	[7.46676]	[39.2104]	[2.11013]

AR 模型的 AR 根均在单位圆中,也就是模型是平稳的(见图 5-1)。

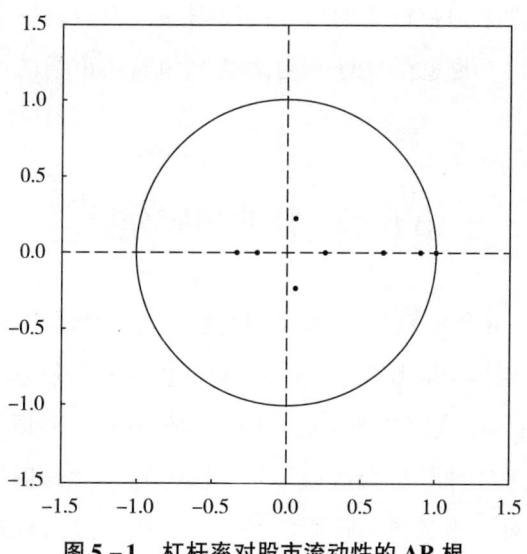

图 5-1 杠杆率对股市流动性的 AR 根

第四节 格兰杰因果关系检验

在利用 VAR 模型进行实证检验前,先将所选变量进行了单位根检验。由单位根检验的结果可知,所选取的变量均为平稳序列,可以用 VAR 模型来进行分析。为了进一步探讨去杠杆政策变量对股市流动性的影响,需要对去杠杆政策变量和流动性变量进行格兰杰因果关系检验,格兰杰因果关系检验结果见表 5-4。

表 5-4 格兰杰因果检验结果

Null Hypothesis	Prob.	Null Hypothesis	Prob.
$LIQ1t$ does not Granger Cause LR	0.0297	LR does not Granger Cause $LIQ1t$	0.0002
$LIQ1t$ does not Granger Cause SSR	0.0026	SSR does not Granger Cause $LIQ1t$	0.0073
$LIQ2t$ does not Granger Cause LR	0.0012	LR does not Granger Cause $LIQ2t$	0.0001
$LIQ2t$ does not Granger Cause SSR	0.0826	SSR does not Granger Cause $LIQ2t$	0.0032

由表 5-4 可知,在 5% 的显著性水平下,拒绝了杠杆率不是股票流动性的格兰杰原因和卖空率不是股市流动性的格兰杰原因的原假设,同时也

拒绝了股票流动性不是杠杆率的格兰杰原因和股市流动性不是卖空率的格兰杰原因的原假设，也就是杠杆率与卖空率和股票市场的流动性存在双向的格兰杰因果关系。

第五节 脉冲响应分析

脉冲响应函数可表示杠杆率和卖空率对股市流动性影响的动态关系，如果想更好地通过 VAR 模型得出结论，可以观察系统的脉冲响应函数和方差分解。

由图 5-2 可知，在第二期至第三期的时候杠杆率对股市流动性指标冲击最大，在此时去杠杆势必会造成不可预测的流动性踩踏，在股市杠杆率比较低的时候其对股市的流动性影响较小。从图中还可以观察出卖空率对股市流动性影响平稳且影响程度很小，这也正是符合我国资本市场重融资轻融券的特点。

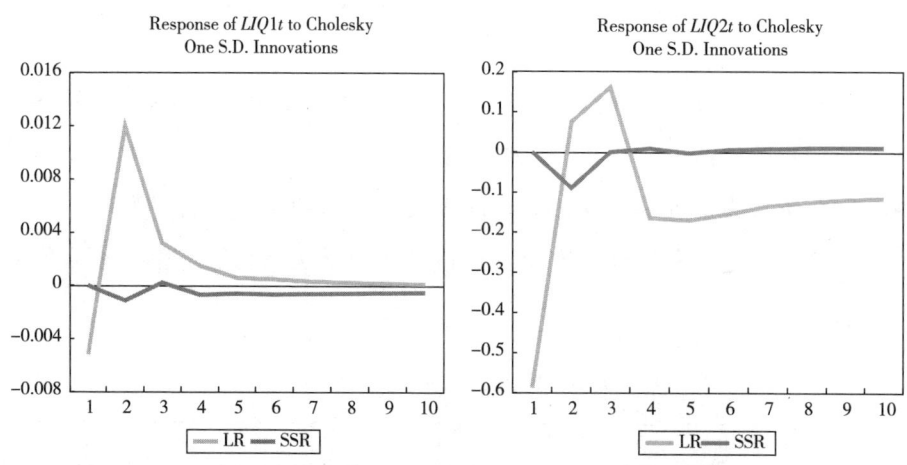

图 5-2 股市杠杆率指标对 $LIQ1t$、$LIQ2t$ 的脉冲响应结果

第六节 方差分解

运用方差分解模型可在 VAR 模型中看出一个结构冲击对内生变量的贡献度，这里从杠杆率和卖空率两个方面分析对股市流动性的贡献情况。

表 5-5 流动性指标 $LIQ1t$ 的方差分解结果

Period	S. E.	LR	LIQ2t	LIQ1t	SSR
1	0.007044	7.814066	2.891884	91.29405	0.000000
2	0.009873	9.256675	6.472337	84.20209	0.068896
3	0.012132	9.246955	9.137903	81.54783	0.067308
4	0.014085	10.192310	9.20214	80.51539	0.090154
5	0.015898	10.339687	9.62594	80.09712	0.107248
6	0.017602	10.519877	9.81266	79.83901	0.128453
7	0.019227	10.709561	9.89719	79.24636	0.146893
8	0.020788	10.764382	9.93515	79.13651	0.163958
9	0.022300	10.801392	10.05217	79.05756	0.178884
10	0.023773	10.999516	10.17973	78.64889	0.191864

对流动性指标 $LIQ1t$ 的方差分解结果（见表5-5）可知，股市的流动性被自身解释的贡献度最大，高达91.29%，其次分别是股票市场杠杆率和另一种流动性指标 $LIQ2t$ 与卖空率，随着期数的增加，其自身的方差贡献度逐渐减弱开始贡献程度一直递减。杠杆率 LR 和卖空率 SSR 的贡献度逐渐提高，流动性指标 $LIQ2t$ 的贡献度平稳且有上升的趋势。

表 5-6 流动性指标 $LIQ2t$ 的方差分解结果

Period	S. E.	LR	LIQ2t	LIQ1t	SSR
1	0.007044	3.197028	96.80297	0.000000	0.000000
2	0.009873	3.006295	96.53017	0.440374	0.022890
3	0.010132	3.076081	96.11130	0.780373	0.022114
4	0.014085	3.202695	95.76913	1.006175	0.021997
5	0.015898	3.573175	95.13849	1.266465	0.021869
6	0.017602	3.633797	95.02095	1.323363	0.021886
7	0.019227	3.880829	94.75327	1.343878	0.022026
8	0.020788	4.322068	94.30600	1.349644	0.022289
9	0.022300	4.559443	94.06753	1.350448	0.022579
10	0.023773	4.794765	93.83237	1.350006	0.022863

对流动性指标 $LIQ2t$ 的方差分解结果（见表5-6）可知，股市的流动性被自身解释的贡献度最大，高达96.80%，其次分别是股票市场杠杆率和

另一种流动性指标 $LIQ1t$ 与卖空率，随着期数的增加，其自身的方差贡献度逐渐减弱开始贡献程度一直递减。杠杆率 LR 和卖空率 SSR 的贡献度逐渐提高，流动性指标 $LIQ1t$ 的贡献度平稳且有上升的趋势。

综上所述，通过分析两个股市流动性指标的方差分解结果可知，这两个指标的方差变动仍主要是自身造成的，随后的两个主要原因分别是股票市场杠杆率 LR 和卖空率 SSR，其中股票市场杠杆率 LR 占比最大。控制变量 SSR 对股市（非）流动性指标的贡献度比较小。在 2015 年去杠杆举措中，LR 对股市流动性相对影响最大，这也和本篇之前得到的脉冲响应的结果一致。综上可以发现，杠杆规模越大，在强力度的去杠杆过程中越容易引起投资者的竞相抛售股票，最终由金融市场的传染性导致整个市场的瘫痪，最终引发流动性踩踏危机。

第七节　结论及政策建议

一、研究结论

本篇在已有学者的研究基础上详细系统地梳理了股市流动性踩踏危机形成的原因。为了能够厘清造成中国股市流动性踩踏危机的原因，从理论和实证两个角度探究了市场去杠杆对股票市场流动性的影响。首先从减价出售理论、竞相抛售理论与流动性螺旋的角度出发，探寻能够分析流动性踩踏危机形成的理论基础。研究发现，从减价出售和竞相抛售角度出发，以市场流动性螺旋模型为基础可以很好地解释股市流动性踩踏危机的形成原因与过程。起初由于信息的不对称性造成信息获得能力强的投资者过度自信，严重挤压了信息获得能力较弱的投资者，致使市场价格在杠杆化交易中不断地拉高，因此当市场面对去杠杆冲击时，曾被挤出的投资者要重新回到市场吸纳去杠杆投资者减少的需求，但由于此时市场价格过高，市场行情在走低，此时投资者会选择观望市场而不会为市场注入流动性，在市场价格与流动性经历一次次踩踏式螺旋下跌后，被挤出的投资者才会再回到市场，从而导致市场价格的断崖式下跌。同时，去杠杆引起的市场价格下跌导致高杠杆投资账户被连锁强行平仓，投资者竞相减价出售资产致使流动性蒸发，继而引发流动性缺失传染并陷入恶性流动性螺旋，最后造成流动性踩踏危机事件的发生，而且当股票市场上去杠杆冲击增大的时候，在市场上反映为股票价格波动幅度大，投资者进行交易的买卖价差不断地被增大，最终导致整个股票市场的交易成本被快速扩大，市场上的投资者为了避免被强行平仓的命运，他们就会忍痛割爱，主动降低出售价格，以期待较早地将其仓内所持有的股票抛售出去。这时候，市场上交易双方所能达成的买卖曲线远低于其正常水平。当股票价格下降导致市场流动性正在逐渐减少时，就会出现越来越多的股票卖家，而市场上买家数量会瞬间减少，大家一致选择观望，继而导致的流动性冲击会更深入地影响股票市场价格的波动幅度，市场交易成本的增加会愈演愈烈，造成市场成交量进一步缩减，当这类市场反应达到一定程度后，就会造成股市流动性踩踏危机。

最后，通过运用2015年6月12日至7月8日18个交易日的我国股票市场交易数据构建VAR模型，实证研究去杠杆对股票市场流动性冲击脉冲响应和方差分解。结果证实，在不恰当的时机选择去杠杆冲击的确会对市场的流动性造成毁灭性的冲击，并且股票市场去杠杆程度与市场所受到的流动性冲击呈正向关系，市场所受流动性冲击越大则股票市场的流动性短缺程度越高，会导致市场流动性越枯竭，由于流动性成本与市场流动性的大小呈反向关系，进而致使市场交易成本增加，投资者资金链断裂，从而股市发生流动性踩踏危机的概率也就越大。

二、政策建议

为了减少或更好地避免股市流动性踩踏危机的爆发，减小流动性冲击对市场的影响，并且增强我国资本市场的稳定性，本篇主要有以下三个方面的建议。

第一，需要中国证监会及政府相关部门加强对市场流动性的检测和把握，严格控制和管理杠杆资金在我国资本市场的运用，谨防股市泡沫形成和市场杠杆资金过高的风险，努力避免或降低市场"羊群效应"带来的风险，尽量把股市流动性踩踏危机爆发的可能性降到最低。另外，政府及相关部门应加强对资本市场和金融机构的流动性监测，采用宏观审慎的金融监管制度。

第二，完善市场投资者平仓制度，降低杠杆过高的风险，减小市场出现大面积平仓压力。引起我国2015年这场股灾发生的关键因素是场内外的高杠杆配资规模过大，而且场内外高杠杆资金的大量涌入在市场行情上涨时期增加了股票市场的流动性，并且高杠杆融资的风险能够很好地被潜伏在市场行情较好、投资者交易活跃的状态下，如果市场行情发生扭转，投资者被强行平仓的风险将迅速暴露在市场之中，引起市场投资者恐慌性抛售的价格踩踏，继而进一步引发市场流动性踩踏危机的爆发。所以，建议在对资本市场不造成损害的先决条件下，适宜地抬高保证金在市场上的占比，严格限制投资者仓位，逐渐建立统一的清算后台，为市场消化保证金不足带来的平仓压力提供一个缓冲机制，避免市场流动性踩踏危机风险的发生。

第三，逐步完善我国股票市场交易机制，要求市场中存在的各主体充分披露影响市场波动的信息，降低市场投资者买卖股票的成本。交易双方的买卖价格之差是造成股票市场流动性冲击的直接因素，而市场交易双方对于股票价格的判断受制于股票市场所反映信息的效率高低。根据有效市场理论可知，倘若市场信息能够完全充分地体现在股票价格上，则表明当前的股票市场是有效的。所以，为了更好地把控交易双方买卖的价格差值，保护并提高市场流动性，避免流动性冲击影响股票市场运行效率，提高股票价格反映信息的能力，完善股票市场的交易机制迫在眉睫。

本篇小结

股票市场运行状况是我国经济的"晴雨表",国民经济在稳定健康的资本市场基础上可以稳健运行。我国股票市场 2015 年出现的由股票价格断崖式下跌而在市场层面呈现出流动性枯竭迹象,在经济运行中属于一类由惨重流动性短缺而造成的恐慌性踩踏现象。这种流动性枯竭现象干扰了资本市场的健康成长,扰乱了金融市场的正常运转。此外,由市场流动性枯竭而导致的股市大跌会对实体经济产生不好的影响。股市大跌会对投资者信心造成严重的打击,导致他们的投资消费意愿大打折扣,最终造成严重的经济萧条现象。所以,研究股市流动性危机形成机制和原因具有重要意义。从一个角度来讲,它可以提供国家调控金融市场和规避市场出现流动性踩踏现象的依据;从另一个角度来讲,它还可以给投资者提供投资参考,帮助市场投资者作出更好的投资决策和选择更有价值的投资组合来躲避市场流动性风险,以获得期望投资收益。

本篇从减价出售和竞相抛售角度出发,以市场流动性螺旋模型为基础,研究股市流动性踩踏危机的形成原因与过程。本篇主要从以下三大部分进行研究。

第一部分梳理总结了国内外学者对股市流动性影响因素、流动性危机形成原因及流动性危机对股市运行的影响的研究成果。

第二部分首先从减价出售理论、竞相抛售理论与流动性螺旋的角度出发,探寻能够分析流动性踩踏危机形成的理论基础;其次分析股市流动性踩踏危机的现状特征,包括股市流动性踩踏危机的特点与风险;最后对当时我国股票市场的实际融资情况进行了简单的分析,简明介绍了场内外主要杠杆交易类型与特点，从不同交易方式在股市中的运行机制、场外配资利用分仓系统导致股市高杠杆的状况分析，以及去杠杆引发融资爆仓股票价格断崖式下跌和市场流动性枯竭而最终引发流动性踩踏危机形成的一系列链式效应等多个方面进行了详细分析与说明。

第三部分利用格兰杰因果检验、VAR 模型、脉冲响应分析、方差分解等方法对去杠杆如何影响股市的流动性踩踏危机进行了实证检验，研究结果表明，去杠杆会对股市流动性产生明显的影响，在去杠杆阶段，流动性踩踏危机引发价格断崖式下跌。

本篇得出的结论与启示：过度的杠杆交易推高资产价格形成泡沫；面对去杠杆冲击，杠杆交易者被迫减价出售资产，价格未调整到位时容易产生流动性踩踏危机的重要因素。因此，场内外杠杆比例应进行有效的限制和规定。健全股票市场交易机制，充分披露信息，降低交易成本。监管层应该加大对市场高杠杆交易的风险监管与排查力度，正确合理引导杠杆交易参与者的投资动机，并随着金融产品跨市场关联程度的加深，大力发展混业监管。

本篇参考文献

[1] 易宪容,王国刚. 美国次贷危机的流动性传导机制的金融分析 [J]. 金融研究, 2010 (5): 41-57.

[2] BRUNNERMEIER M K, PEDERSEN L H. Market Liquidity and Funding Liquidity [J]. Review of Financial Studies, 2009 (22): 2201-2238.

[3] 余立凡. 股票市场非流动性水平及其波动对收益的影响 [J]. 统计与决策, 2008 (4): 131-133.

[4] CESPA G., FOUCAULT T.. Sale of Price Information By Exchanges: Does It Promote Price Discovery [J]. Management Science, 2014, 60: 148-165.

[5] 刘海龙,吴冲锋. 金融市场微观结构理论综述 [J]. 管理评论, 2003 (1): 38-40, 62-64.

[6] 孙云辉. 政策性因素对我国股市流动性影响分析 [J]. 现代管理科学, 2005 (8): 115-117.

[7] 万树平. 上海股票市场流动性的度量与影响因素实证分析 [J]. 系统工程理论与实践, 2006 (2): 1-9.

[8] GORTON L, MTMER J. Short changed ? The market's reaction to the short sale ban of 2008 [R]. Bank of Canada Working Paper, 2009.

[9] BOLTON T J, BRAGA—ALVES MV. The skinny on the 2008 naked short-sale restrictions [J]. Journal of Financial Markets, 2010, 13 (4): 397-421.

[10] FRANKLIN ALLEN, ELENA CARLETTIE. Transmission of Liquidity Shocks Across Advanced Economies and Emerging Markets: Evidence from the 2007 Subprime Crisis [M]. Washington: International Monetary Fund, 2008.

[11] 王灵芝,杨朝军. 中国证券市场流动性风险内涵与特征分析 [J]. 现代管理科学, 2009 (7): 100-101.

[12] 刘维奇,李丹丰. 信息披露质量对股票流动性风险的影响分析 [J]. 经济问

题，2014（11）：25-32.

[13] 鲁鸽. 货币供应量对股市流动性影响的实证研究 [J]. 西北大学学报（哲学社会科学版），2016，46（3）：95-100.

[14] AMIHUD, Y., H. MENDELSON. Asset Pricing and the Bid-ask Spread [J]. Journal of Financial Economics, 1986, 17 (2): 223-250.

[15] AVINASH PERSAUD. Liquidity Black Holes: What are They and How Aretheygenerated [R]. Singapore Foreign Exchange Market Committee Biennial Report, 2001.

[16] ALLEN, BERGER AN, CHRISTA. Bank competition and financial stability [J]. Journal of Financial Services Research, 2009, 35 (2): 99-118.

[17] BRUNNERMEIER, MARKUS, LASSE PEDERSE. Market Liquidity and Funding Liquidity [J]. Review of Financial Studies, 2008.

[18] 杨小军. 流动性与金融危机关系研究述评 [J]. 经济学动态，2009（10）：126-131.

[19] 孙彬，杨朝军，于静. 融资流动性与市场流动性 [J]. 管理科学，2010，23（1）：81-87.

[20] 韩复龄，王碧澄. 融资融券对中国A股流动性、波动性影响的实证研究——基于2015年股市异常波动的研究报告 [J]. 公司金融研究，2016（Z1）：68-101.

[21] 张建军，胡红伟. 全球历次重大股灾对我国的启示 [J]. 南方金融，2015（11）：77-87.

[22] 孙国茂. 经济杠杆、庞氏融资与明斯基时刻 [N]. 中国经营报，2016-06-20（3）.

[23] 孙彧鑫，张文强. 中国股灾之谜：来自市场流动性的冲击 [J]. 公司金融研究，2016（Z1）：175-195.

[24] 吴良，燕鑫，杨宇程. 流动性危机与中国股灾之谜 [J]. 统计研究，2017，34（12）：87-98.

[25] 陈国进，张贻军，刘淳. 机构投资者是股市暴涨暴跌的助推器吗？——来自上海A股市场的经验证据 [J]. 金融研究，2010（11）：45-59.

[26] 隋聪，迟国泰，王宗尧. 网络结构与银行系统性风险 [J]. 管理科学学报，2014，17（4）：57-70.

[27] 韦立坚，张维，熊熊. 股市流动性踩踏危机的形成机理与应对机制 [J]. 管理科学学报，2017，20（3）：1-23.

[28] 杨征，宋宁. 我国股票市场流动性与股价的动态关系研究 [J]. 华东经济管

理，2014，28（12）：76-79.

［29］尹海员. 投资者情绪对股票流动性影响效应与机理研究［J］. 厦门大学学报（哲学社会科学版），2017（4）：102-113.

［30］BOYER B.，KUMAGAI T.，YUAN K.. How Do Crises Spread？Evience From Accessible and Inaccessible Stock Indices［J］. Journal of Finance，2006，61（2）：957-1003.

［31］BEALE N.，BATTEY H.，CROXSON K.，et al.. Individual Versus Systemic Risk and The Regulator's Dilemma［J］. Economic Sciences，2011，108（31）.

［32］GREENWOOD R.，THESMAR D.. Stock Price Fragility［J］. Journal of Financial Economics，2011，102（3）：471-490.

［33］RAFFESTIN L.. Diversification And System Risk［J］. Journal of Banking & Finance，2014，46（3）：85-106.

［34］CACCIOLI F，FARMER J D，FOTI N，et al.. Overlapping Portfolios, Contagion, and Financial Stability［J］. Journal of Economic Dynamics Control，2014，51（3）：50-63.

［35］KURLAT P.. Asset Markets With Heterogeneous Information［J］. Econometrica，2016，84（1）：33-85.

［36］GUERRIERI V.，SHIMER R.. Markets with Multidimensional Private Information［C］. Meeting Papers，2013.

［37］COVAL J.，STAFFORD E.. Asset Fire Sales and Purchases in Equity Market［J］. Journal of Economic Dynamic & Control，2007，33（3）：525-537.

［38］GREEENWOOD R.，LANDIER A.，THESMAR D.. Vulnerable Banks［J］. Journal of Financial Economics，2015（115）：471-485.

［39］ANTINOLFI G，NOSAL E.，KAHN C.，et al.. Repos，Fire Sales，and Bankruptcy Policy［J］. Review of Economic Dynamics，2015（18）.

［40］ALLEN F.，GALE D.. Financial Contagion［J］. Journal of Political Economy，2000，108（1）：1-33.

［41］尹中立. 金融去杠杆对股市的影响及应对之策［J］. 清华金融评论，2018（3）：81-83.

［42］曹逸柔. 2015年6月中国股灾研究［D］. 广州：广东财经大学，2016.

［43］魏哲海，汪敏. 我国关联股市的风险传染是否会引发双边溢出羊群效应［J］. 现代财经（天津财经大学学报），2017，37（10）：14-27.

［44］FREIXAS X.，PARIGI B.，ROCHET J C.. Systemic Risk, Interbank Relations And Liquidity ProxisionBy The Central Bank［J］. Journal of Money, Credi & Banking，2000，32

(3): 611-638.

[45] NIER E., YANG J., YORULMAZER T., et al.. Network Models and Financial Stability [J]. Journal of Economic Dynamics & Control, 2007, 31 (6): 2033-2060.

[46] SHIERFER A., VISHNY R.. Liquidation Values and Debt Capacity: A Market Equilibrium Approach [J]. Journal of Finance, 1992, 47 (4): 1343-1366.

[47] 高善文. 关于股市震荡、杠杆与流动性的反思 [J]. 金融市场研究, 2015 (8): 88-90.

[48] 王奇. 我国股市"去杠杆"效应及其传导渠道研究 [J]. 统计与决策, 2016 (16): 149-152.

[49] 刘倩. 融资融券交易提升了股市流动性吗？——来自A股市场的经验证据 [J]. 金融与经济, 2016 (8): 61-67, 21.

[50] 沈豪杰, 楼海淼, 黄峰. 中国股市流动性系统性特征的经验研究——一个基于非流动性指标的检验 [J]. 征信, 2014, 32 (6): 81-85.

[51] 吴晓求. 股市危机：结构缺陷与规制改革 [J]. 财贸经济, 2016, 37 (1): 22-32.

[52] 李政, 梁琪, 涂晓枫. 融资交易、杠杆牛市与股灾危机 [J]. 统计研究, 2016, 33 (11): 42-48.

[53] 滕译阳. 2015年中国股灾的成因及影响对策分析 [J]. 中国集体经济, 2017 (36): 76-77.

[54] FEINSTEIN Z., ELMASRI F.. The Effects of Leverage Requirements and Fire Sales on Financia Contagion Via Asset Liquidation Strategies in Financial Networks [J]. Statistics & Risk Modeling, 2016.

[55] DUARTE F, EISENBACH T M.. Fire-sale Spillovers And Systamic Risk [J]. Social Science Electronic, 2013.

[56] CONT R., SCHAANNING E F.. Fire Sale, Indirect Contagion And Systemic Stress-Testing [C]. Working Paper, 2017.

[57] 王健, 庄新田. 中国股票市场的流动性与波动性实证研究 [J]. 东北大学学报, 2006 (9): 1042-1045.

[58] 王明涛, 庄雅明. 股票市场流动性风险计量模型研究 [J]. 中国管理科学, 2011, 19 (2): 1-9.

第三篇

市场功能失灵

第六章 股指期货风险管理功能的理论基础与研究假设

股指期货作为国际资本市场中最有活力的风险管理工具之一，具有价格发现功能和市场稳定功能，能有效地提升资本市场资源配置效率，促进资本市场完善。

第一节 股指期货市场的价格发现功能

由于股指期货相较于现货市场具有诸多交易优势，理论上期货市场对新消息的敏锐度应该强于现货市场，并对现货市场价格起到引领作用。

首先，当交易者接收到新信息时，若仅影响少数公司股价，交易者将很可能选择买卖单个股票，因为指数变动将显著小于受影响公司股价变动，但由于股指期货市场具有高流动性、高杠杆、低交易成本、容易卖空、执行快速的优势，其对于宏观层面的新信息反应更加敏锐。

其次，现货市场反应滞后。出现利好信息，股指期货市场将通过各方博弈完全反应该信息，但现货指数必须通过指数成分股交易情况计算后方能得出。各成分股时效性的缺乏可能导致现货市场对新消息的反应滞后，且由于股票卖空困难，坏消息在股指期货市场上反应更为迅速。

最后，股指期货的股票篮子定价时间与股票指数不同，含有额外信息。股票指数代表的是市场预期未来成分股所能带来的现值，而 T 时刻交割的股指期货的当前价格反映的是市场在 T 时刻对未来现金流现值的估计，因此股指期货中将包含现货市场价格中不具备的额外信息，即从现在到 T 时刻的现金流的价值。

国内外存在大量有关股指期货价格发现功能的研究。许多研究表明，我国长期以现货为价格发现中心。Judge 和 Reancharoen（2014）对国外有关期现价格引导关系的研究进行了总结：在美国等发达经济体中，股指期货市场具有完备的价格发现功能，在泰国等新兴经济体中，则是现货起主要的价格引导作用。Yang、Yang 和 Zhou（2012）及宋科艳（2016）采用动量一致门限自回归等线性模型对期现货长短期内价格引领关系进行研究，发现短期内期现价格存在互相引导的双向因果关系，但长期内只存在现货到期货的长期因果关系。另外，也有大量的文献研究表明我国股指期货已具备价格发现功能。杨东晓（2015）选取 2012—2014 年沪深 300 股指期货高频数据，运用向量误差修正模型发现股指期货具有较高的价格发现贡献度；李政和卜林（2016）综合采用股指期货（IF300、IH50、IC500）及其现货 5 分钟高频数据，发现期货价格发现贡献度显著高于现货。杨星星（2014）研究发现当市场出现系统性风险时，相较于现货市场，股指期货市场下跌转折点领先 1~3 分钟。

第二节　股指期货的市场稳定功能

从管理角度来考虑市场的波动，大致可以分为三类：基本波动、噪声涵盖波动及交易涵盖波动。基本波动是由对相关资产价值的不确定性而引起的，是市场价值反映相关资产必要的价值波动。噪声涵盖波动属于市场非理性交易带来的波动。交易涵盖波动是由交易过程引起的，如买卖价格弹性幅度或短期订单的不平衡性。理论上分析，股指期货有利于降低交易涵盖波动。

第一，股指期货使投资者由"单轨交易"模式转变为"双轨交易"模式。投资者可以通过买入或卖出股指期货合约规避现有或未来将持有的资产或负债的价值变动带来的风险，实现风险分散、转移与规避。同时，为投资者提供做空机制，使多空双方更充分地博弈，价格更趋近于价值，防止现货市场过于情绪化。在股票现货市场出现强烈的市场震荡时，也能优化投资退出机制，一定程度上避免股市的暴涨暴跌。

第二，股指期货市场的高杠杆特性有利于吸引风险偏好型投资者，划分投资者层次，抑制国内过剩资本，提高市场活跃度。

第三，股指期货门槛较高，参与者以大机构投资者为主，有利于优化交易结构主体，降低噪声交易。因而理论上认为股指期货市场有利于化解股票市场的系统性风险，拓宽了股市的规模和承载能力。但股指期货交易的高杠杆特性也会放大其影响力，且违法操作可能会将市场带离价格轨道。当市场存在较大波动时，股指期货市场的暴跌可能会引发市场恐慌，产生两市场间的联动效应，对股票市场产生冲击。

国内外有关期现货市场波动溢出效应研究广泛。部分研究认为，股指期货市场能降低现货市场波动。吴国平（2015）引入 DCC - MGATCH - VAR 模型研究发现，股指期货推出后现货市场波动率呈递减特征。朱莉（2016）、章永哲（2015）运用 EEMD 降噪、CCF 检验及 BEKK - MGARCH 模型，分析发现期现货市场间存在长时间的显著双向波动溢出效应，但现货市场在波动溢出强度及持久性方面处于强势地位。蔡敬梅（2013）通过修正的 EGARCH 模型与 VAR 检验发现，股指期货市场能加快信息传递，弱化非对称波动，降低股市风险，同时也存在部分研究发现存在股指期货市场对现货市场的波动溢出。Tse（1999）对 DJIA 期现货运用双变量 EGARCH 模型研究发现两市场间存在双向的波动溢出，前者对后者影响更剧烈。Zhong 对墨西哥期现货市场采用 VECM - EGARCH 模型研究发现，期货市场存在对现货市场的单向波动溢出，加剧现货市场波动。

综上所述，现有国内外文献在期现货价格发现及波动溢出方面仍未达成一致结论，存在较大争议，主要由于选取研究市场、时间区间及研究模型方面存在较大差异。

本章在前述研究基础上，选取此次股市暴跌期间代表性时间段，从股指期货价格发现、波动溢出两个角度，对股指期货功能发挥情况进行验证，实证分析股指期货对现货市场的"助跌"效应，并提出如下假设。

价格发现 H1：市场震荡期，IF300 具有一定的价格发现功能。

市场稳定 H2：市场震荡期，IF300 对现货市场具有一定的稳定功能。

第七章 股指期货与现货市场溢出效应实证分析

第一节 数据选取与统计性描述

一、数据的选取与处理

本章研究对象为沪深 300 股指期货及沪深 300 指数 5 分钟高频数据，选取样本区间为 2015 年 6 月 15 日至 8 月 26 日股市震荡期，样本数据来自 Wind 数据库，并剔除股指期货及现货非同步交易时间段数据，包括股指期货交易日 9：15 至 9：35、15：00 至 15：15 期间数据及非同步日数据，调整后共 2497 个样本数据，采用 Eviews 8.0 进行数据处理。

参考相关金融收益率实证研究文献，本章研究对象也沿用对数收益率。以 $LNIF$ 表示沪深 300 股指期货的对数价格，RIF 表示沪深 300 股指期货的对数收益率，由 t 期对数价格对 $t-1$ 期对数价格进行差分，即 $RIF_t = LNIF_t - LNIF_{t-1}$；以 $LNHS300$ 表示 $IF300$ 的对数价格，$RHS300$ 表示沪深 300 指数的对数收益率，即 $RHS300_t = LNH300_t - LNH300_{t-1}$。

二、数据序列描述性统计

由沪深 300 股指期货与沪深 300 指数样本数据序列的描述性统计数据（见表 7-1）可以看出：第一，沪深 300 股指期货与沪深 300 指数的对数收益率均值均为负，且接近于零。第二，就对数价格与对数收益率序列大小来看,对数价格序列波动性要显著强于对数收益率序列;就两市场间价格序列与收益率序列进行比较,大小相当,可以初步判定两市场波动程度相当。第三,两市场收益率的时间序列 JB 统计量显著,存在明显的尖峰肥尾现象,且 P 等于零,不满足正态分布假设。从两市场收益率序列图(见图7-1)可以观察到,两市场收益率波动存在高度的一致性,且均为较大波动后跟随较大波动,较小波动后跟随较小波动,具有高度的波动聚集性。

表 7-1 对数价格与对数收益率序列描述性统计

变量	$LNIF$	$LNHS300$	RIF	$RHS300$
均值	8.297276	8.316153	-0.000264	-0.000227
中间值	8.288132	8.308357	-0.000196	-9.53E-05
最大值	8.587428	8.584312	0.064184	0.063203
最小值	7.926386	7.995799	-0.091936	-0.067348
标准差	0.119981	0.109186	0.006866	0.005605
偏度	-0.013531	0.093399	-0.230564	-1.047602
峰度	4.086275	3.924116	25.36059	28.67471
JB 统计量	122.7463	92.40686	52000.84	68984.72
P 值	0.000000	0.000000	0.000000	0.000000

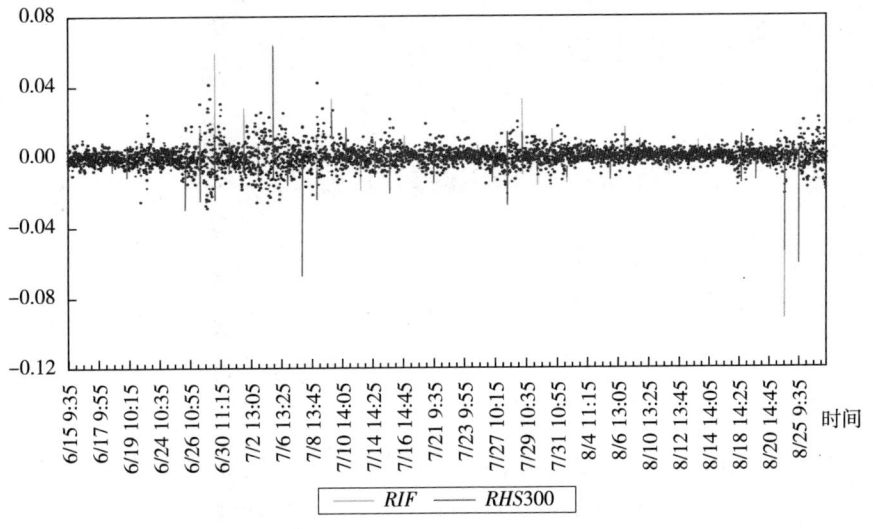

图 7-1 沪深 300 指数与沪深 300 股指期货收益率序列

三、时间序列数据平稳性检验

为保证所选取时间序列的平稳性，避免伪回归问题，首先进行平稳性检验。本章采用包含截距项但不含有趋势项的检验回归模型分别对序列 RIF、RHS300、LNHS300 和 LNIF 进行 ADF 检验，结果见表 7-2。

表 7-2　ADF 检验结果

变量	T 统计量	1%	5%	P 值	结论
RHS300	-53.41234	-3.432778	-2.862499	0.0001	平稳
RIF	-50.06537	-3.432778	-2.862499	0.0001	平稳
LNHS300	-0.872079	-3.432778	-2.862499	0.7974	不平稳
LNIF	-0.6708	-3.4328	-2.8625	0.8520	不平稳

单位根原假设为变量存在一个单位根。由表 7-2 可以看出，在 1% 和 5% 的显著性水平下，对数价格序列 LNHS300 和 INIF 的 P 值显著大于 0.05，即可以认为序列至少存在一个单位根，判断为不平稳序列。而对数收益率序列 RHS300 和 RIF 的 P 值显著为 0，即可以拒绝原假设，判断为平稳序列。

第二节　模型设计与实证检验

一、E-G 两步协整检验和误差修正模型

确定序列平稳性后，采用 E-G 两步法对股指期货市场和股票现货市场对数收益率间协整关系进行检验。首先，对沪深 300 股指期货收益率序列 RHS300 和沪深 300 指数收益率序列 RIF 的回归方程残差进行单位根检验，若检测为平稳序列，则两变量存在协整关系，否则不存在。并由残差序列生成残差修正序列 ecm，建立两市场的误差修正模型，其误差修正项绝对值大小反映两市场互相间对偏离长期均衡关系的调整力度。

建立模型如下：

$$RHS300_t = \alpha_0 + \alpha_1 RIF_t + \hat{\mu}_t$$

$$RIF_t = \beta_0 + \beta_1 RHS300_t + \hat{\mu}_t$$

由 Eviews 8.0 回归得：

$$RHS300_t = -6.01e^{-5} + 0.6312 RIF_t$$

$$t = (-0.843877)\ (60.89216)$$

$$RIF_t = -4.93e^{-5} + 0.9474 RHS300_t$$

$$t = (-0.565578)\ (60.89216)$$

由回归系数 0.6312 和 0.9474 来看，沪深 300 指数对于沪深 300 股指期货影响稍大。

对残差序列单位根检验结果见表 7-3。

表 7-3 残差序列单位根检验结果

自变量	因变量	ADF 统计量	5% 置信水平	P 值	结论
RHS300	RIF	-42.7714	-2.8625	0.0000	平稳
RIF	RHS300	-41.6421	-2.8625	0.0000	平稳

由表 7-3 可以得出，在 5% 的置信区间下，可以拒绝残差序列存在单位根的假设，即对数收益率 RHS300 序列和 RIF 序列具有双向的协整关系。

随后，令 $ecm_t = \hat{\mu}_t$，生成残差修正序列 ecm，建立两市场的误差修正模型，回归得到结果如下：

$$\Delta RHS300_t = -1.05e^{-6} + 0.6108 RIF_t - 1.2273 ECM_{s,t-1}$$
$$(-0.015)\quad (88.279)\quad (-63.017)$$

$$R^2 = 0.8222$$

$$\Delta RIF_t = 1.39e^{-6} + 1.2407 RHS300_t + 1.5381 ECM_{f,t-1}$$
$$(0.014)\quad (88.279)\quad (47.492)$$

$$R^2 = 0.7579$$

其中，系数 0.6108 反映了短期内沪深 300 股指期货对沪深 300 指数的波动影响度。相较而言，沪深 300 指数对股指期货的影响度 1.2407 更大。误差修正项的系数估计值 -1.2273 表示当股指期货市场短期偏离长期均衡时，股指期货市场将以 -1.2273 的调整力度将非均衡状态恢复到均衡，该系数可以说明我国股指期货市场对稳定沪深300指数波动有一定的调整作用,但与现货市场对股指期货市场的影响强度1.5381相较,股指期货对现货市场的调整力度较弱,修正过程较为缓慢。

二、格兰杰因果检验

为了了解沪深300股指期货与现货市场之间的价格引领关系,先对对数收益率 $RHS300$ 和 RIF 序列建立向量自回归模型(VAR),其一般形式如下:

$$Y_t = A_1 Y_{t-1} + A_2 Y_{t-2} + \cdots + A_p Y_{t-p} + B_0 X_t + \cdots + B_r X_{t-r} + \varepsilon_t \quad t = 1, 2, \cdots, n$$

其中,Y_t 为 K 维内生变量向量;Y_t($i=1,2,\cdots,p$)为滞后内生变量向量;X_{t-i}($i=0,1,\cdots,r$)为 d 维外生变量;A_i、B_i 为待估计参数矩阵;ε_t 为随机误差项。

对其结果进行模型平稳性检验,结合 LR、EPE、AIC、SC、HQ 等指标选择最佳滞后阶数。

对 VAR 模型滞后阶数检验结果见表7-4。

表7-4 VAR模型滞后阶数检验结果

Lag	LogL	LR	FPE	AIC	SC	HQ
0	19351.52	NA	5.99E-10	-15.56053	-15.55585	-15.55883
1	19435.20	167.1528	5.62E-10	-15.62461	-15.61057	-15.61951
2	19451.26	32.06562	5.56E-10	-15.63431	-15.61091*	-15.62581*
3	19454.57	6.589859	5.56E-10	-15.63375	-15.60099	-15.62185
4	19461.11	13.03511*	5.55E-10*	-15.63579*	-15.59368	-15.62050
5	19463.35	4.471677	5.56E-10	-15.63438	-15.58291	-15.61569
6	19463.51	0.321178	5.58E-10	-15.63129	-15.57046	-15.60920
7	19465.32	3.583033	5.59E-10	-15.62953	-15.55934	-15.60404
8	19469.00	7.310147	5.59E-10	-15.62927	-15.54972	-15.60038

注:*表示在该滞后阶数下显著。

由表7-4可知,在滞后2阶有2个指标显著,滞后4阶有3个指标显著,且由于 FPE 指标对高频数据代表性较强,可确定 VAR 最优滞后阶数为

4阶,并通过 AR 特征多项式的单位圆对 VAR 模型的稳定性进行检验。由图 7-2 可以看出,滞后 4 阶的 VAR 模型的 9 个特征根均于单位圆内,证明所估计 VAR 模型是稳定的。

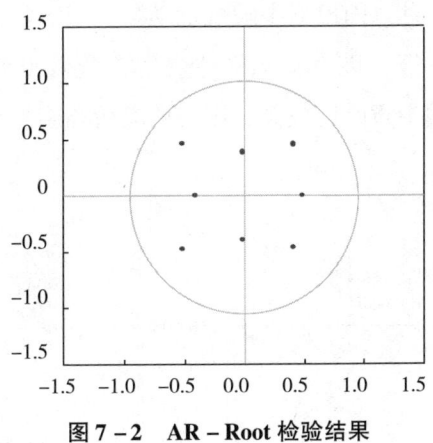

图 7-2 AR-Root 检验结果

随后对两序列做基于 VAR 模型的格兰杰因果检验。

表 7-5 格兰杰因果检验结果

原假设	样本个数	F 统计量	P 值
RIF 不是 RHS300 的格兰杰原因	2491	8.84512	4.0E-07
RHS300 不是 RIF 的格兰杰原因		1.40161	0.2309

由格兰杰因果检验结果(见表 7-5),拒绝第一个原假设:RIF 不是 RHS300 的格兰杰原因,即可得"RIF 是 RHS300 的格兰杰原因",并不拒绝第二个原假设,即"RHS300 不是 RIF 的格兰杰原因"。综合格兰杰因果检验结果得出结论:股市震荡下行时,沪深 300 股指期货对股指现货存在价格发现功能。

三、脉冲响应函数和方差分解

对于 VAR 模型,可以通过脉冲响应函数描述市场随机干扰项的一个标准差大小的冲击对各确定性变量的动态影响,衡量两市场间价格波动溢出方向。设定模型如下:

$$RHS300_t = \phi_1 RHS300_{t-1} + \cdots + \phi_4 RHS300_{t-4} + \varepsilon_{1t}$$
$$RIF_t = \rho_1 RIF_{t-1} + \cdots + \rho_4 RIF_{t-4} + \varepsilon_{2t}$$

设定 $RHS300_t$ 为 t 时刻股指现货对数收益率，RIF_t 为 t 时刻股指期货对数收益率，ε_{it} 为新信息，即模型中随机扰动量。

随后采用方差分解，进一步分析各内生变量对预测方差的贡献度。若某一市场在价格发现中贡献度较高，则说明其价格引导作用更显著。

（一）脉冲响应函数

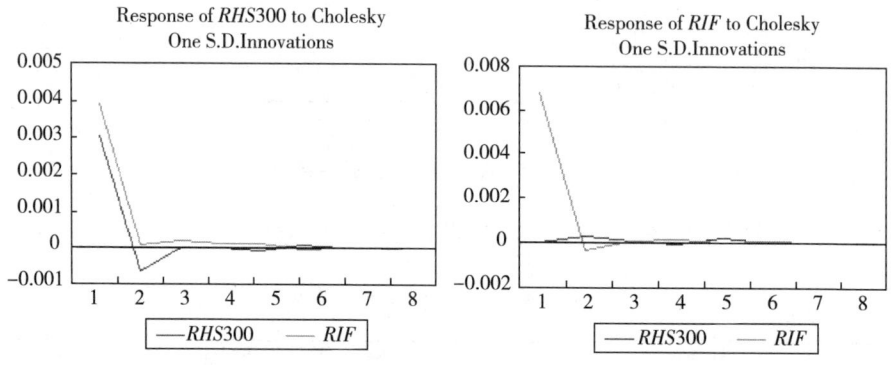

图 7-3 $RHS300$ 和 RIF 脉冲响应变化

由图 7-3 可知：$RHS300$ 受到自身的一个标准化信息冲击后（见图 7-3 左），在第一期立即作出了响应，约为 3.5，之后缓慢下降至零，第二期缓慢增加且为负向，第六期后稳定地趋向于零。同时，$RHS300$ 对 RIF 影响第一期达到最大，约为 4.5，之后这种冲击对 RIF 的影响逐渐减小。二期后略有正向增加，直到六期，RIF 变化趋向于零。因此，对于现货市场的随机波动，股指期货市场相较于现货市场反应更激烈一些。但现货市场存在一个反向调整的过程。

RIF 对其自身的一个标准差新信息在第一期立即作出了响应（见图 7-3 右），约为 7，这种冲击对其影响逐渐减小，在二期中部达到零后缓慢反向增加，第六期后稳定趋于零。而 $RHS300$ 对来自 RIF 的扰动没有立即作出反应，在第一期有缓慢地增加，于第二期逐渐减少，在第六期左右稳定地趋向于零。相较于现货市场，股指期货市场对于来自其本身的随机波动反应更强烈。

比较两图可以看出：对于来自股指期货市场及现货市场标准化信息的冲击，股指期货市场相较于现货市场反应更快速、更强烈。

（二）方差分解

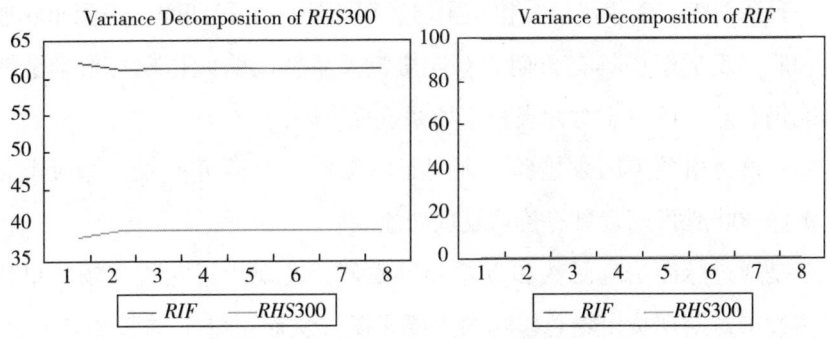

图7-4 *RHS*300 和 *RIF* 方差分解

由图7-4可知，对于 *RHS*300 的方差，随着滞后期的推移，*RHS*300 方面的贡献出现先上升后平稳的趋势，约于第六期后，分解结果基本稳定。*RHS*300 方差有 61.27% 左右由 *RIF* 扰动引起，38.73% 由 *RHS*300 扰动自身引起，这意味着结构冲击对 *RHS*300 变化的影响主要来源于股指期货市场。

对于 *RIF* 的方差，随着滞后期的增加，*RIF* 方面贡献由第一期的 100% 到第六期缓慢下降到 99.77% 左右，并保持平稳。而 *RHS*300 方面的贡献逐步上升，最终于第六期稳定于 0.23%，说明结构冲击对 *RIF* 变化的影响主要来自股指期货市场本身。

由此可得出结论：在单位不确定性信息对股指期货市场和股指现货市场的影响中，两市场贡献不对称，主要来自股指期货市场。这说明股市震荡下行期间，波动由股指期货市场向现货市场溢出。

第三节 结论及政策建议

选取股市暴跌期间 IF300 及其现货指数 5 分钟高频数据，实证分析股指期货市场价格发现功能和市场稳定功能，得出以下结论。

一是通过 E-G 两步协整检验得出，股市震荡下行期间，沪深 300 股指期货和股票现货市场具有长期的双向协整关系，说明股指期货市场套期保值功能仍有效，可用于对冲现货市场系统性风险。

二是通过格兰杰因果检验，证明了本篇第一个研究假设，即股市震荡期，沪深 300 股指期货具有价格发现功能。

三是通过脉冲响应函数和方差分解模型，发现股指期货市场是单位不确定性冲击对期现货市场总影响的主要来源。从而拒绝了本篇第二个假设，即市场震荡期，沪深 300 股指期货对股票现货市场具有稳定功能。这说明股市震荡期间，波动由股指期货市场向现货市场溢出。

综上所述，股灾期间，沪深 300 股指期货仍具备价格发现功能，且对现货市场的单向波动溢出存在一定的助跌效应。为了更好地完善股指期货市场，充分发挥其功能平复市场波动，本篇提出以下几点建议。

一是构建股指期货预警系统性风险指标。研究结论表明，市场巨幅震荡期，股指期货市场在价格发现和波动方面均领先于现货市场，可以通过股指期货市场信息反应领先性构建预警系统性风险指标。根据市场历史价位、市场表现等因素来估算股指期货市场波动正常范围，当出现异常大幅波动时，则预示现货市场将走低，警示投资者规避系统性风险。

二是调整合约标准管理市场风险。从股市震荡期股指期货表现来看，我国股指期货市场仍不够完善，当市场出现危机，市场自动调节出现失效，因此中国金融期货交易所及时调整保证金标准及交易手续费标准，及时干预以控制单边市场连续交易，降低市场风险，这是符合我国当前国情的最好处理办法。

三是建立完善的市场间监管协调机制。股指期货与现货市场之间具有联动效应，当出现灾难性的突发市场风险时，投资者将会产生下跌预期，并预先反映在股指期货市场上，进一步传导到现货市场中，加剧联动效应，引起恐慌，造成连锁性暴跌。因此，需要建立一套完善的市场间监管协调机制，通过及时有效的市场干预来应对市场自动调节机制失效的状况，维持市场秩序，最大化降低损失。

四是建立一元三级的监管体系。股指期货作为专业的风险管理工具，是构建一个完善的资本市场必不可缺的，不能任由其因使用不当产生负面效应，也不能因噎废食限制其发挥积极作用。中国股指期货市场亟待建立以政府监管为主导，以期货交易所、期货行业协会、期货结算中心为辅的一元三级的监管体系，在健康、规范的基础上走向符合我国金融市场特性的发展之路。

总之，股指期货市场是资本市场的重要组成部分，做空机制可使市场在动态博弈中实现稳定和平衡，回归其真实价值，防止股市暴涨暴跌。因此，亟待完善股指期货体制，丰富股指期货品种，加强投资者教育，以更好地发挥股指期货市场功能，实现期货与现货市场协调发展。

本篇小结

股指期货自 2010 年 4 月在 A 股市场推出以来发展十分迅速，使整个期货市场的交易金额实现了从量变到质变的转化，大大提升了金融衍生品市场规模与抗风险能力，对构建我国金融市场良性循环的生态系统起到重要的促进作用，但市场对于股指期货却一直是毁誉参半。2015 年 6 月 15 日以来，A 股遭遇急跌行情。不到 1 个月的时间，上证指数暴跌 2328 点，跌幅高达 45%，中小板和创业板指数更是下跌近 40%，股市资产大量缩水，重创投资者信心。市场舆论普遍认为股指期货是此次下跌的"罪魁祸首"。中国金融期货交易所于 2015 年 9 月 2 日出台了四大股指期货条例，大幅下调股指期货日开仓量及持仓限额、大幅上调交易保证金标准及交易手续费，直接导致股指期货成交量缩减至前期高点的 5%，降至历史冰点。

股市的巨幅波动再次将股指期货推向了风口浪尖。那么，在股市巨幅震荡下行时，股指期货的价格发现功能及市场稳定功能是否仍存在？是否真的对股票市场存在助跌效应？它究竟是传说中的"幕后黑手"还是无辜的"替罪羔羊"？本篇选取了具有代表性的指标（沪深 300 股指期货）及具有代表性的时间段（2015 年 6 月 15 日至 8 月 26 日），对股指期货和现货市场之间价格发现及波动溢出效应进行实证研究，评估在此次股灾中股指期货的实际效用，并在此基础上，为我国股指期货市场发展提出相关政策建议。

本篇选取 2015 年 6 月 15 日至 8 月 26 日股灾期间沪深 300 股指期货与沪深 300 指数 5 分钟高频数据，通过 E－G 两步协整检验、格兰杰因果检验、脉冲响应模型等，对股灾期间，股指期货市场价格发现功能及波动溢出效应进行实证研究。研究结果表明：股灾期间沪深 300 股指期货仍具备价格发现功能，且存在对现货市场的单向波动溢出，存在一定的助跌效应。

本篇参考文献

[1] JUDGE, A., REANCHAROEN, T.. An Empirical Examination of the Lead – Lag Relationship between Spot and Futures Market: Evidence from Thailand [J]. Peacific – Basin Finance Journal, 2014 (29): 335 – 358.

[2] YANG, J., YANG, Z., ZHOU, Y.. Intraday Price Discovery and Volatility Transmission in Stock Index and Stock Index Futures Markets: Evidence from China [J]. Journal of futures Markets, 2012, 32 (2): 99 – 121.

[3] 宋科艳. 我国股指期货与指数现货价格引导关系研究——基于非对称门限协整模型的分析 [J]. 财经问题研究, 2016 (9): 57 – 63.

[4] 杨东晓. 股指期货与股指现货之间价格发现与波动溢出效应研究——沪深300股指期货高频数据的实证分析 [J]. 山东大学学报, 2015 (6): 102 – 110.

[5] 李政, 卜林, 郝毅. 我国股指期货价格发现功能的再探讨——来自三个上市品种的经验证据 [J]. 财贸经济, 2016 (7): 79 – 93.

[6] 杨星星. 股指期货预警系统性金融风险的实证研究 [J]. 财经纵横, 2014 (17): 164 – 167.

[7] 吴国平, 谷慎. 中国股指期货和现货市场时变联动与波动溢出研究——基于 DCC – GARCH – VAR 模型的实证分析 [J]. 学术论坛, 2015 (10): 66 – 70.

[8] 朱莉, 高鹏. 高频股指期现货市场波动溢出效应研究——基于 EEMD 降噪和 CCF 检验 [J]. 证券市场, 2016 (3): 85 – 88.

[9] 章永哲, 钱敏. 基于5分钟高频数据的沪深300股指期货与现货市场间波动溢出效应实证研究 [J]. 上海金融, 2015 (11): 78 – 90.

[10] 蔡敬梅, 林强飞. 中国股指期货与股票市场波动性关系的实证分析 [J]. 统计与信息论坛, 2013 (1): 59 – 64.

[11] TSE Y. Price Discovery and Volatility Spillovers in the DJIA Index and the Futures Market [J]. Journal of Futures Markets, 1999, 19 (8): 911 – 930.

第四篇

市场操纵案例

第八章　股指期货市场联合操纵演习：以光大证券"乌龙指"事件为例

第一节　问题的提出

所谓事件驱动（Event - driven）是指具体时间发生的一些重要事情驱动整个证券市场、某行业或个别股票股价短期内的波动，包括各种宏观、微观和潜在的因素，如重大政策发布、公司资产重组、重大资本结构变动或各种偶然事件，甚至一个子虚乌有的市场传闻。

国外对于事件驱动股市价格波动的研究主要在宏观事件和微观公司事件方面。Fama（1990）、Fisher（1930）、Spyrou（2004）从经济形势、通货膨胀、货币政策等方面对股票市场影响程度、波及范围、作用机制等进行了相关研究。同时瑞银宝华证券全球首席策略分析师 Edward Kerschner（1990）提出事件驱动投资策略（Even - Driven Strategy），即投资者通过重大事件或某种预期，提前深入分析投资主题，选择投资组合策略，这种进行资产管理的投资方法，已发展成为国外主流的资产配置策略。

国内有关中小投资者保护学术文献较多，主要从上市公司治理（刘白兰和李江涛，2010；刘白兰和邹建华，2008）、信息披露（沈维涛和朱冠东，2011）、媒体披露水平（徐丽萍和辛宇，2011）等方面展开，但并未有直接涉及事件驱动下中小投资者保护制度构建。

我国目前对于事件驱动的研究仍处于起步阶段，主要侧重于投资策略机制方面的研究。李备友和张桂艳（2012）对事件驱动引起证券市场波动生成机制进行分析。杨阳、李伟和魏先华（2014）提出事件驱动投资者策略的超额收益主要来源于信息优势和"羊群效应"。

对于事件驱动典型案例——光大证券"乌龙指"事件的研究，主要归因分析：高频交易的风险防范（叶伟，2014）、证券业监管法律体系缺陷（柯静，2015）、股市市场结构合理构建（易中立，2013）等。

因此从现有的文献看，虽对中小投资者保护问题有一定研究，但对于事件驱动下中小投资者保护问题基本没有涉及。而实际上，当前我国证券市场在信息披露、交易机制及法律侵权赔偿等方面仍存在一定欠缺，致使与机构相比缺乏信息、资金、经验的中小投资者面对这些重要事件引起的股价异常波动时，只能处于被动地位，甚至损失惨重，同时也影响了证券市场的稳定性、公平性及有效性。本章以光大证券"乌龙指"事件为例，从新制度经济学视角探讨事件驱动下中小投资者保护制度方面存在的问题，并提出建议。

第二节　光大证券"乌龙指"事件始末

2013年8月16日，上证指数2075点低开并保持窄幅震荡。11点5分左右，光大证券策略投资部自营业务的策略交易系统出现程序错误，两秒内瞬间生成26082笔预期外的市价委托订单并被直接发送至交易所。巨额买单瞬间引起上证综指等大盘指数剧烈波动，多只蓝筹股瞬间涨停。指数的第一波拉升主要发生在11点5分至11点8分，然后出现阶段性的回落。11点15分，上证指数开始第二波拉升，上证指数迅速提升至2198.85点。13点股市开盘，光大证券宣布因重要事项紧急停牌。13点16分，光大证券董事会秘书对媒体称自营盘70亿元"乌龙指"纯属子虚乌有。14点23分光大证券发布公告称套利系统出现问题，市场恐慌情绪蔓延，大量抛单蜂拥而至，指数直线下滑。截至15点收盘，权重股普遍回落，沪指收盘2068点，跌幅为0.64%。这就是著名的光大证券"乌龙指"事件（见表8-1）。2013年8月30日，中国证监会对光大证券内幕交易等多项违法违规行为作出处罚，没收光大证券违法所得8721万元，并处以5倍罚款，一共罚没金额总计5.23亿元，同时停止其证券自营业务。

中国证监会对光大证券开出的"最重罚单"，显示了我国对于金融证券市场秩序的重视，但对于光大证券"乌龙指"事件，我们绝不应仅仅停留在对于光大证券的严惩和谴责上，这个事件所暴露出的深层次的缺陷更应该引起我们的重视和深思。

表8-1 光大证券"乌龙指"事件回顾

时间	光大证券操作与反应	市场反应
2013年8月16日11:00	光大证券策略投资部180ETF申赎证券交易正常	上证指数低开2075点并窄幅震荡
2013年8月16日11:05	光大证券套利系统错误生成26082笔预期外市价委托订单，成交72.7亿元	巨额买单拉动多只大盘蓝筹股涨停，上证指数出现第一波拉升
2013年8月16日11:15	光大证券高位大量放空股指期货	上证指数开始第二波拉升，上证指数迅速提升至2198.85点
2013年8月16日11:30—13:00	光大证券回应证监局问询公司运作正常	上海证券交易所要求光大证券查明事件原因
2013年8月16日13:00	光大证券因重要事项紧急停牌	市场传闻：蓝筹股T+0、引入优先股制度、光大证券自营盘"乌龙指"
2013年8月16日13:16	光大证券董事会秘书向媒体明确否认"乌龙指"事件	媒体发布《光大证券就自营盘70亿乌龙传闻回应：子虚乌有》
2013年8月16日14:23	光大证券发布公告：承认套利系统出现问题	恐慌情绪蔓延，股指、期货联动大跌
2013年8月16日15:00	光大证券累计卖空股指期货合约6240张，转换卖出180ETF 2.63亿份、50ETF基金6.89亿份，总计获利8721万元	沪指收盘2068点，跌幅0.64%。上海证券交易所称今日交易系统运行正常，已完成交易将进入正常清算交收环节
2013年8月30日	光大证券内幕交易直接责任人徐浩明、杨赤忠、沈诗光、杨剑波等人被予以警告、罚款60万元并终身禁入证券市场	中国证监会通报光大证券"乌龙指"构成内幕交易，没收其非法所得8721万元，并处以5倍罚款，共计5.23亿元，并停止其证券自营业务

续表

时间	光大证券操作与反应	市场反应
2014年2月18日	杨剑波不服,向北京市第一中级人民法院提起诉讼	北京市第一中级人民法院正式受理
2014年12月26日	杨剑波一审败诉,当庭表示上诉	北京市第一中级人民法院公开宣判,驳回杨剑波所有诉讼请求

资料来源:根据证券报刊整理所得。

第三节 光大证券"乌龙指"事件对中小投资者的影响及归因分析

一、光大证券"乌龙指"事件对中小投资者的影响

光大证券公司因其高频交易系统程序性错误,导致非正常、非市场、突发性的因素介入证券价格形成机制,破坏了公平、有效的证券交易环境,加剧投资者交易风险。首当其冲的受害者就是股指期货空单投资者,因股指疯狂拉升被迫斩仓出逃,甚至被强行平仓。其次是跟风做多的中小投资者,当光大证券"乌龙指"事件出现时,驱动股市暴涨,听信市场谣言,产生"羊群效应",约45万户的投资者跟风买入,引发市场更大幅度的非理性上涨。再加上中小投资者缺乏对冲工具,股市疯狂下跌时,也只能被迫承受损失,且事后也无法通过法律诉讼来保护自身权益。

在整个光大证券"乌龙指"事件中,面对事件驱动股票市场产生的剧烈震荡(见图8-1),中小投资者几乎只能随波逐流,毫无抵抗之力,也暴露出了我国事件驱动下中小投资者保护制度存在的缺陷。

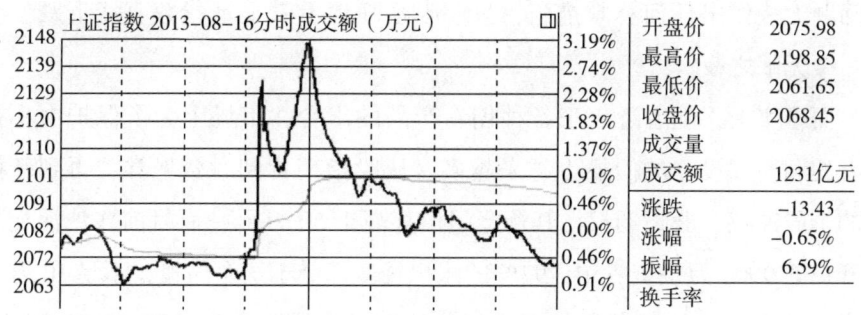

图 8-1 2013 年 8 月 16 日上证综指分时走势

二、归因分析

（一）发布虚假信息，信息披露滞后

当重要事件发生时，在信息方面处于绝对弱势的中小投资者只能通过媒体消息、公司正式公告来了解真相，而证券公司有义务及时、完整、准确地披露相关关键信息，弥补上市公司与中小投资者之间存在的巨大的信息不对称，以确保证券市场的透明、有效和公平。而在光大证券"乌龙指"事件中，在发现套利系统出错后，光大管理层并不是迅速公布实情，而是一方面明确向媒体否认"70 亿元的光大自营盘乌龙指"，发布虚假消息，误导股民；另一方面则依据所谓"国际惯例"在高位大量放空股指期货。直到 14 点 22 分，光大证券才正式公告"当天上午公司策略投资部自营业务使用的独立套利系统出现问题"。可想而知，巨额抛单蜂拥而至，大盘指数飞速下跌。至收盘时狂涨的权重股普遍下落，沪深指数跌幅达 0.64%，而光大证券却最终获利 8721 万元。信息披露制度的落后及虚假信息的发布导致了严重的信息不对称，并使不知情的广大中小散户成为这场"乌龙指"事件的牺牲品。

（二）事件真相之后，缺乏对冲工具补救

当真相最后公布于众，大户和机构投资者可及时通过做空股指期货或 ETF 申购赎回多种方式对冲风险，而广大中小投资者们却受限于资金和门

槛问题无法作出任何补救措施，只能眼睁睁地看着上证指数直线下跌，度过一个无眠之夜。

而事实上，随着近年来各种创新产品的出台，市场上为了保护中小投资者的利益，设立的门槛也越来越多。从股指期货到融资融券，再到新推出的个股期权、股指期权，其资金门槛都高于50万元，而目前在沪深交易所开户的9000万投资者中，97%的账户资金都低于这个门槛，不足10万元的占了85%，而这些散户的交易额却达到了沪深股市交易额的80%以上，这意味着这些为了保护中小投资者们而设立的门槛却切断了绝大多数投资者的后路，使他们无法对冲风险。股指期货的高门槛，及其特有的"T+0"交易制度带来的不仅是交易方式上的不公平，也造成了两个市场投资者之间的不公平，以及大资金、大机构与中小散户之间的不公平。

（三）高频交易模式，故障引致风险

高频交易是指通过事先设定的计算机程序，在极短的时间和极小的价格波动范围内自动完成大量的交易，以获取利润。因其交易效率高、活跃市场、不受限于人性弱点的优点，高频交易已经开始逐渐成为金融市场上机构的主流交易模式。但当计算机出现故障或人为操作失误时，高频交易也将以其高效率和量化交易给股市带来巨大冲击。光大证券"乌龙指"事件就是我国首例高频交易技术性漏洞引发的极端事件。光大证券公司因套利策略系统出现故障，瞬间生成2万多笔预期外订单，致使A股突然拉升，自动触发市场中数以千计的内在交易策略相似的量化交易模型追随交易，导致市场进一步大幅上涨，而后又集体回落，造成了一次股市全线"蹦极运动"。

高频交易速度快，执行数量大，时间间隔短，且具有助涨助跌的投机性特点，极易形成"羊群效应"，一旦程序出错或人为失误，短时间内就可以对市场产生灾难性的影响，而交易员们根本来不及控制，再加上跨市场的联动，甚至有可能引起各种金融市场出现螺旋式下跌，极大地扰乱了市场秩序。高频交易多为机构投资者所用，具有极大的资金、速度、信息优势，对于缺乏技术支持的中小投资们来说并不公平。

（四）相关法律缺失，民事赔偿艰难

《中华人民共和国刑法》（以下简称《刑法》）第一百八十二条第一款列出了四种操纵证券、期货交易情况：

（1）单独或者合谋，集中资金优势、持股或者持仓优势或者利用信息优势联合或者连续买卖，操纵证券、期货交易价格或者证券、期货交易量的；

（2）与他人串通，以事先约定的时间、价格和方式相互进行证券、期货交易，影响证券、期货交易价格或者证券、期货交易量的；

（3）在自己实际控制的账户之间进行证券交易，或者以自己为交易对象，自买自卖期货合约，影响证券、期货交易价格或者证券、期货交易量的；

（4）以其他方法操纵证券、期货市场的。

根据以上规定，光大证券的高频交易是否构成市场操纵，需要从高频交易能否人为拉高或者压低市场价格，引导交易量发生被动变化等方面进行分析。

实际上，中国证监会在处理结果中已经依法认定，光大证券异常交易事件直接严重影响了投资者对权重股票、ETF和股指期货的投资决策，且其在内幕消息依法披露前就着手反方向交易，大量卖空股指期货的行为已经构成了内幕交易。光大证券上诉至法院，法院依据《刑法》第一百八十二条第一款的规定判定光大证券操纵市场罪成立。

2014年8月5日，包巨芬等投资者诉光大证券内幕交易责任纠纷一案也仅以庭外调解为最终结局。而《中华人民共和国证券法》第七十六条也明确规定，"内幕交易行为给投资者造成损失的，行为人应当依法承担赔偿责任"。但我国司法部门对于内幕交易引发的民事诉讼却一直没有出台明确的司法解释，缺乏一套完整的投诉处理、调查核实制度及问责、整改、统计制度，导致有关内幕交易的民事赔偿举步维艰，即使中小投资者有权上诉，法院也缺乏法律依据无法判决。

（五）风险意识淡薄，引发"羊群效应"

在整个光大证券"乌龙指"事件中，中小投资者表现得并不够成熟。面对"乌龙指"突然而至，多只蓝筹股无征兆的暴涨，上证指数的闪电般上升，大多数中小投资者缺乏足够的风险防范意识，在官方消息还未出现的情况下，就盲目听信市场虚假消息，跟风追涨，推动上证综指暴涨137.3点，振幅达到6.59%。而在光大证券正式发布公告后，广大中小投资者们又一窝蜂地疯狂抛售股票，纷纷恐慌出逃，致使大盘指数掉头狂跌。在整个光大证券"乌龙指"事件中，如果说光大证券公司的误单操作是整个事件的导火索，那么中小投资者们的不理性操作就是推动上证指数加速涨跌的幕后推手，交易所风险警示滞后，则使事件驱动的"刹车失灵"。

第四节 完善事件驱动下的我国中小投资者保护机制建议

一、完善信息披露机制

资本市场是基于信息的交易市场，而确保中小投资者能平等地享有知情权，公平地获得应该公开的全部信息，是维护其合法权益的基本前提，也是建立有效资本市场的基础。而事实上，中小投资者却一直站在信息传播的最外围，再加上缺乏资金优势、投资经验、专业能力，使中小投资者很难及时地获得真实、准确的信息，严重信息不对称已经侵害了中小投资者的权益，并影响到整个证券市场的公平性、有效性及透明性。

完善信息披露制度，以细致的具有法律效应的规章制度明确信息披露内容，细化信息披露要求，并规范上市公司信息披露中格式、术语与编报规格的使用，缩短披露时间，确保中小投资者能够更迅速、更充分、更确切地获得信息。对虚假的信息披露作出明确、详细而有效的处罚规定，建立健全因虚假信息披露引发的民事赔偿制度，提高违规成本。同时，健全社会信用体系，实行上市公司自愿披露制度，并出台鼓励政策，加强社会监督，使上市公司信息披露的质量不仅受到制度因素的制约，还会受到披露主体自身诚信、道德水平的约束。

二、逐步完善交易机制

中国 A 股市场是一个以散户为根本的市场，正是基于这样的事实，建立一个公平、有效、透明的交易机制保护中小投资者，确保市场公平就更加重要。中小投资者本身就具有其弱势，为了保护中小投资者进行适当性管理固然不可或缺，但直接设立资金门槛，简单粗暴地拒绝中小投资者的参与，绝不是维护市场公平的最好手段，相反只会让各种创新工具变成机构投资者的专利，只会更加缩小中小投资者的市场生存空间，让其陷入"无路可逃"的困境。

介于中国股市的特殊性，中国股市长远发展需要广泛借鉴国际经验，逐步完善交易机制，从服务中小投资者的角度实现产品创新，如"迷你型"标准普尔 500 指数期货等，让中小投资者也真正拥有自己对冲风险的工具。同时，在证券市场发展初期，"T+1"回转交易制度的确有效地抑制了投机行为并避免了结算风险，但随着证券市场的发展，投资者理念的逐渐成熟，这一交易制度的种种弊端也开始显露，降低了市场周转性和资金流动性，放大股市交易风险，更重要的是，割裂了 A 股与股指期货、融资融券和股票期权等双向交易市场，对于中小投资者而言显然有失公平。由此可见，设定相应配套的交易制度、结算制度，恢复"T+0"回转交易制度，实现与国际的接轨势在必行。

三、建立风险事件熔断机制

光大证券"乌龙指"事件彻底颠覆了光大证券公司一直以来的风控神话，暴露出了其内部控制与风险管理中存在的重大漏洞。这不仅仅指向光大证券公司，实际上对很多证券公司而言，风险控制都仅仅是纸上谈兵，并没有得到具体的落实和操作。

随着具有更大风险的高频交易的普及，金融机构与监管系统需要建立一套针对高频量化交易更高效的风险控制机制。金融机构对于套利系统的开发与设计要更加严密、谨慎，多部门合作研发，并经过监管部门测试合格确保各项功能完善后才能投入使用。监管系统需要建立高频交易机构备案，并对其套利系统的核心风险控制模块、交易参数的设定及限制等进行不定时测试，保持与高频交易机构的沟通，建立大额交易报告制度与综合审计、跟踪系统，进一步提高对高频交易风险监督与控制的有效性与准确性，规范市场高频交易市场。同时借鉴国际经验，对于证券交易异常情况设立熔断机制。当证券市场出现剧烈波动时，一旦触发熔断机制，给市场一段冷静期，让投资者能够更充分地了解市场信息，作出更理智、更明确的投资策略，防止市场过度恐慌，引起股市剧烈震荡，引起极端行情。

四、建立中小投资者民事侵权赔偿机制

对于在证券市场中处于绝对弱势地位的中小投资者而言，完善的法律将是其维护自身利益最坚强的后盾，也将是确保证券市场公平、公正的最后一道关卡。然而我国现行有关证券法规制度对中小投资者的保护却并没有落到实处，不仅关于中小投资者保护的法律寥寥无几，而且针对证券市场违法行为的民事索赔制度也很不完善，缺乏司法解释。而证券诉讼案本身就具有其特殊性与复杂性，其侵权行为更加多样，侵权主体范围也更加广泛，对于责任的分配、已过关系更加难以判断。因此，当前的中国证券市场亟须一个更加成熟完善且适应于市场发展要求的证券法律体系及一个更加公正、完善、独立的证券司法体系来从根本上弥补投资者权利保护方面存在的缺陷，将中小投资者权益保护落实到法律层面，强化顶层制度供给，为中小投资者撑开法律的保护伞。

投资者保护是一项综合性的系统工程，涉及面极广，中小投资者的高专业素养、及时有效的信息披露、公平公正的交易机制、金融机构严密谨慎的风险控制体系及完善的证券法律体系都是建立一个公正、有效、透明的证券市场不可或缺的因素。希望光大证券"乌龙指"事件不仅要成为金

融机构的前车之鉴，更要成为引发证券监管制度改革的动因，推动投资者保护进入中国证券市场顶层设计的步伐，最终促成我国证券市场事件驱动下中小投资者保护制度的完善。

五、强化中小投资者教育机制

随着我国近年来经济的快速发展，股市行情火爆，沪深股市开户人数屡创新高，但实际上有很多中小投资者对股票了解甚少，缺乏一定的专业素养和必要的风险意识，只是听说别人炒股赚钱了，就抱着投机的心态贸然进入股市，没有投资逻辑，多数采取追逐市场热点的方式不断地进行"羊群交易"，使整个股市投机过度，噪声交易严重，证券市场风险加大。

通过加强对中小投资者的教育，提高中小投资者独立投资能力和风险防范意识是维护中小投资者合法利益的第一步。证券公司、期货经营机构、基金经营机构作为投资者进入市场的首要环节，也应成为对投资者教育推广的第一线。在证券开户及销售基金产品的过程中，工作人员应该主动、全面地向客户揭示风险，并建立完善的客户管理制度，依据客户的风险偏好、收入水平进行具有针对性、专业性的投资者教育。同时开办投资课堂，邀请专业学者为投资者开堂讲课，提高投资者的专业知识，以及对市场的认识和投资水平，并坚决杜绝重客户开发、轻风险评估，重业务规模、轻风险揭示，重投资推介、轻知识普及，重形式、轻实质内容等问题。新闻媒体应充分发挥舆论导向作用，设立有关普及证券知识的节目。中国证监会等部门也要加强对系统投资者教育工作的督促、检查和指导。

第九章 高频交易操纵市场的金融逻辑：以伊世顿案为例

第一节 问题的提出

2015年股市危机的爆发，在中国资本市场发展史上具有里程碑意义。千股跌停，千股停牌，乱象纷生，40余万亿元的资产灰飞烟灭，资产严重缩水，市场异常惨烈。一时间外资操纵股指期货恶意做空论喧嚣其上，股指期货被质疑为股灾的幕后推手，引发社会广泛关注。尤其是伊世顿国际贸易有限公司（以下简称伊世顿）市场操纵案，境外资本以贸易公司为掩护，利用高频交易软件，恶意远程操纵境内股指期货市场，危机中狂赚数亿元的戏剧性案情，使股指期货高频交易被推上风口浪尖，案件定性学界争鸣不已，法院也只能依据兜底条款判处（《刑法》第一百八十二条第四款：以其他方法操纵证券、期货市场的）。通过对伊世顿案操纵机理的剖析，为股指期货高频交易规范发展及其依法监管，提出相关政策建议。

关于高频交易的定性。高频交易是人工智能与金融活动的深度融合，是在人类积极拥抱人工智能时代背景下的产物，高频交易对金融市场的正面推动作用无法被其负面作用所掩盖，传统金融业无法独守其身（樊纪伟，2018）。高频交易降低了买卖价差，提高了市场流动性，而并没有增加市场波动率，甚至反而可能降低了市场波动率，不是引发市场风险的罪魁祸首（郭朋，2012）。尽管高频交易在相关研究中存在数据规则性较弱、大规模统计缺乏和计量理论模型的普遍适用性较差等弱点，但其仍为证券市场带来了诸如信息需求、市场监控、产品设计和市场操纵的认定与监管等机遇（陈高才，2016）。

关于高频交易的缺点。高频交易的速度加快所带来的好处远不及市场结构的变化所带来的弊端。高频交易竞争已经提高了准入门槛，创造了自然垄断（邢会强，2016）。高频交易对数据传输速度的极致要求可能会引发相关的技术设备层面的过度投资与"军备竞赛"（Arms Race），既偏离证券市场的本质属性，也造成资源浪费，损害社会福利（巴曙松和王一出，2019）。高频交易引入了新的风险——交易毒性。交易毒性是指当交易指令流逆向选择做市商，而且做市商没有意识到他们在承受亏损的情况下提供流动性时，交易指令流视为是有毒的（廖旦和陆蓉，2013）。

关于利用高频交易操纵市场的手段。典型的高频交易操纵类型：区别于传统形态的高频交易操纵类型主要包括幌骗（Spoofling）、塞单（Quote Stuffing）、试单（Pinging）（沈友耀和薛恒，2019）。高频交易者利用信息优势和技术优势进行的掠夺式不公平高频交易行为，或者利用高频交易以报价触发策略、电子欺骗、塞单等方式操纵市场（马其家和王淼，2018）。操纵市场行为还包括闪电订单（交易所与高频交易商合谋操纵行为）、动量发起（曲价格发现过程，蚕食长期投资者利益）（鲁胜，2017）。

关于高频交易的法治盲区。我国对于幌骗型高频交易行为的监管还存在漏洞，结合我国《刑法》规范的教义学阐释，宜以《刑法》第一百八十二条兜底条款对其进行规制（商浩文，2017）。实践中，幌骗与做市行为容易混淆，有必要加快制定期货操纵行政违法的认定规则，补充和明确幌骗等新型操纵行为主观要件和客观要件的具体标准（鲍晓晔，2017）。我国期货市场反操纵法律法规《期货交易管理条例》中为明确禁止操纵期货价格的行为，对操纵期货价格的主体和方式作出概括性规定，2019年6月28日最高人民法院、最高人民检察院出台了相关司法解释（缐杰，2019），但没有结合更为具体的配套实施细则或监管指引，而建立监管细则是为实践提供违法判断依据与司法执行力的必要条件（张孟霞，2016）。

关于伊世顿案定性研究。伊世顿违规使用账户、违规使用无审核通道、违规虚假申报、自买自卖制造欺诈信息误导投资者，谋取高额利润，多数学者将该案定性为幌骗交易策略（张银旗，2016；刘杨，2016；王新瑜，2018），滥用高频交易（朱刚灵，2017）。金融市场众多高频交易衍生行为，其基本原理是抢先交易，凭借信号传输速度，优先获得行情数据，优先发出和执行交易指令，在信息披露后对信息优先且合法的利用（梁庆，2019）。该案操纵方式显然不属于《刑法》第一百八十二条规定的三种传统的操纵证券、期货市场行为，对利用临时性信息优势与速度优势的抢先交易行为没有相应的条款规制，因此，法院终审判决时适用第四条兜底条款，并于 2019 年对该条款出台了相应的司法解释。

高频交易的市场影响争论，主要集中在引发的市场质量问题（流动性与稳定性）与市场福利问题（策略公平性与军备竞赛）上，以及有效的监管问题，这些问题都需要学界给出有说服力的理论解释和科学严谨的实证检验（巴曙松，2019）。目前国内还缺乏对高频交易操纵市场问题及实际案例进行深入研究。因此，以伊世顿案为例，分析高频交易对期货市场的影响，尤其是剖析主要市场操纵机理并模拟，并提出监管政策建议。

第二节 伊世顿操纵市场案违法事实

伊世顿公司于 2012 年 9 月由两家香港公司出资成立，实际控制人为 Anton Murashov、Georgy Zarya，均长年从事海外高频交易。公司主营业务为有色金属原材料及产品进出口等，但均常年处于亏损状态，主要利润来源为投资收益[①]。2015 年 11 月 2 日，上海市公安机关立案侦查伊世顿公司操纵期货市场案，巨大的涉案金额惊人。2016 年 8 月，上海市人民检察院以涉嫌操纵期货罪对伊世顿国际贸易公司和相关直接负责人及华鑫期货公司技术总监金文献等提起公诉。2017 年 6 月 23 日，伊世顿公司操纵期货市场案一审判决，首次采用兜底条例判定伊世顿公司构成《刑法》规定的典型操纵行为外的新型操纵行为。当伊世顿案件尘埃落定，业界对于案件本身

---

① 国家企业信用信息公示系统，http://www.gsxt.gov.cn/index.html。

仍存在较多质疑和争论。解答疑点必须还原事实真相，伊世顿操纵案犯罪事实认定具体情况如下。

一、控制多账户联合操纵

2013年6月起，伊世顿公司以借用及收购方式，实际控制19名自然人及7个法人期货账户，以贸易公司名义，采用高频程序化软件参与中国股指期货交易市场①。多账户操纵是期货交易者进行证券价格操纵的常用方法，同时其交易具有隐蔽性。通过违规操纵多账户参与高频程序化交易，分散其巨额交易量，逃避中国金融期货交易所风控监管。所逃避监管的具体内容包括程序化交易报备、股指期货市场限仓及限量制度、大户报告制度等，以隐瞒其操纵事实。这也是市场操纵的常用手段。

从理论角度出发，多账户交易操纵行为定义为"集中账户数量优势、信息优势进行连续买卖，操纵证券交易价格或者证券交易量"，则这种操纵行为的发生必定伴随被操纵证券成交量和成交额、收益率等特征指标的异常变化。高频交易者利用多账户交易，结合自身交易高频率的特性，伪造了市场流动性提升的假象。这也解释了为什么有学者认为高频交易发展过度时，其提供的流动性并不真实，甚至产生操纵市场和损害交易公平的情形。多账户交易是新的获利手段，但却突破了高频交易法律法规的界限。

二、违规接入中国金融期货交易所

2015年初，在华鑫期货技术总监金文献协助下，伊世顿公司将自行开发未经审核的RM报单交易系统非法接入中国金融期货交易所的交易系统，并远程操控账户组直接交易，以绕过期货公司风控审核，逃避期货公司资金和持仓验证，大幅减少自身交易时延，从而获取超越行业合规水准的额外交易速度优势。这种"无审核通路"（Naked Access）存在极大的风险隐患，违反了中国金融期货交易所的会员分级结算制度及保证金制度和持仓

---

① 资料来源：《张家港保税区伊世顿国际贸易有限公司、高燕、梁泽中、金文献犯操纵期货市场罪案判决书》。

限额制度等基本制度,在欧美市场也于2010年被严令禁止。

高频交易不同于传统的价差驱动盈利模式,而是采用流动性驱动盈利模式,追求以单位时间内无限增加交易频次捕捉微小差价,以高流动性换取高额利润。交易速度和交易频次成为高频交易商竞争的生命线。目前国内股指期货所有客户指令,包括将程序化交易服务器整体托管在中国金融期货交易所的机房内的金融托管客户,都需经过期货公司风控前置平台审核后再送至交易主机撮合,审核内容包括资金验证、仓位验证及异常交易监管等,因而普遍存在一定系统时延。伊世顿案件涉及的中国金融期货交易所的股指期货交易品种采用的飞马交易平台(见图9-1),是目前国内次席交易系统中传输速度的最高水平,但其内部时延(双程)仍有250ms左右①。伊世顿公司通过高水平的高频交易系统及违规"无审核通路",平均下单速度可达30ms每笔,每秒最多下单31笔,远超国内高频交易行业平均水准。

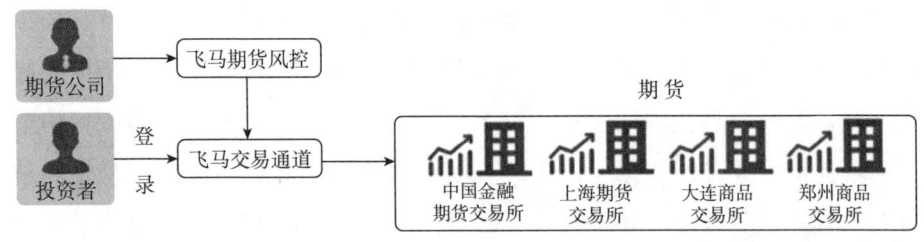

图9-1 飞马平台构架

三、抢先交易

高频交易的原理即抢先交易,利用信号传输速度优势能优先获得行情数据、优先执行交易指令,实现高频、高速获取微小利润,更快累积为巨额利润(梁庆,2019)。从伊世顿操纵机理来看,主要是基于多账户操纵和"无审核通路"的交易速度优势,采用碎片化订单狩猎大宗交易订单,实现抢先交易目的。一般而言,大宗交易订单除佣金和费用(Commissions and Fees)等固定成本外,还存在滑点(Slippage)、市场冲击成本(Market Impact),即因市场本身趋势或巨额申报量导致的订单进入价格与被执行价格

---

① 资料来源:飞马平台发布的《飞马平台白皮书》。

间差价。因而机构投资者为规避价格波动风险及市场冲击额外成本,大多会采用暗订单(Hidden Orders)模式,即通过牺牲同价位明订单交易优先权,向市场其他参与者隐藏自身订单信息,以降低市场对多空不均衡性的感知。以冰山订单(Iceberging)为例,操作流程主要是分割大额订单,仅于指令簿展现高峰订单,待高峰订单交易完成后,再由剩余暗订单继续填充订单簿。伊世顿公司正是基于暗订单交易特点,依托其先进的高频程序化交易软件及非法"裸连"中国金融期货交易所获取时间优势,以高频次、小额(一两百股)、渐增(每次增加一分钱)的碎片化的试探性订单,判断冰山订单的存在,量化冰山订单具体持仓机构(交易价格区间、可成交数量)后,基于速度优势抢先交易(Front Running),大量扫清该金融商品订单,获取目标期指的同时消耗市场流动性,拉高市场价格,增加买方机构交易成本,以获取短期交易利益。

第三节 伊世顿案的市场影响分析

部分媒体根据伊世顿市场交易特征,将其与连续交易、洗售等证券市场操纵行为相类比,混淆高频交易特点与市场操纵手段,进一步加大了高频交易的舆论压力。尽管在法律上清晰界定高频交易合法与违法的界限实非易事,却是必须要面对与解决的重要问题。因而本章从操纵交易四要素即主观意图、操纵手段、价量关系及因果关联来分析,高频交易本身是否具备市场操纵的可能性。

从主观意图来看,高频交易策略为中性。高频交易普遍具有高频次、小额及反复性的特点。伊世顿公司高频交易策略并不以单向做空(做多)市场,获取较高的买卖价盘差作为盈利手段,而是通过高频交易系统实时监听、分析市场信息,寻求与策略匹配的市场形态,进而以极高的频率投放交易订单,通过提高单位时间内可交易次数极限累计利润,且完成套利交易后,持仓归零。因而伊世顿账户组同时持有多、空仓,且持仓时间普遍极短,不存在构建巨额交易仓位或垄断性市场,以人为控制市场供求关系，制造或强化市场趋势的主观意图，且交易策略不随市场趋势变化改变。

从操纵能力看，高频交易本身并不具备市场支配性操纵力量。市场操纵本质上是指操纵方通过信息渠道、资金量、持仓量等资源优势，获取资本市场特定金融商品交易的排他性控制力量扰乱市场。在信息方面，伊世顿公司通过"裸连"中国金融期货交易所等违规操作及相对先进的程序化交易软件，确实拥有相对优势，可能造成市场的不稳定性，但不足以带动整个股指货市场的持续性暴跌。例如，Kirilenko（2017）发现在"闪崩"事件当日，16个被认定为高频交易的账户进行了1455000单交易，约占总交易量的1/3。然而其净持仓却一直在零上下波动，几乎没有超过3000单的多头或空头净持仓。较低的净持仓仓位决定了高频交易者既不是空头压力的来源，也并非"闪崩"的诱因。

从资金、持仓量等方面来看，伊世顿账户组IF（沪深300股指期货）合约最高持仓3亿元，IC（中证500股指期货）合约最高持仓2.5亿元，合计持仓最高不超过5亿元；与成分股规模庞大且权重相对均衡的沪深300股指期货和中证500股指期货市场总量比较，并不具有优势。且账户组持仓时间极短，每笔交易持仓均小于5秒，日内累计持仓时间限于30秒内。2015年股市危机前，国内各交易所对于程序化套利交易自成交及报撤单行为也普遍以一定的交易频次及比率作为监管标准。

从伊世顿账户组交易体量来看，其自成交比率最高不超过0.05%，辩护人自行统计撤单量及总体占比不足0.1%，远低于相关法律规定的立案标准：自买自卖成交量在连续20个交易日内累计达期货合约同期总成交量20%以上、撤回申报量占当日期货合约总申报量50%以上[①]。相较于Michael Coscia商品交易操纵案、Oystacher市场操纵案、"闪电崩盘"事件，此类以虚假指令大量制造需求假象，撤单量高达99.8%的幌骗操纵（Spoofing）模式，伊世顿公司账户组自成交及撤单更多地是由于模型偶发性失

---

① 《最高人民检察院 公安部关于公安机关管辖的刑事案件立案追诉标准的规定（二）》第三十九条规定：在自己实际控制的账户之间进行证券交易，或者以自己为交易对象，自买自卖期货合约，且在该证券或者期货合约连续二十个交易日内成交量累计达到证券或者期货合约同期总成交量20%以上的；撤回申报量占当日该种证券总申报量或者该种期货合约总申报量50%以上。

误，无法影响金融市场定价。

因而，从以上分析可以总结出因果关联：伊世顿公司不具有引导、操纵金融商品市场价格的经济能力。持仓时间短、资金量小是高频交易的普遍特点，因而不能简单地将 2015 年股灾中指数的暴跌归责于高频交易。

第四节　伊世顿案操纵模式比较分析

伊世顿案所采取的抢先交易的获利策略是利用特殊交易模式人为干扰市场供求并误导其他投资者的证券市场操纵行为。因而，很多高频交易操纵类型对证券市场的影响必定会与传统的操纵形态相区别。

为总结出高频交易操纵手段的特性，表 9-1 将几种区别于传统形态的主要高频交易操纵类型进行对比，具体包括连续交易、洗售、幌骗、抢先交易等。

表 9-1　高频交易操纵类型比较分析

名称	连续交易	洗售（Wash Sale）	幌骗（Spoofing）	抢先交易
操纵模式	利用资源优势连续高价买进（低价卖出）特定金融商品，造成价格单向涨跌，诱使投资者抛售或追涨，从而反向交易，获取巨额利润	通过单一主体实际控制账户下的虚假自交易，扭曲市场供求信号，诱导市场资本，最终通过做多（做空）谋取利润	通过大量虚假报单（Build Up），扭曲限价订单簿形态，诱导其他投资者交易，进而快速撤单（Cancel），反向成交（Flipping）	通过偏离市场价格的高频率试探性下单，探测大宗交易订单，并抢先交易，获取短期利润
操纵前提	资源优势：资金优势、持股优势、信息优势	实际控制多交易账户	高频交易软件	高频交易软件、信息优势
交易特点	连续性金融交易行为；交易价格偏离市场水平；实质影响市场价量	证券所有权未转移；交易价格偏离市场水平；多账户短时间内相同价格反向交易相近数量金融商品；实质影响市场价量	交易价格偏离市场水平；撤单率达 90%；撤单间隔短（1 秒内）；反转委托成交量高	小额、渐增、IOC 下单模式；下单频次高

续表

名称	连续交易	洗售（Wash Sale）	幌骗（Spoofing）	抢先交易
操纵目的	单向做空（做多）市场，加剧市场趋势	传递虚假供求关系	传递虚假供求关系	查探算法交易大宗订单
典型案例	光大证券"乌龙指"事件	唐汉博案	Michael J. Coscia 案	伊世顿案

由表9-1可以看出，高频交易操纵具有人为干扰市场供求、故意误导其他投资者、通过人为干扰市场供求误导其他投资者、带有不良目的的盈利交易等特性，其实质上仍然是市场操纵行为，只不过运用了高频交易的手段。

第五节 伊世顿案操纵模式仿真模拟

机构交易者采取冰山订单模式，需先于量化模型中构建订单指定分布 $\tilde{s}$，根据订单具体情况，设定订单限价范围 P，总订单量 V 和最大显示量 Ψ（$\Psi \leq V$）等参数。当冰山订单高峰 Ψ 完成交易后，由交易所自动更新订单簿高峰。因而，狩猎大宗交易的关键点在于捕捉冰山订单交易时订单簿反馈的数据信息：交易信息及相关规模、现有订单簿价量变化信息、补充峰值的订单簿更新信息。在冰山订单非随机刷新，存在比率 V/Ψ 重复模式假设前提下，高频交易软件进一步通过 Kernel estimation 估算概率密度函数形状，并通过实时 P 值得到相对应的 V 值的条件概率密度函数，动态评估剩余存量。

假定伊世顿高频交易软件通过试探订单，确定大宗订单总量为300手，限价区间为（3121.0~3134.0），最大显示量为50手等参数后，凭借信息优势及交易速度优势，在极短的时间内以市价（Market Order）买入，成交后多单成本在3130.972左右。而此时由于伊世顿公司的抢先买入，抢夺市场流动性，市场最佳买卖价格提高到了3133.2。伊世顿公司进一步将持有期货手数以3133.2市价卖出平仓，并获得每手2.2点浮盈（见表9-2、表9-3）。

表9-2 沪深300股指期货IF合约level2行情数据示例（a）

ID	规模	买	ID	规模	卖
买1	53	3121.0	卖1	102	3130.0
买2	101	3120.0	卖2	33	3131.0
买3	83	3119.0	卖3	129	3131.4
买4	100	3117.0	卖4	31	3132.0
买5	101	3115.0	卖5	18	3133.2

表9-3 沪深300股指期货IF合约level2行情数据示例（b）

ID	规模	买	ID	规模	卖
买1	53	3121.0	卖1	313	3133.2
买2	101	3120.0	卖2	11	3134.0
买3	83	3119.0	卖3	23	3134.4
买4	100	3117.0	卖4	5	3135.0
买5	101	3115.0	卖5	10	3135.8

第六节 结论及监管启示

一、伊世顿案定性

总体来说，作为伊世顿操纵案基础工具的高频程序化交易本身并不构成操纵行为，其本质上是通过多账户联合操纵、直连中国金融期货交易所、抢先交易复合型操纵模式，人为改变买卖差价，影响市场流动性，降低订单执行质量。这严重违反了中国股指期货市场公平交易秩序和原则，且在市场极端波动状态下，大量偏离市场价格的试探性订单的冲击可能会触发其他高频交易策略，扩大日内交易价格波幅，加剧市场趋势，造成市场恐慌情绪，进而引发系统性风险。且伊世顿市场操纵案作案时间长、作案手法隐蔽，非法获利数额巨大，社会危害性较大。

从案件判定法律依据来看，多账户操纵及违规直连交易所明显违反了

《中国金融期货交易所交易细则》及《期货交易管理条例》关于实际控制关系账户报备、程序化交易监管及会员分级制度等多项规定[①]。但对于高频交易操纵，中国目前法律法规、司法解释、中国证监会各项规定中对于高频交易监管仍处于空白状态。欧洲证券和市场监管局（ESMA）于2012年明确将试探订单（Ping Order）定性为市场操纵行为。伊世顿市场操纵案一审判决中，首次在证券、期货犯罪中适用兜底条款判定伊世顿公司构成《刑法》规定的典型操纵行为外的新型操纵行为。

二、监管启示

（一）辩证对待程序化高频交易

伊世顿案的深入分析，在高频交易过程中其操纵模式为抢先交易。但高频交易本质上只是一种最大化既定交易策略收益的交易工具。相较于传统的交易模式，高频交易凭借其高精度交易模型、高速下单系统，在信息渠道、交易速率、持仓量等方面具有更大的交易优势。但交易优势和控制状态本身并不具有违法性，市场操纵的违法实质在于滥用垄断力量，扭曲、控制资本市场正常供求关系及定价机制，以实现其非法获利目的。

将交易优势与不公平交易、市场操纵相混淆，将会使驱动金融市场持续运作与创新发展的利益激励机制被弱化，乃至根本性地剔除。高频交易作为电子交易市场一种颠覆性的创新，已经成为后危机时代国际资本市场上重要的发展趋势之一。长期限制高频交易发展，反而会使我国失去市场发展机会和空间，落后于国际市场。因而，对于高频交易长期的发展与监管需要辩证化看待。

---

① 《中国金融期货交易所交易细则》《中国金融期货交易所实际控制关系账户报备指引（试行）》关于股指期货交易实行实际控制关系账户报备、连接测试、程序化交易报备等监管措施的相关规定；《期货交易管理条例》《期货公司监督管理办法》《中国金融期货交易所交易细则》关于中国金融期货交易所实行会员（期货公司）分级结算制度和基于该制度延伸出的保证金制度和持仓限额制度等基本制度。

(二) 填补高频交易法制盲区

从审判依据来看,伊世顿市场操纵案作为首例采用兜底条款的期货市场刑事案件,体现审判监管灵活性的同时,也突出了中国高频交易法律监管的空白。即使是危机后期中国证监会连续推出的管理办法及各交易所的细则通知也仅属于部门性法规,缺乏法律效力,且无法匹配高频交易策略更新频繁的交易工具的监管。资本市场犯罪立法在节奏上滞后于金融实务是无法回避的现实。如何基于发现、评估、反应三个方面建设和完善证券市场监管体系,也是保障高频交易行业继续创新发展的必要问题之一。将高频交易操纵行为纳入资本市场刑法规制范畴,从法律上明确对高频交易操纵的认定,合理界定市场操纵主体、操纵手段、操纵意图、操纵结果,明确法律责任分配。

(三) 高频交易监管专业化

从案件取证过程来看,尽管法院基于中国证监会及中国金融期货交易所法定职权和函件审查结果肯定了出具函件的法定证据形式及法律效应,但进一步体现了对于高频交易等新兴金融衍生品专业化的评估机构及监管流程的缺失。高频交易操纵模式隐蔽,证据种类特殊、数据庞大,案情复杂,在调查取证及操纵模式、因果关系认定方面存在较大难度。中国证监会、中国金融期货交易所虽均具有监管职能,但市场监管范围较广(包括证券及期货),内部职能分配交叉,导致监管落实效果不佳。"一盎司的预防抵得上一磅的治疗",高频交易监管专业化将是行业发展的前提条件。一方面,完善发现机制,加强对高频交易商及高频交易的信息监管,解决监管中存在的信息不对称难题,如美国、德国、欧盟的大型交易商报告制度、综合审计追踪系统、高频交易商注册与报告制度等;另一方面,完善规范化专业评估流程,构建多元化纠纷解决机制,如期货仲裁机构、期货复审委员会等,使审判裁决快捷、公正,更具有终局效力,提高国际社会认可度。

(四) 完善预防及风控机制

证券交易所需要建立起相关的预防机制及有效的市场风险控制系统。可参考德意志交易所集团为了预防高频交易风险控制问题，成立了根据股票市场变动而立马中断高频交易的相关保护性机制。根据最新的证券市场的高频交易行为相关监管草案要求：高频交易使用者的有关市场风险控制系统必须满足以下三个条件：第一，充足的交易弹性是高频交易者的交易系统最重要的部分；第二，高频交易者一定要保证证券交易系统内指令的传输完全正确，并且还要能够在市场出现紧急情况时实现自我保护；第三，高频交易者的相关交易系统不能干扰到市场的正常运作。高频交易者必须提供完备的交易信息才能通过证券市场的监管审核，其中包括高频交易策略的详细内容、参数设置等。这样一来，交易场所的系统能够测试到能否承受这一类交易策略，尤其是在证券市场出现某些紧急情况的时候。

本篇小结

2013年8月16日11点5分,光大证券公司因其高频交易系统程序性错误,两秒内瞬间生成26082笔预期外的市价委托买单,巨额买单瞬间引起上证综指等大盘指数从2075点涨至2198.85点,多只蓝筹股瞬间涨停,导致投资者交易风险。首当其冲的是股指期货空单投资者被迫斩仓甚至被强行平仓,其次是中小投资者因"羊群效应"跟风买入,引发市场更大幅度的非理性上涨,再加上中小投资者在股市疯狂下跌时,因缺乏对冲工具只能被迫承受损失,且事后也难以依法维权获得赔偿。

光大证券"乌龙指"事件是股指期货与股票市场跨市联合操纵的具有历史意义的演习,昭示了高频交易引发的交易风险,光大证券不仅可以操纵股指期货市场趋势,而且可以避险并火中取栗,同时也暴露出了我国事件驱动下中小投资者保护制度存在的缺陷,中小投资者在光大证券"乌龙指"事件中处于弱势地位,面对突发事件引起的股价强烈波动,由于信息披露机制、交易机制、赔偿机制的缺陷及自身证券知识的贫乏,只能被动接受,且损失惨重,打击中小投资者参与信心,违背了资本市场公平、公正、公开的基本原则。以光大证券"乌龙指"事件为例,对当前我国事件驱动下中小投资者影响及其保护问题进行分析,并提出了相关的对策。

2015年股灾期间,伊世顿公司利用高频交易操纵股指期货市场,火中取栗,狂赚数亿,业界哗然。该案成为中国首例涉及高频交易模式的刑事案件,相对欧美成熟市场来说,目前我国高频交易仍处于起步阶段,其判决对于我国股指期货市场高频交易市场的规范与发展也具有重要意义。本篇首先阐述了案件的违法事实;其次深度剖析了抢先交易操纵模式,比较分析了抢先交易与连续交易、洗售、幌骗交易等操纵模式，并进一步采用数据仿真模拟方法分析操纵机理；最后对高频交易行业长期发展及监管提出了相关的政策建议。

本篇参考文献

[1] FAMA E. Stock Returns, Expected Returns and Real Activity [J]. The Journal of Finance, 1990, 45 (4): 1089 – 1108.

[2] FISHER I. The Theory of Interest [M]. Mcmillan, New York, 1930.

[3] SPYROU S I. Are Stocks a Good Hedge Against Inflation? Evidence from Emerging Markets [J]. Applied Economics, 2004, 36: 41 – 48.

[4] 李备友,张桂艳,陆英,李守伟. 基于事件驱动的证券市场波动生成机制分析 [J]. 华东经济管理, 2012 (3): 93 – 98.

[5] 叶伟. 我国资本市场程序化交易的风险控制策略 [J]. 证券市场导报, 2014 (8): 46 – 52.

[6] 杨阳,李伟,魏先华. 事件驱动投资策略及其影响因素的实证研究 [J]. 数理统计与管理, 2014 (3): 519 – 530.

[7] 易中立. 异常交易事件揭示股市三大缺陷 [J]. 中国金融, 2013 (18): 38.

[8] 柯静. "光大乌龙指" 诉讼案的行政法问题研究 [J]. 上海金融, 2015 (2): 86 – 93.

[9] 张培培. 从光大"乌龙指"事件看高频交易监管 [J]. 金融发展研究, 2013 (10): 57 – 60.

[10] 皮海洲. 光大乌龙指事件全面考验投资者 [J]. 理财, 2013 (10): 10.

[11] 陈国进,赵向琴,林辉. 上市公司违法违规处罚与投资者利益保护效果 [J]. 财经研究, 2005 (8): 48 – 58.

[12] 蒋国洲. 中国上市公司中小投资者保护研究 [D]. 成都: 四川大学, 2005 (3).

[13] 张学政. 证券投资者保护的国际借鉴 [J]. 中国金融, 2014 (9): 61 – 62.

[14] 黄礼健. 股指期货肆意做空和中小投资者保护 [J]. 金融发展评论, 2014

(7)：86-93.

[15] 许冰儿. 证券市场投资者的权益保护——以中小投资者保护为视角 [D]. 上海：华东政法大学，2013（4）.

[16] 唐英凯，周静. 法与金融学视角的投资者保护法律制度分析 [J]. 西南民族大学学报，2013（12）：103-107.

[17] 石晓波，周奋. 股指期现市场跨市监管的国际经验及制度重构——基于光大816乌龙指事件的思考 [J]. 上海金融，2014（3）：77-84.

[18] 徐龙炳. 中国股市机构投资者多账户交易行为研究 [J]. 经济研究，2005（2）：72-80.

[19] 巴曙松，王一出. 高频交易对证券市场的影响：一个综述 [J]. 证券市场导报，2019（7）：42-51.

[20] 杨林，杨雅如. 股指期货是股灾的"幕后推手"吗——基于2015年股灾期间沪深300股指期货高频数据实证分析 [J]. 财经理论与实践，2017（5）：58-63.

[21] 谢春贵. 证券市场如何规制幌骗交易——以美国为例 [J]. 证券法苑，2017（3）：191-207.

[22] 邢会强. 证券期货市场高频交易的法律监管框架研究 [J]. 中国法学，2016（5）：156-177.

[23] YIN, ZC. Evolution of High-frequency Systematic Trading：A Performance-driven Gradient Boosting Model [J]. Quantitative Finance, 2015 (8)：1387-1403.

[24] WANG, XI, WOODMANSEY R. Profitability of Simple Stationary Technical Trading Rules with High-frequency Data of Chinese IndexFutures, Physica A-statistical Mechanics and Its Applications, 2018 (2)：1664-1678.

[25] BARON M, BROGAARD J, HAGSTROMER B. Risk and Return in Highfrequency Trading [J]. Journal of Financial and Quantitative Analysis, 2014：1-57.

[26] BROGAARD J, CARRION A, MOYAERT T, et al.. High Frequency Trading and Extreme Price Movements [J]. Journal of Financial Economics, 2018, 128 (2)：253-265.

[27] JAIN P K, JAIN P, MCINISH T H. Does High-frequency Trading Increase Systemic Risk? [J]. Journal of Financial Markets, 2016, 31：1-24.

[28] CONRAD J, WAHAL S, XIANG J. High-frequency Quoting, Trading, and the Efficiency of Prices [J]. Journal of Financial Economics, 2015, 116 (2)：271-291.

[29] O'HARA M. High Frequency Market Microstructure [J]. Journal of Financial Eco-

nomics, 2015, 116 (2): 257-270.

[30] BROGAARD J, HENDERSHOTT T, RIORDAN R. High - frequency Trading and Price Discovery [J]. The Review of Financial Studies, 2014, 27 (8): 2267-2306.

[31] 缐杰, 吴峤滨.《关于办理操纵证券、期货市场刑事案件适用法律若干问题的解释》重点难点问题解读 [N]. 检察日报, 2019-08-18.

[32] 张孟霞. 高频交易的频繁报撤单与市场操纵认定——以美国国债期货"虚假报单操纵"案例为视角 [J]. 证券市场导报, 2016 (5): 73-78.

[33] 刘杨. 高频交易的潜在风险及法律监管——由伊世顿公司操纵期货案引发的思考 [J]. 金融理论探索, 2016 (2): 44-49.

[34] 王新瑜. 伊世顿股指期货市场操纵行为分析及治理对策建议 [D]. 上海: 上海师范大学, 2019.

[35] 董文珊. 跨股票和股指期货市场操纵的行为认定 [D]. 武汉: 武汉大学, 2017.

[36] 刘伟, 沈春根. 从本轮股市大幅震荡行情再谈高频交易监管 [J]. 经济体制改革, 2016 (3): 137-143.

[37] 商浩文. 美国首例"幌骗"型高频交易刑事定罪案及其借鉴 [J]. 华东政法大学学报, 2019 (2): 156-167.

[38] 刘伟, 沈春根. 从本轮股市大幅震荡行情再谈高频交易监管 [J]. 经济体制改革, 2016 (3): 137-143.

[39] 彭志. 量化投资和高频交易: 风险、挑战及监管 [J]. 南方金融, 2016 (10): 84-89.

[40] 朱刚灵, 孙万怀. 论滥用高频交易的刑法规制——以伊世顿公司操纵期货市场案为例 [J]. 海南金融, 2017 (4): 40-47, 53.

第五篇

限制政策效应

第十章 限制政策效应概论

第一节 研究背景及意义

一、研究背景

2015年,受短期资金抽离、大股东坚持、中国证监会严查场外配资等多重因素下,中国股票牛市终结,熊市来临。股市危机背景下,中国股指期货市场一反自2010年4月上市以来运行安全平稳、自身风险可控、功能逐步发展的良好态势,频繁出现市场交易量暴增,深度贴水现象。一时间,股指期货成为社会关注要点,遭遇到社会广泛质疑,被疑为"股灾帮凶"。中国金融期货交易所为平息市场波动和舆论,层层出台史上最严股指期货限制政策。股指期货市场迅速陷入冰封,交易量、成交量快速下跌。史上最严股指期货限制政策在业界、学术界引发激烈争论。随着股市危机逐步平息,股指期货市场3年以来仍处于半封闭状态。2016—2018年限制政策虽略有松绑,但相较于2015年市场运行仍受到严重的紧缩,且后期市场三次接连出现"乌龙指"现象。

2015年中国股市危机作为我国资本市场发展中的里程碑事件(吴晓求,2016),也是中国股指期货市场上市5年以来的发展转折点,更是对我国股指期货市场未来发展方向思索的一个契机。那么,2015年股市危机下,中国股指期货限制政策推出是否有其必要性?限制政策推出后,其对股指期货市场功能产生了哪些具体影响?对以上问题的研究有助于总结股指期货危机治理措施得失，为我国股指期货市场治理和发展作出一些方向性探索。

二、研究意义

从理论层面来看，首先，中国股指期货限制政策具有独特性。

第一，中国股指期货市场本身具有其独特性。尽管全球股指期货市场具有丰富的危机经历，但相较于西方成熟的股指期货市场，中国股指期货仍处于发展初期。市场本身具有市场规模小、产品数量少、投资者结构散户化、市场投机性强等特点，并不能完全适用于国际经验。本篇通过充分利用中国股指期货市场特殊的制度背景和市场实践，对市场危机条件下，股指期货限制政策实施的市场效应进行系统性分析，将有助于我们总结中国经验，丰富股指期货新兴市场国家理论研究。

第二，2015年中国股指期货市场限制政策具有其独特性。国际股指期货市场限制政策大多制定于20世纪，时间较为久远，且持续时间短、政策范围窄、市场影响小。此次2015年中国股市危机中股指期货限制政策的全面性、持续性和市场影响力在整个国际股指期货市场都极具典型性，形成危机期间股指期货市场风险防控自然实验。本篇希望能通过对危机期间股指期货市场现实状况系统性研究，深入剖析危机中期现货市场风险传染机制，从理论和实证的角度科学评估股指期货限制政策效果及长短期影响，合理解释市场质疑，增进人们对股指期货功能、市场微观结构和信息效率认识。

其次，基于市场极端情况来反面论证股指期货市场作用。之前关于股指期货市场对现货市场影响的文献，主要是基于股指期货市场的引入后交易数据对现货市场作用进行联合测试。但相关文献研究发现，股指期货推出初期由于发展中系统制度惰性存在非均衡价格折扣。2015年股指期货价格限制政策推出后，中国股指期货市场由良好运行状态转为停止状态。本篇利用这个自然实验数据，反向对极端情况下期现货市场间的影响作用进行分析，可以有效避免已有研究的联合测试问题。

从实践层面来看，防范系统性金融风险是2017年第五次全国金融工作会议提出的三大任务之一,而股指期货更是我国资本市场的重要组成部分。自 2015 年 7 月以来,股指期货限制政策持续长达 4 年,其间虽"三度松绑",但相较前期整体股指期货市场仍处于低迷状态。我国股指期货市场当前正处在发展改革的"十字路口",如何放开股指期货市场限制、如何改革市场制度、股指期货风险治理走向何方等现实问题摆在学者们和治理主体面前。本篇拟通过微观实证研究总结股指期货危机治理措施得失,结合国际市场风险治理经验,为我国股指期货市场治理和发展作出一些方向性探索,特别是对于我国股指市场系统性危机防范提出基本的改革意见。

第二节 相关文献综述

一、国际危机中股指期货限制政策理论及实证研究

全球历次股灾中,各国也曾多次对股指期货市场采取相应限制措施,大致归结为三个方面。一是交易者方面,提高保证金、调整收费结构、持仓限额(1990 年日本股灾、1987 年美国股灾)。二是机构交易方面,限制量化交易、提高机构交易公告要求、收紧异常交易监管指标(韩国 1998 年金融危机)。三是市场方面,缩短期货交割期、缩短交易时间、调整涨跌停板幅度、市场交易熔断机制、停市(1987 年美国股灾)。但随着全球股指期货市场逐步发展成熟,21 世纪后,国际市场基本不再对股指期货市场采用限制政策。2008 年国际金融危机及 2011 年欧债危机中,各国也主要是限制个股卖空,并未影响股指期货市场的正常运作。

由于研究样本限制,国际上对于股指期货捆绑政策效果研究较少。Sean 和 Dan(1990)指出,1987 年的暴跌中,美国对期货市场采取的熔断制度和提高保证金手段,限制了市场的流动性,也让投资者在股票市场的波动中更易受到伤害。Bacha 和 Vila(1994)对日经 225 指数及其在 SIMEX、OSE 和 CME 上交易的期货合约价格波动进行研究,认为加强股指期货交易的限制,不会对现货和股指期货市场价格波动产生稳定效应。Hiraki 等

(1995)针对1988年9月至1991年6月市场数据研究发现，大阪日经指数期货拓展交易时间与隔夜现货收益及未来两个交易日的交易期现货收益存在积极关系，是重要的信息来源。股指期货交易时间缩短是股票现货市场收盘阶段流动性减少、买卖价差增大的重要原因之一。Tomio（1994）指出，股指期货捆绑政策的临时出台扭曲了市场规律，破坏市场连续性，严重影响期货市场效率，且使市场丧失公正性，投资者大量流失，导致市场深度不足，少量资金就可引发股指期货市场剧烈波动，反而恶化股票市场交易环境。Brodsky（1994）指出，日本对股指期货"严打"政策致使股指期货市场迅速萎缩，境内投资者缺乏风险管理工具，交易量大量流失，新加坡市场趁机崛起。且其并未有效改变日本股市持续低迷走势，反而导致大量日本优质企业为寻求较高的发行价，选择境外交易所上市，日本金融市场"空心化"，境内金融市场竞争力下降（Ozaki，1998）。Kleidon和Whaley（1992）指出，拆分现货、期货和期权市场将导致市场命令过程滞后，因而期货交易限制将不利于危机中综合市场情况。Iihara（1996）将日本股灾前后划分为牛市、熊市、政策限制市三个阶段，对NSA股指期货和现货市场关系比较研究发现，股指期货价格始终引导现货价格，但相较而言，政策限制阶段引导关系较弱。

二、关于2015年股指期货限制政策市场影响研究

关于2015年股指期货限制政策效果研究较多且角度广泛，但结论存在显著差异。Han和Liang（2016）采用双差分法，发现中国2015年股灾期间对CSI 300和CSI 500采取的限制政策导致Alpha-trader由于突然的风险暴露，大量抛售现货交易，恶化了现货市场质量。Hong等（2017）研究发现，2010—2015年沪深300股指期货显著引领现货市场，但期货管制后，期货价格发现作用消失，且收益率和波动性也表现为现货市场对期货市场的单向冲击。王军和刘卓然（2016）采用向量误差修正模型（VEC）研究发现，股指期货限制政策短期内弱化了股指期货市场对现货市场的单向引导，但长期内弱化了期货市场信息效率。丁逸俊和冯芸（2017）基于投资

者策略构建了仿真跨市场金融平台，研究发现股指期货交易捆绑措施短期内有效，但长期将限制股指期货基本功能，且新进杠杆资金较少的市场中交易限制短期效果最佳。丁逸俊和冯芸（2017）发现股指期货限制政策的出台导致自身市场整体流动性萎缩，现货的交易量和更好的价格发现与信息传递效率密切相关。Han 和 Pan（2017）基于 2015 年中国股市危机自然实验研究发现，套利限制导致了流动性与绝对期货现金基础之间的双向因果关系的破裂。黄瑜琴等（2018）采用双重差分模型对指数成分股及相匹配非指数成分股波动率进行比较分析，发现股指期货限制政策短期内能显著降低股票现货市场波动率，且对于高噪声含量股票，政策效果更明显。许荣和刘成立（2018）基于跨国金融市场信息传递视角，对 2015 年中国股市危机前后美国标普 500 股指期货与中国沪深 300 股指期货间信息传递关系研究发现，股指期货限制政策极大地增强了美国市场对现货市场的影响，尤其是在下跌行情中影响更大。

三、文献述评

综合相关研究文献来看：第一，关于国际历次股灾中股指期货限制政策研究，受样本限制，研究普遍较少，年代较远，且结论不一。而且中国股指期货市场仍处于发展初期，相较于成熟的国际股指期货市场，市场结构本身仍不够完善。此次 2015 年股市危机期间股指期货限制政策的全面性、持续性和市场影响力，相较以往国际限制也更具典型性。

第二，关于 2015 年中国股市危机下股指期货限制政策影响研究较多，但仍存在较大分歧。现有研究大多侧重于股指期货限制政策对现货市场的影响，注重于现货市场波动性、流动性、信息传递效率等短期属性，但较少关注限制政策对股指期货市场本身功能发挥的影响。

第三节 研究思路及研究方法

一、研究思路

首先，本篇对股市危机下股指期货市场与现货市场间波动传递渠道、各股指期货限制政策作用机制进行相关理论分析。其次，基于危机期间期现货市场数据，对不同市场趋势及股指期货限制前后，期现货市场表现及投资者微观行为模式进行横向比较。最后，从股指期货市场价格发现和市场稳定两大基础功能出发，分别从价格引导、价格发现、风险溢出三个角度对不同市场趋势下期现货市场间价格关系进行比较，对股指期货捆绑政策的必要性与有效性进行全面化分析。

二、研究方法

第一，事件研究法。本篇通过研究股市危机发生前后及限制政策推出的前后股指期货市场价格关系、波动溢出情况变化，来比较分析股指期货限制政策推出的必要性及市场影响。

第二，BEKK-GARCH 模型。此类方法主要集中于波动溢出的估计，即资产价格二阶矩的跨市场运动。早期的文献 Hamao 等（1990）和 King 等（1994）就是采用 GARCH 模型来检验风险传染的存在性。近年来，国内外众多学者广泛应用 GARCH 模型的扩展模型，如 EGARCH、VAR-GARCH-BEKK、GJR-GARCH 和 DCC-GARCH 等来研究金融风险传染效应。本篇主要采用 BEKK-GARCH 模型实证分析股指期货限制政策对危机期间期现货市场间风险传染的抑制效果，以及股指期货风险管理功能的具体影响。

第四节 主要研究内容

本篇的主要研究内容由以下五个部分组成。

第一部分：概论。该部分主要阐述本篇的选题背景、目的和研究意义，并分别对国内外股指期货限制措施已有研究进行较为系统地总结和归纳，为全篇研究奠定了统一的理论基础、观察视角和论证方向。

第二部分：理论分析。该部分首先从理论角度对股市危机下股指期货与现货市场间两条作用渠道预期实现渠道、套利传染渠道进行阐述。其次对国际历次危机中股指期货限制措施进行总结和梳理，比较分析常用股指期货限制政策。最后从理论角度对各个股指期货风控措施作用机制进行深入分析。

第三部分：股指期货市场表现。该部分首先梳理研究背景，即2015年中国股市危机泡沫起源及破裂过程，并对股市危机期间，中国金融期货交易所股指期货限制政策推出时间脉络及进行细节梳理。另外，基于危机期间期现货市场数据，从价格波动、基差变化、交易特征等角度，对不同市场趋势及股指期货限制前后期现货市场表现进行横向比较。

第四部分：危机期间期现货价格关系实证分析。以2015年股灾前后期现货市场高频数据为研究对象，通过结构突变点检验划分上升期、下降期及捆绑期。基于股指期货市场价格发现和市场稳定两大基础功能，分别从价格引导、价格发现、风险溢出三个角度对三阶段期现货市场间价格关系进行比较，对股指期货捆绑政策必要性与有效性进行全面分析。

第五部分：结论及政策建议。结合本篇的理论分析和实证分析，该部分给出了本篇的主要研究结论，并基于此给出了相关的政策建议。

第五节 创新点与不足

一、研究创新点

相较于以往研究，本篇主要有以下创新点。

一是在市场危机条件下或股指期货限制政策推出期间，市场环境纷繁复杂，数据指标变化难以估测，但是市场功能目标仍然是清晰的。相较于现有相关文献集中于股指期货限制政策对现货市场波动性、市场质量等影响，本篇从股指期货市场功能角度来研究市场危机条件下股指期货限制政策的市场影响，更能体现衍生品跨市场交易的特性，通过微观实证研究总结股指期货危机治理措施得失。

二是股市危机条件下，市场环境不断变化，模型参数在时间上不具备稳定性。为了更精确地刻画期现货市场联动性，本篇着重比较了期现货市场在不同阶段和不同时刻联动性的动态变化过程。一方面，采用断点检验方法对市场趋势进行划分，比较股指上升期和股指下跌期股指期货市场功能发挥情况，推断股指期货限制政策实施的必要性；另一方面，以股指期货限制政策的推出这一事件为界限，划分股指下跌期、股指限制期，通过政策推出前后的期现货市场关联性对比分析，推断股指期货限制政策对股指期货市场本身功能的影响。通过对三个不同市场阶段股指期货市场功能效果的比较，对我国2015年股指期货限制政策对市场的影响进行全面的评估。

二、研究存在的不足

一是此次股指期货限制政策包含多项具体政策同时推行，如提高期货保证金、调整优化收费结构及压缩日内开仓限额等，因而无法具体从各个政策理论机制上进行验证。

二是由于缺乏相应资料，没有针对中国股指期货限制政策及市场表现与国际市场不同点进行深入研究。

三是本篇研究范围仅涉及股指期货限制政策的推出对市场功能的影响结果,并未根据理论传导机制对其具体影响渠道进行深入分析。这也是下一步的研究方向。

第十一章 限制政策影响股指期货市场功能理论基础

第一节 股指期货对现货市场影响机制

股指期货市场与现货市场间交易关联性是两种风险资产和三类投资者在连续时间模型内相互作用的结果。股指期货市场内存在三类投资者：套期保值者、投机者和套利者。套期保值者通过在期货市场建立一定数量、与现货交易方向相反的股指期货头寸，以抵消现货价格变动风险，是天然的空头。投机者通过关注期现货市场趋势走向及相对价格变化，采取期货市场单向买卖交易策略以获取利润，其作为套期保值交易的对手盘，主要以多头为主，为市场提供流动性。套利者通过捕捉期现货市场及跨期合约间利差，同时进行相反交易从而获利，使市场价格更有效（Kyle 和 Xiong，2001）。

有效市场理论、CAPM（Sharpe，1964）及 APT（Ross，1976）等模型设想市场存在大量微小套利者。每个套利者都会对各种市场的错误定价采取无限小的立场。此时，资本限制没有约束力，套利者对每笔交易都是有效的风险中性。然而微小套利者的集体行动将推动价格走向基本机制。从而在股指期货这个封闭的零和市场内，三类投资者通过指数套利交易实现了风险转移、价格修正、信息传递及社会福利分配（Fremault，1991）。理论研究普遍认为，一般条件下股指期货市场具备风险管理及价格发现的基础功能。

但金融衍生品定价模型，特别是期权定价模型的重要假设条件是基础资产价格变化呈现随机游动特征，其收益率的概率分布呈现近似正态分布或对数状态分布。而正态分布仅着眼于"大量的小变化"，因此，风险或方差为有限的。当市场出现"少量的大变化"，风险或方差为无穷大的极端波动时，股票运动完全可以不服从正态分布，市场甚至可能会出现分形机构，甚至混沌现象。因此，关于危机期间股指期货市场运行机制理论上存在较大争议。

一、危机条件下股指期货价格发现与股市波动

相关理论研究普遍认为，一般市场条件下，股指期货市场具备同期的价格领先和信息传递机制，有助于降低噪声交易，提升现货市场效率，平稳市场波动。现实市场中信息效率取决于市场的成熟程度和交易成本。指数期货作为现货市场的平行市场，具有独特的市场制度，即双向交易便捷、资金占用少、交易成本低、交易时间延长、无限合约交易支持交换充分进行、延展价格时间序列结构，使股指期货市场价格发现相较于现货市场价格更快、更早、更远。

但相关研究对于市场危机条件下，股指期货市场价格发现功能对股市波动的影响存在较大争议。部分文献认为，危机条件下股指期货仍能有效发挥其市场提示机制及预期稳定机制。危机期间，市场波动快速，现货市场交易及信息反馈渠道不畅，时常出现非正常交易暂停、达到涨跌停板限制、股票停牌等现象，且市场信息传导模式发生改变。一般市场条件下，个股信息活跃，非系统风险比例较大，基本的信息链条是个股信息变化→个股价格变化→指数价格变化/系统性风险变化→期货价格变化。危机条件下，系统风险而非个股风险成为主要风险，信息链条转变为系统性风险变化→股指期货价格变化→指数及个股价格变化。股指期货作为指数化产品，价格发现能力将更为显著（Stoll 和 Walley，1990；Ryoo 和 Smith，2004；Chan，1992；Frino 和 Walter，2000；蔡向辉，2016）。股指期货市场交易时间长，具备当月及远期合约双重结构性信息，可对现货市场定价起到补充

和完善作用。提高交易行为的信息含量，避免盲目和非理性的交易冲动，有利于提高价格的稳定性。

但部分研究认为，市场危机下期货避险压力过大、现货指数失真、融券不畅导致市场反向套利不足，将会影响股指期货市场的定价效率及信息效率。交易成本模型（Transaction Cost Model）基于无套利原则将市场套利风险及成本纳入模型，认为实际市场交易存在摩擦，虽然无法实现持有成本模型中的市场无偏估计，但是股指期货市场定价仍存在一个合理区间。因而，在无套利区间内，市场定价仍有效。但市场危机下股指期货市场摩擦显著增大。一是大量成分股停牌，融券困难，反向套利难度及成本增大。二是机构投资者"羊群效应"致使避险需求激增，而投机交易流动性供应不足，股指期货市场大幅走低。三是大量个股停牌，股票指数失真，期现货市场拟合关系受到影响。在多重作用下，股指期货市场定价效率和信息传递机制受限，股指期货市场价格下跌超出合理范围，期现货无套利区间增大，负基差长期存在（Dennis 和 Strickland，2002；Liu 等，2013）。

此时，股指期货市场将基于预期实现渠道，加剧现货市场短期波动。股指期货市场一直作为现货市场的指向标。市场危机条件下，价格变动在信息不对称的市场中被夸大。长期存在的负基差被误解为基于信息产生，可能会引发投资者恐慌情绪，导致市场普遍出现大量同向抛售操作，股票流动性供给骤减，流动性需求骤增，导致股票出现流动性枯竭和股价的进一步加速下跌，形成类似银行挤兑式的极端下跌现象。而短时间内大幅的价格扭曲，在实际中往往将进一步导致市场违约风险加剧。信用账户交易者无法补足保证金而被迫平仓，或因追加保证金占用大量资金，带来价值损失，诱发系统性风险事件。

金融风险传染的模式和严重程度取决于市场对共享宏观经济风险因素的敏感性，以及每个市场的信息不对称程度（Kodres 和 Pritsker，2002；Shleifer 和 Vishny，1992；Pasquariello，2014），比如 1987 年美国股灾中布雷迪报告提出的"瀑布效应"（Cascade Effect）。

二、危机条件下股指期货套期保值与股市波动

相关理论研究普遍认为，在一般市场条件下，股指期货市场可通过风险管理功能稳定市场波动。股指期货作为股票市场的影子市场，为投资者构建了一个期现货风险对冲平台。通过标准化的合约设计，将现货风险显性化、数量化、标准化。基于基差套利理论和投资组合理论，投资者可以联合期现货市场进行组合投资，根据预期收益、方差和期现货市场相关性随时调整头寸，将较大的现货价格风险转换为较小的基差波动风险，绝对风险转换为相对风险，不可控风险转换为可控风险，实现了风险对冲、优化、调整、转移。股指期货在有效稳定个体的基础上，达到市场整体稳定，提升了金融市场和经济体的体制弹性。

在市场危机条件下，股指期货市场风险管理功能对股市波动的影响存在较大争议。部分文献认为，股指期货市场作为股票市场的保险市场，在危机条件下更能有效发挥其保值避险机制及价格平抑机制，使持有股票的投资者在预测未来股价将下跌或无法判断未来市场走势时，可以通过卖空部分或全部股指期货合约进行风险对冲。锁定资产市值，分流股票市场抛售压力，避免了紧急情况下的市场恐慌。同时，股指期货市场套利机制可通过消除期现货市场间利差，实现市场新平衡，从而平抑股票市场波动幅度。

较多研究认为，在基本面极端冲击下，股指期货市场风险将通过套利传染渠道反向加剧现货市场波动。套利传染渠道是股市异常波动期间，机构投资者作为股指期货市场套保主力，受杠杆决策、拥挤交易及财富效应作用（Stein，2009；Kely 和 Xiong，2001；Kodres 和 Pritsker，2002），存在"羊群效应"，往往率先在股指期货市场大量抛售合约以避险，导致市场空头激增（Khandani 和 Lo，2011；Abreu 和 Brunnermeier，2013；许年行和于上尧等，2013）。市场买入投机信心不足（Irwin 和 Sanders，2009；陈海强和张传海，2016），大量空头无法及时消化，致使股指期货流动性缺失，出现负基差现象。扩大的负价差使期货价格和现货价格低于无套利区间下限，

产生反向套利机会。此时，套利投资者通过跨市场再平衡的新渠道，将会向现货市场传递期货市场冲击，引起短期内波动加剧。

第二节 国外股市危机期间股指期货限制性政策

国际历次股市危机下，全球金融监管部门为了控制金融危机，防范股指期货市场与现货市场间风险传染，纷纷采取一系列的紧急措施对股指期货市场进行监管。本节对国际上历次危机期间股指期货限制政策的发展脉络进行梳理，总结具体的监管措施，分析其产生的效果，为我国股指期货市场应对突发危机及完善股指期货市场监管提供借鉴。

一、1987年美国股市危机中股指期货风险控制政策

世界第一份股票指数期货合约——价值线综合指数期货，在1982年率先诞生于美国堪萨斯期货交易所。5年后，随着1987年美国股市危机爆发，股指期货市场首次遭遇重大危机，展现了期现货互动的极端情形。

危机期间，监管机构及交易所积极展开各项风险控制和市场稳定措施。第一，逐步提高保证金比例。针对危机条件下的市场极端波动，芝加哥商品交易所（CME，以下简称芝商所）于1987年10月22日、28日、29日连续三次提高标普500股指期货保证金水平，使市场保证金水平普遍提高1~1.5倍（见表11-1）。

表11-1 1987年股市危机中标普500指数期货保证金调整

日期	保险金类型	现有合约		新合约	
		投机合约	套期保值合约	投机合约	套期保值合约
1987年10月19日	初始保证金	10000	5000	10000	7500
	维持保证金	5000	5000	7500	7500
1987年10月22日	初始保证金	10000	7500	15000	10000
	维持保证金	7500	7500	10000	10000
1987年10月28日	初始保证金	15000	10000	20000	12500
	维持保证金	10000	10000	12500	12500

续表

日期	保险金类型	现有合约		新合约	
		投机合约	套期保值合约	投机合约	套期保值合约
1987年10月29日	初始保证金	20000	12500	20000	15000
	维持保证金	12500	12500	15000	15000

资料来源：蔡向辉. 股指期货风险管理的金融逻辑 [M]. 北京：东方出版社, 2016.

第二，加大投机性头寸限制。为及时监控市场大额交易，分散市场对冲集中抛售压力，1987年10月20日，芝商所收紧市场更高豁免额度申请。同月22日，芝商所进一步发布规定，要求市场内超过限定头寸的交易需提前获准，且大型套保者需在限定时间内对所持空单向交易所提供具体说明。

第三，适时实施临时暂停交易。1987年10月20日，市场情况急剧恶化。由于80%成分股无法正常市场交易，芝加哥期权交易所（CBOE）依据规定于11时45分起暂停交易。同时，受纽约证券交易所休市传闻及大批量个股停牌影响，芝商所股指期货交易于12时15分暂停，至13时才恢复市场交易。但所属芝加哥期货交易所（CBOT）的主要市场指数（MMI）期货一直维持市场交易，其中20只成分股仅3只停盘。

第四，加强监测调度，确保交易及清算顺利。芝商所组建多部门负责人组成的风险管理小组，危机期间对标普500指数期货进行实时监测；审计部门对会员公司保证金收取和净资本情况进行监测，并于1987年10月19日两次发起限时日内追保。10月19日，美国商品期货委员会（CFTC）与美国证监会（SME）联合召开特别市场监控短会，启动财务早期预警系统，并对标普500指数期货套利和投资组合保险规模进行估测。

1987年股市危机后，为完善股指期货交易措施，促进期现市场融合，监管机构和交易所也逐步实施了一系列市场改革措施，提高市场整体抗风险能力。

第一，引入熔断措施。1988年10月19日，纽约证券交易所及芝商所正式实施熔断机制。即道琼斯指数下跌250点（约12%），全市暂停交易1小时；重新交易后继续下跌超过150点，全市暂停交易2小时。

第二，引入价格限制措施。1987年10月23日，芝商所设定30天内标普500指数期货合约每日价格限制：不超过前一日结算价格正负30指数点，约为12%的涨跌幅限制。这一市场紧急措施最终被各交易所延续，并于1989年逐步发展成为三级价格限制。

第三，限制指数套利。纽约证券交易所推出80A规则，限制指数条例行为。其中一条被称为80A项圈规则（Collar Rule），当道指较前日收盘价涨跌幅超过50点时，禁止向纽交所自动化的DOT系统提交市价订单，只允许提交限价订单，不能以更低的价格卖，也不能以更高的价格买，必须有助于价格稳定，迫使套利交易者手工执行指数套利。另一条被称为靠边规则（Side-Car Rule），即当标普500指数期货合约价格较前日收盘价下降12个点，DOT系统停止连续竞价，启动一个5分钟的集合竞价程序缓解买卖平衡问题，将误差撮合交易的订单转送到交易大厅进行人工处理。直至2007年10月，80A规则才被废止。

第四，改进股票一篮子交易。建立一篮子股票交易机制，使机构交易者能够以期货以外现货交易方式，开展股指交易及投资组合对冲，直接进行风险管理。1989年，指数参与份额（IPS）在美国纽交所和费城证交所上市交易。尽管CME和CFTC认为IPS是期货合约，对两家证券交易所提出诉讼，但最终以失败告终。1993年，道富资产管理公司在美国证券交易所（AMEX）推出了跟踪标普500指数的SPDR，这被认为是第一只真正意义上的ETF，至今仍是全球规模最大的ETF。

二、1990年日本股市危机中股指期货限制政策

第二次世界大战后的日本经济快速恢复和发展，成为全球第二大经济体。1985年9月，《广场协议》迫使日元大幅升值，形成严重的资产泡沫。1989年底，日本政府为抑制泡沫经济，采取紧缩性货币政策，大幅提高再贴现率，日元泡沫破裂。1990年，日本经济增长戛然而止，楼市崩溃，股市暴跌，经济陷入长期低迷，转入周期结构转变时期。上市仅两年的日经225股指期货，一时间被当成股市暴跌的罪魁祸首，引发大量要求加强对股指期货交易监管的公众压力。舆论重压下，监管层被迫推出一系列股指期

货交易限制措施（见表11-2）。

表11-2 日经225股指期货主要限制政策

限制政策	限制时间			
	1990年8月	1991年1月	1991年6月	1991年12月
交易时间	缩短15分钟			
交易税	征收0.001%			
报价区间	由90日元缩小至50日元		缩小至30日元	缩小至20日元
行情更新时间	由3分钟延长至6分钟		缩短至5分钟	
交易保证金率	由6%提高至10%	提高至15%	提高至20%	提高至25%
委托保证金率	由9%提高至15%	提高至20%	提高至25%	提高到30%
委托手续费				由0.04%提升至0.08%
信息披露		每日披露套利交易信息	披露套利交易量前15家交易会员	
		每日公布套利交易相关股票买卖量及股票持仓余额		

资料来源：鲁东升，游航，钟鸣. 日本股指期货之殇［R］. 金融期货研究，2014.

一是迅速提高保证金水平。历经四次提升后，日经225股指期货的委托保证金水平从最初的9%上升到30%，交易保证金从最初的6%上升到25%。二是增加交易税，对股指期货交易征收0.001%的交易税。三是缩小股指期货的报价区间，增加行情揭示时间，降低套利交易的利润。四是缩短股指期货交易时间，从原有的15点15分收盘改为15点收盘。五是手续费翻倍，手续费从原有的0.04%的水平大幅上升。六是逐步公开会员套利交易情况，开始每天向全世界公布会员的套利交易总成交量，并公布前15名结算会员每周和每日套利交易的成交量，1992年公布所有结算会员的成交量和持仓量。七是针对社会对日经225指数采用价格平均加权法，市值小成分股占权重大，易受操纵，夸大其对指数影响。1993年10月8日，日本经济新闻社正式发布按照市值加权的日经300指数；1994年2月14日，大阪交易所正式开始日经300股指期货的交易。

第三节 股指期货限制性政策作用机制

市场危机情况下，股指期货市场风险防范需求激增。股指期货市场作为现货市场的影子市场，受现货市场极端行情影响，普遍存在价格波动剧烈、交易量及持仓量激增、与现货市场总体同向波动下区域基差拉大的情况。这些情况导致交易所风险管控压力骤增，尤其是市场噪声交易加剧、交易违约等风险出现可能性备受关注。历次市场危机中采用的股指期货市场风险控制措施主要包括提高证券交易税费、提高市场保证金及限制投资者开仓限额等。

一、提高股指期货交易税费

金融创新理论认为，促进交易必然有助于提升市场的运行效率。降低成本、促进交易以改善金融市场社会功能的观点是基于有效市场理论提出的。不受约束的金融市场价格密切跟踪基础价值，可以为交易者提供正确的信息信号，适当引导投资并促进风险传播。因而，促进交易以提高市场运行效率方式是显著有效的，如房地产市场、艺术品市场。但当超过某个均衡点时，流动性的增加将会产生超过其利益的成本。这些过度的噪声交易，往往并不具有内在信息，仅跟随市场随机波动进行交易决策，使价格偏离价值波动，衍生额外的市场风险，扭曲投资分配，并限制资产价格信息内容（Summers和Summers，1989；周伟，2011）。特别是在市场危机情况下，价格变化剧烈，市场恐慌情绪蔓延，在市场杠杆加持下，股指期货市场更易产生此类流动性过度的市场状况，导致市场价格偏离。

交易税就像是"往快速齿轮里扔沙子"，它可以有效抑制"过度运行良好"的市场，提升市场信息效率（Tobin，1978）。由于税收成本会随着交易频率而增加，因而其对于长期投资和短期投资存在一种选择作用机制。基于资产真实价值的长期投资者不会受到太大影响。但对于短期投资交易的成本将会被显著提高，交易积极性受到抑制。交易税也被视为一种抑制噪声交易的庇古税。

因而，在市场危机条件下，通过增加股指期货市场交易税费，可去除股指期货市场私人和社会最优投资策略之间的巨大偏差，降低股指期货市场波动，提高市场效率。对于现货市场，拉近期现货市场间基差，限制预期实现渠道引发的两市场间风险传染。

交易税的过度附加，将会给期货市场带来巨大的负面影响。首先，股指期货市场流动性水平降低。交易税费带来的市场整体交易成本的提升，将会抑制所有投资者交易的积极性，降低订单簿深度，增加市场价差。其次，限制期现货市场间套利机制，市场波动性水平提升。交易税具有选择作用机制，其主要影响对象为短期交易者，不仅包括噪声交易者，还包括套利交易者。套利交易者是市场主要的交易对手方，对其交易积极性的抑制将会对市场波动性产生负面影响。因此，股指期货交易税是以股指期货市场整体的流动水平降低和波动性水平的提升为代价，剔除噪声交易者，拉近期现货市场价差，可能导致股指期货市场效率及市场功能受到限制。

交易税费理论支持者认为，适度的交易税费将能有效达到期现货市场间的均衡。当市场存在过度流动性时，通过适度增加交易税费，并不会使股指期货市场流动性大幅下降。对套利者来说，交易税费存在二阶效应（Stiglitz，1989）。在市场没有出现过度流动性时，套利者的存在使市场运行良好，价格仍遵循其真实价值，是通过套利交易克服噪声交易得到的结果。当股指期货市场存在过度流动性情况，通过实施或提高交易税，减少噪声交易者，套利者虽然会受到部分影响，但是实际两相作用下，得到的最终股指期货市场结果并不会出现过度下降。拟议税收规模很小，波动率的最大幅度可以忽略不计。

二、提高市场保证金

保证金是在交易完成后，交易所依据持仓合约价值按一定比例向买卖双方收取的交易保证金。在交易零成本的情况下，保证金作为合约占用的现金存款，为不利价格转变提供缓冲，保护部分可能因交易违约带来不利影响（Fishe 等，1990）。因而从市场制度角度来说，保证金的设定对于稳定金融市场运行具有重大意义。尤其当市场出现危机，期现货价格剧烈波动，投资者爆仓风险骤增，期货交易所面临巨大的违约风险暴露，此时，保证金的调节尤为关键。

在相关的理论研究中，把保证金视为违约风险暴露和市场运行效率间的平衡选择。在市场危机条件下适度提高保证金比率，一方面，对于股指期货市场来说，保证金的提升有助于防范市场违约风险的暴露，在市场风险较大时，通过提高期货交易资金门槛，减少强制平仓概率，以加强投资者自我风险防范，提升期货市场整体抗风险能力。保证金的提升可有效抑制过度投机，给市场降温。保证金水平的提高，将会增加市场投机成本，改变投资者结构，抑制市场过度投机状况，且对市场预期较低的投资者也会率先退出，缓和合约均衡成交价的暂时下跌。另一方面，对于现货市场来说，通过防范股指期货市场噪声交易、违约交易风险，限制预期实现渠道引发的期现货市场间风险传染。

保证金的提升也会加大投资者的机会成本和交易者成本，削弱股指期货市场功能，加剧股指期货市场极端波动风险。交易者的投资组合规模取决于其净资产，以及其能够且愿意根据自有净资产和投资机会性质采取的杠杆。对于最佳投资组合中保证金要求的提高，一是将提高保证金机会成本，必然会减少其投资组合的总规模；二是将降低杠杆率，会使交易者提高单位预期收益率较低的资产比例，改变最佳投资组合的构成，可视为交易者成本。如果期交所在审慎性原则指导下，为完全消除违约风险和市场噪声交易，设置超出市场适用水平的保证金比率。在机会成本和交易者成本共同提升下，市场交易者意愿遭受打击，在流动性被削减的情况下，期货市场效率的提高和功能的发挥将遭受严重影响（Telser 和 Yamey，1965；鲍建平，2004）。在市场危机条件下，股指期货市场面临出现持续的负向冲击时，市场交易价格会出现较大幅度的下跌，直接增加了市场的不确定性。

三、限制交易者开仓限额

限仓制度起源于商品期货市场，包括开仓限额和持仓限额两类，其主要用于缓解短期内无限资金供给与实物商品有限提供之间的矛盾，以实现以下三个方面的问题。

一是限仓制度可防止少数大户投资者操纵市场价格。市场操纵风险主要的防范机制就是监管和持仓限制。监管主要通过加大检测力度和对个别衍生合约交易的诉讼来防范市场违法操纵行为。金融交易市场操纵本身具有操纵模式隐蔽、技术壁垒高、交易数据量大的特点，通过诉讼来证明其操纵意图较为艰难。而持仓限制则是通过限制投机持仓头寸，直接阻断市场操纵获利可能。相较于单独监管模式，持仓限制对于防范市场操纵风险成本更低、效果更好（Kumar 和 Seppi，1992；Dutt 和 Harris，2005）。

二是限仓制度可防止持仓过度导致风险集中于少数投资者。市场价格出现不利变动时，可能导致违约风险集中触发（Kyle，1985）。

三是限仓制度可确保市场价格发现效率。关于市场上套保者和投资者持仓头寸的相对大小对市场价格发现的影响的相关研究，侧面说明了持仓限额制度在价格发现制度中的作用机制。相关研究发现，投机者交易头寸对价格存在正的且非线性的影响。当投机持仓占市场总持仓比例低于市场内生决定的某个限额，投机交易将提升市场效率；反之，过度的投机交易将降低市场效率。因此，监管者可以依据市场内生决定的限额来设定持仓限额标准，保证市场价格发现效率。相反，随意设定持仓限额标准，则会带来市场效率的降低（Chang 等，2013）。

商品期货与股指期货间在交易标的和交割方式上存在较大差别。商品期货市场以实际商品为标的，实行实物交割。其市场制度本身存在无限资金供给与实物商品有限提供的矛盾，存在逼仓风险。因而交易所需要采用限仓制度保障合约交割。而股指期货市场以股票指数为标的，实行现金交割。标的指数作为一种虚拟商品，数量不受限，与无限资金供给对等，因而不存在这种制度上的矛盾。指数成分股通常具有充足流动性，市值覆盖面大。操纵此类衍生品合约市场交易成本很高，且易于通过常规市场检测进行监管。只有单一股票期货和窄基指数，基础证券流动性较低的现金结算衍生品合约交易市场存在一定操纵可能（中国目前还没有此类期货）。

股指期货持仓限额目的更多集中在提升市场发现效率和防范违约风险，即避免由于价格不利变动导致的保证金追缴不足及交割违约问题，但违约风险防范更多依托于保证金制度。即使市场出现连续多个涨跌停，亏损一方根本平不出来的极端行情，也可通过强行平仓制度、强制建仓制度，减缓违约风险大面积爆发的可能。因而，对于股指期货的限仓制度虽然应用上具有一定的普遍性，但其理论上存在较大的争议（Gastineau, 1992; Telser, 1993; Grossman, 1993）。

持仓限额制度的影响范围并不仅限于投机交易，对于整个市场中的交易者都具有较大影响，如套期保值和套利交易者等。虽然过度的噪声交易会带来市场的过度波动，但投机交易者同样也是市场的重要组成部分，具有分散套期保值风险、提供市场流动性及合理定价的功能。过于严格的持仓限额标准可能会削弱市场流动性，影响市场价格发现及风险管理等基础功能的发挥。

第十二章 2015年股指期货限制政策及市场表现

第一节 2015年中国股市

一、股市复苏背景

自2014年以来,中国迈入经济转型升级关键期。以新经济为重点的产业变革,使中国产业结构逐步由工业化向服务业转型,经济增长模式由资源投入为主向创新科技为主转变,以"互联网+"为特征,创业板为导向的新兴产业板块逐步崛起。各领域市场化改革,如国企改革、"一带一路"倡议也如火如荼地展开。中国整体形成"中速—高质"的增长新格局。此外,国内货币宽松环境(人民银行三次降息、两次降准)下,房地产、地方政府融资平台逐步去杠杆,信贷增速下降,大量资金涌向资本市场。在现实基础、未来预期和资金流入的多重作用下,中国股市历经7年低位盘整后,开始恢复性缓慢上涨。2014年7月15日至11月24日,88个交易日内上证综指由2070.36点上涨至2486.79点,涨幅为20%。整体上涨幅度较为缓慢,符合预期。

二、股市泡沫的形成

股市长期低迷后久违的复苏,受到主流媒体高度关注。在媒体舆论造势下,"国家牛""改革牛"概念引发投资浪潮,引导市场形成强烈的牛市一致性预期。投资者集中开户,加速进市,场内外杠杆资金激增。在政策、资金、舆论、信心等利好因素共振刺激下，一致性牛市预期获得"自我实现"。股市快速拉高，估值迅速向恢复、合理走向泡沫阶段。

2014年11月24日至2015年6月15日，上证综指由2532.88点上涨至5062.99点，涨幅达99.89%，共形成三波集中涨势，分别是2014年11月24日至2015年1月5日，28个交易日内上证综指涨幅为32.28%（2532.88点至3350.52点）；2015年3月9日至4月27日，34个交易日内上证综指涨幅为38.88%（3198.37点至4441.93点）；2015年5月19日至6月12日，19个交易日内上证综指涨幅为14.61%（4417.55点至5062.99点），相较后期涨幅愈发激烈（见图12-1）。其间，交易量急剧放大，由6600亿元左右猛增至2万亿元左右。2015年5月28日创下了2.42万亿元的新交易纪录。流通市值由35.43万亿元增加至47.26万亿元，换手率一度突破4%。截至2015年6月12日，除银行、石油石化等行业上市公司外，市场市盈率平均超过50倍，创业板平均市盈率近150倍。无论是从上涨速度、上涨幅度，还是从交易量、换手率来看，或是从市盈率来看，市场出现了极其严重的泡沫。吴晓求（2016）将2015年股市泡沫归因为市场对中国经济改革和增长模式的转型短期预期过高，长期预期不足所带来的极度投机意识。

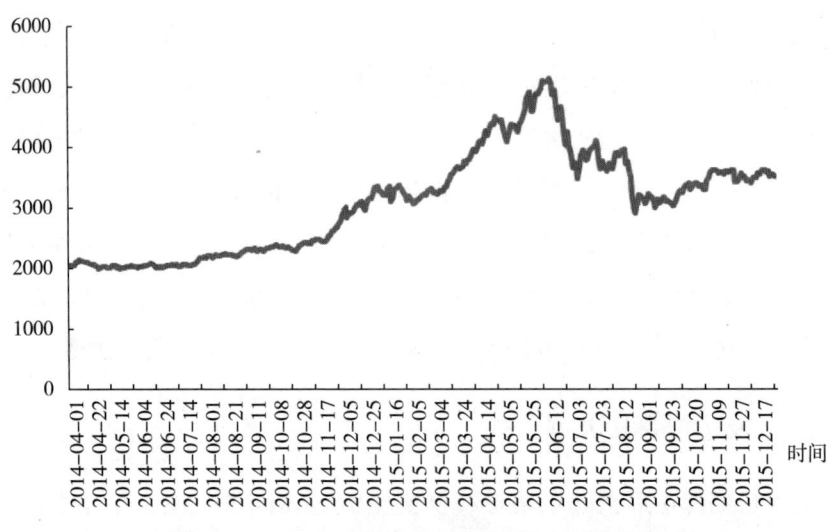

图12-1　2014年4月至2015年12月上证综指走势

（资料来源：作者自行绘制）

三、股市泡沫的破裂

短期资金抽离，成为市场短期暴跌的导火索。在首次公开募股（IPO）申购大量冻结资金、大股东减持增加市场股票抛压、中国证监会严查场外配资等多重原因作用下，2015年6月中旬至8月下旬，中国资本市场建立以来真正意义上的股市危机爆发。上证综指从最高点5178点下跌至最低点2850点，累计跌幅达45%。其间，上证综指单日跌幅超过5%的交易日多达12个，共形成了两波显著的下跌行情。2015年6月5日至7月8日，17个交易日内上证综指由5174点狂跌至3507点，下跌幅度达32.2%。在政府救市政策抬拉下，市场出现短暂平稳期。从2015年8月17日至8月26日，7个交易日内上证综指由4000点下跌至2850点，下跌幅度为28.8%。在市场跌势及政府清理场外配资影响下，场内外杠杆资金快速撤离。以场内融资规模为例，2015年6月，融资规模为2.26万亿元峰值，截至2015年11月底，市场总体融资规模仅剩1.19万亿元。在流通性风险急跌踩踏下，市场出现千股连续跌停、千股连续停牌，近40万亿股票市值灰飞烟灭，市场异常惨烈。股票流动性下降，甚至丧失。

第二节　股指期货限制政策调整

2015年股市异常波动期间，市场人心惶惶，情绪不稳。国家队直接入市抬拉指数，维持住股市指数一度成为目标和象征。此时，股指期货却一度出现成交急剧放大，价格显著贴水的情况，引起社会广泛关注。一时间，股指期货被推上风口浪尖，被疑为股灾帮凶，存在恶意做空、市场操纵行为。股指期货理论上被推崇的股市波动的稳定器作用，在股灾中风险管理功能似乎出现失灵。

为维持资本市场大局稳定，中国金融期货交易所于2015年7月至9月分6次逐步出台一系列史上最严股指期货限制政策。

第一，提高期货保证金，适度降低资金杠杆比例。市场特殊情况下，一是提高空头保证金，平衡多空力量；二是大幅提高所有保证金比率，努力促进市场稳定；三是采取套保和非套保持仓差异保证金水平，尽量减少对套保交易的影响。

第二，调整优化收费结构，抑制投机交易。一是降低客户正常利用股指期货进行交易的手续费。按照沪深300股指期货当时的点数，每手交易的手续费约降低2元。二是通过收取申报费，抑制不以交易为目的频繁在市场上进行无效报撤单，故意扰乱市场价格信息的行为，以及短期内频繁来回交易的过度投机行为。三是大幅提高平今仓受益匪浅，精准打击抑制日内短线投机。

第三，收紧异常交易监管指标，加大违规行为监管力度。一是大幅压缩日内开仓限额。二是调整异常交易标准。三是严格监管关联账户。四是严厉查处违法违规行为。

第四，其他严格管控措施。一是加强套期保值期现匹配检查，规范套利交易行为监管。二是加强系统性风险监测监控。三是期内进一步严格资金风险控制，切实防范结算风险，加强跨市场监管协作，确保交割平稳进行。

历经前后多轮次措施调整，股指期货交易最终全面受限（见表12-1）。2015年9月2日，期货保证金已经提高4倍至40%（其中套保交易保证金提高2倍至20%），日内开仓限制已经降至10手，平今仓手续费提高百倍至0.23%。2016年1月4日至7日，中国更是历经了史上最"短命"的熔断政策。

此后，随着市场波动的逐步平息，中国金融期货交易所三度松绑，开始整体放松股指期货的交易限制。截至2018年12月3日，三大股指期货品种日内过度交易监管标准调整由总开仓限额10手逐步放宽至各个品种每月合约50手，交易者每日总结可交易约200手（各类股指期货品种均有4个月合约），非套保持仓保证金由40%下降至15%~10%，平今仓手续费下降4倍至0.046%。虽然相较于收紧前，市场仍处于紧缩状态，但整体呈现有序开放态势。市场投机交易者基本恢复交易，量化交易仍受到较大限制。

表12-1 股市异常波动期间股指期货市场采取措施

发布时间	执行时间	内容	规则
2015年7月6日	2015年7月7日	中证500股指期货日内开仓限制调整为1500手	关于加强中证500股指期货异常交易行为监管
2015年7月6日	2015年7月7日	进一步加强股指期货套保管理	关于进一步加强股指期货套期保值管理的通知
2015年7月8日	2015年7月8日	中证500股指期货非套保持仓卖出保证金提高至20%、30%	关于调整中证500股指期货交易保证金的通知
2015年7月31日	2015年8月3日	股指期货手续费调整为手续费和申报费	中国金融期货交易所沪深300股指期货合约交易细则 中国金融期货交易所上证50股指期货合约交易细则 中国金融期货交易所中证500股指期货合约交易细则
2015年7月31日	2015年8月3日	股指期货套利、投机客户日内报撤单限制调整为400次、自成交限制为5次	关于抑制过度投机强化异常交易监管的通知
2015年8月25日	2015年8月26日	股指期货非套保持仓保证金分三步提高至20%	关于调整沪深300、上证50、中证500股指期货非套期保值持仓交易保证金的通知
2015年8月25日	2015年8月26日	股指期货平仓手续费调整为0.0115%	关于调整股指期货手续费标准的通知
2015年8月25日	2015年8月26日	股指期货日内开仓限制调整为600手	关于处理股指期货异常交易监管标准及处理程序的通知
2015年8月25日	2015年8月26日	严格禁止违规配资业务	关于加强客户管理等有关事项的通知
2015年8月28日	2015年8月31日	股指期货非套保持仓保证金提高至30%	关于调整沪深300、上证50、中证500股指期货非套期保值持仓交易保证金的通知

续表

发布时间	执行时间	内容	规则
2015年8月28日	2015年8月31日	股指期货日内开仓限制调整为100手	关于调整日内过度交易行为监管标准的通知
2015年9月2日	2015年9月7日	股指期货非套保、套保持仓保证金分别提高至40%、20%	关于调整沪深300、上证50、中证500股指期货交易保证金的通知
2015年9月2日	2015年9月7日	股指期货日内开仓限制调整为10手	关于调整日内过度交易行为监管标准的通知
2015年9月2日	2015年9月7日	股指期货平今仓手续费调整为0.23%	关于调整股指期货手续费标准的通知
2015年9月2日	2015年9月7日	加强长期未交易账户管理	关于进一步加强客户管理的通知
2015年12月4日	2016年1月4日	熔断制度，5%和7%两档熔断阈值，缩短股指期货交易时间	上海证券交易所、深圳证券交易所、中国金融期货交易所正式发布指数熔断相关规定
2016年1月7日	2016年1月8日	暂停熔断制度，股指期货合约的交易时间继续与股票市场保持一致	关于暂停实施股指期货熔断制度的通知
2017年2月16日	2017年2月17日	股指期货非套保、套保持仓保证金分别提下降至30%、20%	关于调整沪深300、上证50、中证500股指期货交易保证金的通知
2017年2月16日	2017年2月17日	股指期货平仓手续费调整为0.092%	关于调整股指期货手续费标准的通知
2017年2月16日	2017年2月17日	股指期货日内过度交易监管标准调整为20手，套期保值开仓数不受限	关于调整日内过度交易行为监管标准通知
2017年9月15日	2017年9月18日	股指期货非套保持仓保证金降低为15%	关于调整沪深300、上证50股指期货交易保证金的通知
2017年9月15日	2017年9月18日	股指期货平仓手续费调整为0.069%	关于调整股指期货手续费标准的通知

续表

发布时间	执行时间	内容	规则
2018年12月2日	2018年12月3日	沪深300、上证50股指期货合约交易保证金降低为10%；中证500股指期货合约交易保证金标降低整为15%	关于调整沪深300、上证50股指期货交易保证金的通知
2018年12月2日	2018年12月3日	股指期货各合约平今仓交易手续费调整为成交金额的0.046%	关于调整股指期货手续费标准的通知
2018年12月2日	2018年12月3日	股指期货日内过度交易行为的监管标准调整为50手，套期保值交易开仓数量不受此限	关于调整日内过度交易行为监管标准的通知

资料来源：根据中国金融期货交易所网站、中国金融期货交易所公告整理。

第三节　市场危机中股指期货市场表现

基于危机期间期现货市场数据，从期现货市场表现（市场价格波动表现、期现货基差变化、交易量及持仓量表现、合约交割情况）角度看，对不同市场趋势及股指期货限制前后进行横向比较。

一、市场价格波动情况

股指期货市场保持同向变动趋势，期现货拟合度整体未"跑偏"。

自上市至股市危机前夕，我国股指期货市场与现货市场整体联系紧密，定价效率较高。以沪深300股指期货当月合约为例，自上市至2015年6月12日，收盘价相关性达99.95%，收益率相关性达94.31%（见图12-2）。

市场危机初期，股指期货市场与现货市场同向下跌，但整体跌幅大于现货，偶有出现跌停现象。2015年6月中旬至9月6日，沪深300指数、上证50指数和中证500指数分别下跌35.53%、31.23%和45.98%。其间，相应股指期货当月合约跌幅分别为42.96%、38.48%和52.11%。相较危机前期，三大期指的期现货收益率相关性有所下降，但仍维持较高水平，分别为88.73%、93.15%及87.61%（见表12-2）。

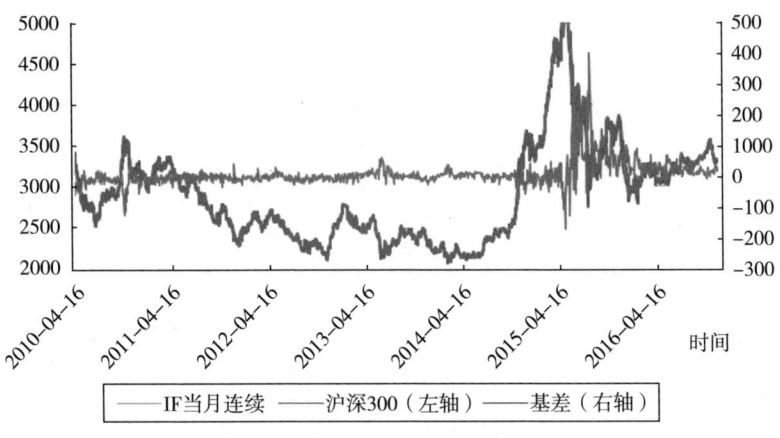

图 12 - 2 沪深 300 指数、期货走势

(资料来源：作者自行绘制)

表 12 - 2 期现货相关性

时间	价格相关性（%）			收益率相关性（%）		
	沪深 300	上证 50	中证 500	沪深 300	上证 50	中证 500
2015 年 4 月 16 日至 2015 年 6 月 12 日	98.53	97.07	99.09	93.18	92.75	87.30
2015 年 6 月 15 日至 2015 年 9 月 2 日	98.68	98.98	98.48	88.73	93.15	87.61
2015 年 9 月 7 日至 2015 年 12 月 31 日	99.14	99.46	99.09	84.16	85.92	87.10

资料来源：作者自行测算。

股指期货市场限制后期，现货市场初步回升，股指期货市场涨势略超现货市场。2015 年 9 月 7 日至 12 月 31 日。沪深 300 指数、上证 50 指数和中证 500 指数分别上涨 14.78%、13.44% 和 23.99%。相应股指期货当月合约涨幅分别为 18.15%、16.39% 和 26.82%。期现货收益率相关性进一步下跌，但仍维持 84.16%、87.10% 和 85.92% 的水平。总体来看，期货市场价格波动趋势紧跟现货市场走势，没有出现独立行情。

二、基差变化情况

股指期货前期升水特征较为明显（见图 12 - 3）。自上市至 2015 年 6 月

12日共1252个交易日中,沪深300股指期货当月合约升水810点,占比为60.78%。

市场危机期间,股指期货主力合约持续贴水,幅度较前期显著放大。2015年6月15日至2016年4月15日共205个交易日中,沪深300、上证50和中证500股指期货基本处于贴水状态,主力合约贴水交易日分别达到91.22%、89.76%和95.12%,日均贴水分别达到64.72点、27.17点和199.16点,日均贴水率分别达到1.83%、1.18%和2.84%。

中证500股指期货贴水现象最为显著。2015年7月1日,中证500股指期货当月合约收盘达到最大贴水903点,当日贴水率为10.73%。2015月8月26日,中证500股指期货主力合约收盘最大贴水率达13.44%,贴水838点。

远期合约成贴水重灾区。2015年6月15日至2016年4月15日,中证500股指期货当月合约日均贴水990.54点,日均贴水率达14.53%。2015年9月2日,中证500股指期货下季度月合约收盘最大贴水达1505.55点,当日贴水率为24.59%。2016年1月15日,中证500股指期货下季度月合约收盘最大贴水率达24.65%,当日贴水1489.13点。考虑可能是由于中证500股指期货承担了2400家中小市值股票的避险需求,避险覆盖面更大,承压过度问题凸显。贴水较大的问题也提高了套保成本,不利于套期保值功能的有效发挥。

股指期货限制政策后,股指期货市场过度承压情况有所改善,期现货价差收敛(见表12-3)。沪深300指数期货日均贴水率从股市大幅波动期间(2015年7月7日至9月2日)的3.51%降低至限制政策出台后(2015年9月7日至2016年4月15日)的1.45%,下降幅度达到58.71%,中证500和上证500股指期货的贴水幅度也分别下降50.69%和64.13%。考虑有股市救市措施推行、市场预期逐步稳定、股票有序复盘、指数失真情况好转等因素共同作用,导致期现货贴水幅度有所缩小。

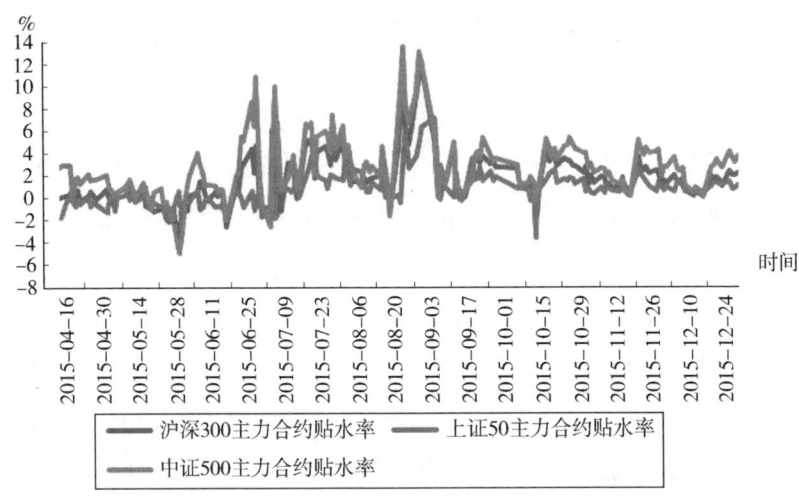

图 11-3 我国三大股指期货合约日均贴水情况

(资料来源：作者自行绘制)

表 12-3 股指期货主力合约日均升贴水情况

时间	沪深 300 期指（%）	中证 500 期指（%）	上证 50 期指（%）
2015 年 4 月 16 日至 2015 年 6 月 12 日	0.36	-0.63	0.66
2015 年 6 月 1 日至 12 日	0.52	-0.37	1.06
2015 年 6 月 15 日至 7 月 6 日	-0.87	-2.56	-0.05
2015 年 7 月 7 日至 9 月 2 日	-3.51	-4.73	-2.52
2015 年 9 月 7 日至 2016 年 4 月 15 日	-1.45	-2.34	-0.91
2015 年 6 月 25 日至 2016 年 6 月 15 日	-1.83	-2.84	-1.18

资料来源：作者自行绘制。

三、市场交易特征

市场下跌期间，成交量与持仓比呈反向走势，成交持仓比大幅提高。一方面，成交量快速放大。2015 年 6 月 15 日至 7 月 6 日，沪深 300、上证 50、中证 500 股指期货当月合约日均成交量分别为 186.15 万手、48.72 万手、31.59 万手，较 6 月上旬日均成交量分别上涨 12.16%、12.48%、4.29%。6 月 29 日，三大主要指数合约创下单日内历史最高交易量，共

453.68万手。另一方面,持仓量持续下降。2015年6月15日至7月6日,沪深300、上证50、中证500三大股指期货合约日均持仓9.98万手、2.44万手、2.48万手,较6月上旬日均持仓量分别下降25.42%、3.87%、31.09%。市场持仓量下降幅度远大于成交量,成交持仓比相应显著上升。总体股指期货市场成交持仓比由2015年6月上旬的8.30上涨至2015年6月下旬的11.83。

股指期货市场限制后,市场迅速萎缩,成交量大幅下降。2015年9月7日,股指期货全面限制政策实施第一个交易日,沪深300、上证50、中证500三大股指期货总体成交量为7.62万手、持仓量为9.68万手,较9月2日总体分别下降92.39%、16.05%。限制政策推出后期,2015年9月7日至2016年7月底,三大指数日均成交量为4.19万手、持仓量为8.54万手,较9月2日分别下降95.82%、25.93%。9月2日,股指期货市场已经历经近2个月的递进限制,交易量、持仓量降幅较大。因而,相较股指期货市场限制前期,限制后期市场交易量、持仓量下跌将更为显著。

第十三章 限制政策对股指期货市场功能影响实证分析

第一节 研究样本与趋势划分

一、研究数据选择

股灾期间市场波动较大，采用高频数据有利于更全面地观察期现货市场间价格关系，但因数据频率过高，将放大市场微观结构噪声，增大连续价格失效概率，使有效价格数据的时间间距不等，加大样本估计偏差（Zhang，2005；常宁和徐国祥，2004）。综合考虑，本章研究对象选取沪深300股指期货当月合约及同期的沪深300指数5分钟收盘价。

研究样本选取2015年股灾前后市场异常波动区段及股指期货捆绑政策实行期为2015年3月2日至2017年2月16日。为保证研究精确性，数据处理中分别剔除2015年8月26日至9月6日政策过渡期、2016年1月4日至1月6日市场熔断期及期现货市场非同步交易时间数据（交易日股指期货市场9时15分至9时35分和15时至15时15分交易数据）。对期现货价格序列进行对数化处理，分别表示为$LNIF_t$、$LNHS_t$，对应t时刻股指期货收益率为$RIF_t = 100 \times (LNIF_t - LNIF_{t-1})$，$t$时刻股指现货收益率为$RHS_t = 100 \times (LNHS_t - LNHS_{t-1})$。样本数据共22656个，样本跨度共472个交易日。数据均来自Wind数据库，采用计量分析软件Eviews 8.0、Winrats。

二、期现货市场趋势划分

以往相关研究大多根据期现货市场价格波动情况来划分市场趋势，存在较多主观性。期现货市场趋势及交易规则的修改可能会导致期现货市场关联性出现结构性变点，从而使时间序列建立的计量模型参数发生突变。因此，本章考虑采用模型稳定性检验法寻找样本区间结构性变点，划分期现货市场趋势。

Chow 检验法（Chow，1960）是最常用的变结构检验。但杨海文（2013）指出，Chow 检验法需要事先假定一个已知的事件变化点作为样本分割点。而 Quandt – Andrews 分割点检验（Andrews，1993；Andrews 和 Ploberger，1994）是基于 Chow 检验对结构断点未知情况下的一种检验方法，能更有效地检测出观测区可能存在的一个或多个未知结构突变点。为了更有效地考察我国期现货市场动态变化过程，捕捉真正的结构性变点，本章先采用 Quandt – Andrews 法划分结构性变点，再结合市场变化趋势及 Chow 检验确定趋势划分。

对沪深 300 股指期货与沪深 300 指数日价格对数序列 LNHS、LNIF 进行 ADF 平稳性检验及 Johansen 协整检验，以考察两序列平稳性及两变量间的长期协整关系（见表 13 – 1）。

表 13 – 1　沪深 300 期现货序列平稳性及协整关系检验

统计量	沪深 300 股指期货		沪深 300 指数
A：各市场日价格对数序列平稳性检验			
ADF（N）	– 8.9044（1）**		– 8.9138（1）**
B：各市场日价格对数序列 Johansen 协整检验			
原假设	特征值	迹统计量	0.05 临界值
r = 0	0.1413	18.1832 ** [0.01]	15.4947 ** [0.01]
r = 1	0.0005	0.0541 [0.81]	3.8415 [0.81]

资料来源：根据检验数据整理。

注：** 表示 5% 的统计显著水平。

检验可得表 13 – 2，沪深 300 股指期货与沪深 300 指数日价格对数序列均为一阶差分平稳序列，且 Johansen 协整检验结果显示，在 1% 的置信水平下，两序列间仅存在一个协整关系，因此进一步综合采用 Quandt – Andrews 检验和 Chow 检验划分结构突变点。

表 13 – 2　沪深 300 股指期货与指数现货结构突变检验

A：Quandt – Andrews 断点检验		
阶段	样本区间	突变点位置
1	2015 年 3 月 3 日至 8 月 25 日	2015 年 6 月 5 日
2 – 1	2015 年 3 月 3 日至 6 月 4 日	2015 年 5 月 11 日
2 – 2	2015 年 6 月 5 日至 8 月 25 日	2015 年 7 月 7 日
B：Chow 断点检验		
检验突变点	F 统计量	LR 统计量
2015 年 6 月 5 日	58.8778 ** （0.00）	84.6123 ** （0.00）

资料来源：Wind 资讯。

注：** 表示 5% 的统计显著水平。

　　Quandt – Andrews 断点检验结果显示第一层结构变点为 2015 年 6 月 5 日，第二层结构变点分别为 2015 年 5 月 11 日及 2015 年 7 月 7 日。结合市场价格走势图发现，第一阶段中，2015 年 5 月 11 日前后及第二阶段中 2015 年 7 月 7 日前后市场趋势保持一致，但波动幅度出现较大变化，由剧烈波动转为震荡式波动。经 Chow 检验法对 2015 年 6 月 5 日前后股指期货与现货价格关系检验，证明该断点前后发生了结果突变。为便于比较分析，本章选取 2015 年 6 月 5 日作为沪深 300 股指期货与指数市场大幅上升期与急剧下跌期划分点。

　　基于检验结果，本章将样本区间划分为以下三个阶段（见图 13 – 1）。

　　第一阶段：股指上升期。从 2015 年 3 月 3 日至 6 月 5 日，共 67 个交易日，沪深 300 股指最高由 3417.49 点上升至 5288.34 点，指数升幅为 45.24%，振幅为 51.95%，显示明显的牛市特征。

　　第二阶段：股指下跌期。从 2015 年 6 月 5 日至 8 月 25 日，共 57 个交易日，受杠杆缩紧影响，沪深 300 指数最高由 5380.43 点下降至 3019.56 点，指数跌幅达 41.27%，振幅为 45.56%，显示明显的熊市特征。

第三阶段：股指期货捆绑期。从 2015 年 9 月 7 日至 2017 年 2 月 16 日，共 351 个交易日，市场波动逐步回暖，沪深 300 指数由 3365.83 点上涨至 3440.93 点，涨幅仅为 2.23%，振幅缩减为 32.84%。

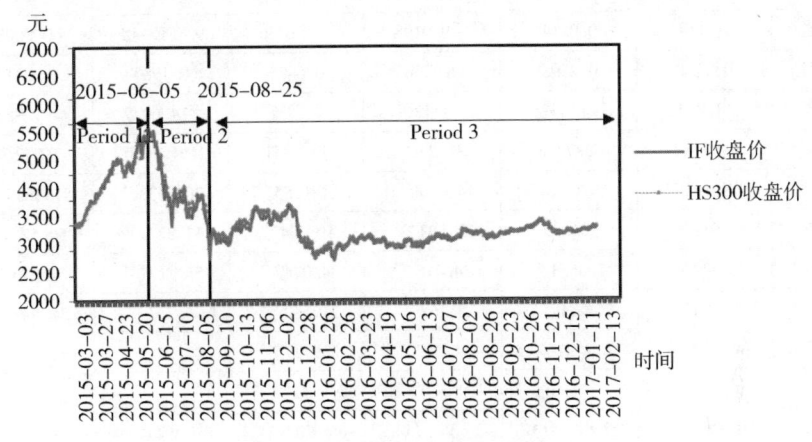

图 13-1　沪深 300 指数趋势划分

（资料来源：Wind 资讯）

三、描述性统计及诊断性检验

对三阶段下沪深 300 股指期货与指数现货收益率序列进行描述性统计及诊断性检验见表 13-3，两市场各阶段收益率序列 JB 统计量均显著，且峰度值远大于 3，说明分布具有尖峰肥尾特征。同时从 Q（6）和 Q（12）统计量可知，沪深 300 指数在三阶段均表现出极大的自相关性，沪深 300 股指期货上升期自相关较弱，但在下跌期、捆绑期具有很强的自相关。Q^2（6）及 Q^2（12）检验量在三阶段内均显著，说明期现货市场波动存在时变性与聚类性。此外，由 ADF 检验结果可知，在 1% 的置信水平下，各阶段沪深 300 股指期货与现货对数价格序列均为一阶平稳 I（1）过程，收益率序列 RIF、RHS 均为平稳序列。

表 13 – 3　沪深 300 指数现货与股指期货三个阶段收益率序列描述性统计

统计量	上升期		下跌期		捆绑期	
	指数现货	股指期货	指数现货	股指期货	指数现货	股指期货
A：基础统计量						
均值	0.0114	0.0114	-0.0198	-0.0230	9.78E-05	0.0003
标准差	0.2791	0.2798	0.5356	0.6495	0.1983	0.2317
偏度	-1.0132	-1.3496	-1.1209	0.6432	-4.6929	-1.9518
峰度	17.7747	23.7348	31.2418	14.9351	161.9670	93.8674
JB 值	29792.44***	58568.76***	91466.00***	16421.55***	17648538***	5798645***
Q（6）	31.911***	954.29	22.593***	19.744**	41.827***	50.528***
Q（12）	38.342***	18.551*	24.416**	34.044***	55.712***	62.875***
Q^2（6）	389.04***	204.10***	25.168***	219.40***	66.207***	33.942***
Q^2（12）	407.20***	214.24***	34.217***	339.77***	72.322***	41.808***
B：各市场平稳性 ADF（N）检验						
对数价格	-60.971 (1)***	-57.898 (1)***	-56.363 (1)***	-56.370 (1)***	-133.192 (1)***	-134.225 (1)***
收益率	-60.934 (0)***	-57.917 (0)***	-56.309 (0)***	-56.3529 (0)***	-133.165 (0)***	-134.244 (0)***

资料来源：Wind 资讯。

注：***、**、*分别表示 1%、5%、10% 的统计显著水平。

第二节　股指期货价格发现功能测度

一、研究方法与模型选取

（一）期现货市场价格引导关系：向量误差修正模型（VEC）

为捕捉两变量间共同随机趋势，并对三阶段内期现货市场间价格引导关系进行比较分析，本章考虑采用向量误差修正模型（VEC）对股票指数及股指期货收益率序列进行建模。期现货市场收益率基于 t 分布的向量误差修正（VEC）模型可表示为

$$\Delta RIF_t = \mu_f + \gamma_f ec_{t-1} + \sum_{i=1}^{P} \alpha_{f,i} \Delta RIF_{t-i} + \sum_{j=1}^{P} \beta_{f,j} \Delta RHS_{t-j} + \varepsilon_{f,t}$$

(13 – 1)

$$\Delta RHS_t = \mu_s + \gamma_s ec_{t-1} + \sum_{i=1}^{P} \alpha_{s,i} \Delta RHS_{t-i} + \sum_{j=1}^{q} \beta_{s,i} \Delta RIF_{t-i} + \varepsilon_{s,t}$$

(13-2)

其中，分别 $\varepsilon_{f,t}$、$\varepsilon_{s,t}$ 为式（13-1）、式（13-2）的残差项。γ_f、γ_s 为期现货市场误差修正项调整系数，可用于衡量两市场收益率间的长期因果关系。$\alpha_{f,i}$、$\beta_{f,i}$、$\alpha_{s,i}$、$\beta_{s,i}$ 为变量间短期调整系数，可用于衡量期现货市场收益率短期因果关系。

（二）期现货市场价格贡献度：信息共享模型 IS

本章采用信息共享 IS 模型，通过测量两市场的信息方差在共方差因子中的占比来刻画各市场的价格贡献度。期货市场信息份额上、下限可表示为

$$IS_F^U = \frac{(\lambda_s \sigma_f - \lambda_f \rho \sigma_s)^2}{\lambda_s^2 \sigma_f^2 - 2\lambda_f \lambda_s \rho \sigma_f \sigma_s + \lambda_f^2 \sigma_s^2} \quad IS_F^L = \frac{\lambda_s^2 \sigma_f^2 (1-\rho^2)}{\lambda_f^2 \sigma_s^2 - 2\lambda_f \lambda_s \rho \sigma_f \sigma_s + \lambda_s^2 \sigma_f^2}$$

二、股指期货价格发现功能测度结果

（一）协整检验

对三阶段的股指期货和现货市场价格对数序列进行 Johansen 协整检验（见表 13-4），结果显示在 1% 的置信水平下，三阶段内股指期货与现货市场对数价格序列均存在协整关系，即两市场短时间内价格可能偏离均衡状态，但长期来看两市场间保持均衡关系，未出现独立行情。

表 13-4　Johansen 协整关系检验结果（LNHS & LNIF）

区间	原假设 Ho	特征值	迹统计量	5%临界值	Prob.
上升期	r = 0	0.007405	20.72232	15.49471	0.0018
	r = 1	0.000153	0.490657	3.841466	0.4836
下跌期	r = 0	0.012636	34.76909	15.49471	0.0000
	r = 1	5.41E-07	0.001480	3.841466	0.9676
捆绑期	r = 0	0.003514	63.08748	15.49471	0.0000
	r = 1	0.000280	4.644578	3.841466	0.0311

资料来源：根据软件运算数据整理。

(二) 期现货市场价格引导关系：VEC 模型

采用向量误差修正 VEC 模型，对三阶段期现货市场价格引导关系进行分析。首先根据 AIC 准则，确定各阶段最佳滞后阶数，参数估计结果见表 13-5。

第一阶段上升期，据 AIC 准则判断 VEC 模型最优滞后阶数为 6。从长期均衡关系来看，股指期货市场调整系数 γ_f 在 1% 的显著性水平下不显著，但在 5% 的显著性水平下显著，但现货市场调整系数 γ_s 在 1% 的显著水平下显著，且 $|\gamma_s|>|\gamma_f|$，说明现货市场受长期均衡关系约束更大，且偏离均衡时，现货市场会向期货市场调整。从短期变化来看，在 1% 的置信水平下，股指期货 RIF_t 受到现货滞后项 ΔRHS_{t-i} ($i=1,2,\cdots,4$) 影响显著，说明现货市场在前 4 阶段对期货市场价格有显著引导作用。而指数现货 RHS_t 受到股指期货滞后项 ΔRIF_{t-i} ($i=1,2,\cdots,6$) 影响显著，说明期货市场在前 6 阶段对现货市场价格具有引导作用，且略强于现货市场。因此在上升阶段，股指期货市场长短期的市场引导能力强于现货市场。

第二阶段下跌期，据 AIC 准则判断 VEC 模型最优滞后阶数为 3。从长期均衡关系来看，期现货市场误差修正项调整系数在 1% 的置信水平下均显著，且 $|\gamma_f|>|\gamma_s|$，说明两市场存在长期均衡关系，但当偏离均衡时，股指期货市场回调速度更快。从短期变化来看，在 1% 的置信水平下，股指期货 RIF_t 受到现货滞后项 ΔRHS_{t-i} ($i=1,2$) 影响显著，现货 RHS_t 受股指期货滞后项 ΔRIF_{t-i} ($i=1,2,3$) 影响显著，期货市场价格引导略强于现货市场。因此在下跌阶段，股指期货市场长短期价格引导能力强于现货市场。

第三阶段政策捆绑期，据 *AIC* 准则判断 *VEC* 模型最优滞后阶数为 6。从长期均衡关系来看，期现货市场误差修正项调整系数在 5% 的置信水平下均显著，但 $|\gamma_s|>|\gamma_f|$，说明期现货市场仍具有长期均衡关系，但现货市场调节速度更快。从短期来变化看，在 5% 的置信水平下，股指期货 RIF_t 受到现货滞后项 ΔRHS_{t-i} ($i=1,2,\cdots,6$) 影响显著；现货 RHS_t 受到股指期货滞后项 ΔRIF_{t-i} ($i=1,2,\cdots,6$) 影响显著，说明政策捆绑期内，短期内期现货市场引导能力达到均衡，但长期来看现货市场引导能力占主导地位。

综合三阶段期现货市场价格引导关系来看，说明期货市场在价格剧烈波动阶段（上升期、下降期）具有较强的价格引导能力。说明极端市场行情下，股指期货市场的信息传导优势仍得到了有效地发挥。而下降期相较于上升期，期货市场价格引导能力显著下降。但是股指期货捆绑政策出台后，显著改变了期货市场对市场单向引导的情况，且长期内现货市场引导能力占据主导。考虑是由于中国金融期货交易所对股指期货市场交易日开仓量、交易保证金方面的严格限制，导致市场交易量急剧下降，阻碍股指期货市场的信息传导。

表13-5 VEC模型结果

变量	上升期		下跌期		捆绑期	
	ΔRIF_t	ΔRHS_t	ΔRIF_t	ΔRHS_t	ΔRIF_t	ΔRHS_t
γ	0.6228*	-1.2184**	-0.9700**	0.4715**	-0.6246**	0.7794**
ΔRIF_{t-1}	-0.2732*	-0.7012**	-0.0807	-0.2727**	-0.3723**	-0.5110**
ΔRIF_{t-2}	-0.2675**	-0.6037**	-0.0496	-0.1418**	-0.3324**	-0.3714**
ΔRIF_{t-3}	-0.2589**	-0.5378**	-0.0009	-0.0598**	-0.2837**	-0.3091**
ΔRIF_{t-4}	-0.2166**	-0.3894**	—	—	-0.2041**	-0.2126**
ΔRIF_{t-5}	-0.1842**	-0.2702**	—	—	-0.1534**	-0.1557**
ΔRIF_{t-6}	-0.1036**	-0.1411**	—	—	-0.0722**	-0.0683**
ΔRHS_{t-1}	-0.6550**	-0.1150	-0.7713**	-0.5269**	-0.5743**	-0.2891**
ΔRHS_{t-2}	-0.5155**	-0.1336	-0.5161**	-0.3813**	-0.4659	-0.2851**
ΔRHS_{t-3}	-0.3822**	-0.0752	-0.2813*	-0.1920**	-0.3808**	-0.2466**
ΔRHS_{t-4}	-0.2444**	-0.0586	—	—	-0.2585**	-0.1837**
ΔRHS_{t-5}	-0.1459*	-0.0237	—	—	-0.1654**	-0.1244**
ΔRHS_{t-6}	-0.0353	0.0243	—	—	0.0855**	-0.0760**

资料来源：根据软件运算数据整理。

注：*、**分别表示在10%、5%的置信水平下显著。

（三）价格发现程度：信息共享模型IS

在VEC模型基础上，本章采用IS模型测度沪深300股指期货与指数现货市场的价格发现贡献度。

由IS检验结果（见表13-6）可以看出，上升期内沪深300指数现货市场价格发现贡献度为23.1%，沪深300股指期货价格发现贡献度占比为

76.9%，在信息传递中居于主导位置，是价格发现最主要的驱动力量。下跌期，沪深 300 指数现货市场价格发现贡献度为 25.24%，沪深 300 股指期货价格发现贡献度为 74.75%，较上升期略有下降，但仍占据较大比例。捆绑期，沪深 300 指数现货市场价格发现贡献度为 42.64%，沪深 300 股指期货价格发现贡献度为 57.36%，出现大幅下降，两市场贡献度差异减小 17%。

表 13-6 IS 模型检验结果

阶段	IS 模型检验结果	
	期货市场（%）	现货市场（%）
上升期	76.9（98.26　20.80）	23.1（1.73　79.19）
下跌期	74.75（98.09　24.81）	25.24（1.91　75.19）
捆绑期	57.36（93.87　15.19）	42.64（6.13　84.81）

资料来源：根据软件运算数据整理。

第三节　股指期货市场稳定功能测度

一、研究方法与模型选取

本章设计通过比较分析上升期、下降期和捆绑期期现货市场间波动溢出状况，来考察危机状况下股指期货市场稳定功能的发挥状况及股指期货捆绑政策的效果。为动态刻画期现货市场间波动溢出情况，本章选取 BEKK-GARCH（1,1）模型对股市和股指期货市场的非预期收益率 r_t 建模：

向量形式均值方程：

$$r_t = \mu_t + \varepsilon_t, \varepsilon_t \mid I_{t-1} \sim N(0, H_t)$$

BEKK-GARCH 条件协方差方程：

$$H_t = CC^T + A(\varepsilon_{t-1}\varepsilon_{t-1}^T)A^T + BH_{t-1}B^T$$

其中，μ_t 为总样本时期的日收益率均值；A 为 ARCH 项系数；B 为 GARCH 项系数。将条件协方差矩阵 H_t 展开：

$$h_{11,t} = c_{11}^2 + (a_{11}^2\varepsilon_{1,t-1}^2 + 2a_{11}a_{12}\varepsilon_{1,t-1}\varepsilon_{2,t-1} + a_{12}^2\varepsilon_{2,t-1}^2)$$
$$+ (b_{11}^2h_{11,t-1}^2 + 2b_{11}b_{12}h_{12} + b_{12}^2h_{22,t-1})$$

$$h_{22,t} = c_{22}^2 + (a_{22}^2 \varepsilon_{2,t-1}^2 + 2a_{22}a_{21}\varepsilon_{1,t-1}\varepsilon_{2,t-1} + a_{21}^2 \varepsilon_{1,t-1}^2)$$
$$+ (b_{22}^2 h_{22,t-1}^2 + 2b_{22}b_{21}h_{12,t-1} + b_{21}^2 h_{22,t-1})$$
$$h_{12,t} h_{21,t} = c_{11}c_{21} + [a_{11}a_{12}\varepsilon_{1,t-1}^2 + (a_{12}a_{21} + a_{12}a_{22})\varepsilon_{1,t-1}\varepsilon_{2,t-1} + a_{21}a_{22}\varepsilon_{2,t-1}^2]$$
$$+ [b_{12}b_{22}h_{11,t-1} + (b_{12}b_{21} + b_{11}b_{22})h_{12,t-1} + b_{21}b_{22}h_{22,t-1}]$$

其中,对角参数 a_{12}、a_{21}、b_{12}、b_{21} 分别反映两个市场之间的互相影响和信息传递的显著性,即两者间的波动溢出效应。

二、股市危机期间股指期货市场稳定功能测度结果

依据上面介绍的 BEKK – GARCH (1,1) 模型,三阶段期现货市场价格波动溢出情况见表 13 – 7。

表 13 – 7　BEKK – GARCH 模型回归及诊断性检验结果

变量	上升期		下降期		捆绑期	
	系数	T 统计量	系数	T 统计量	系数	T 统计量
A: BEKK 模型估计结果						
μ_1	0.0158	5.35**	0.0008	0.14	0.0000	-0.09
μ_2	0.0156	4.86**	-0.0113	-1.54	-0.0008	1.27
a_{11}	0.4721	27.09**	0.3681	10.95***	-0.03336	-1679.12***
a_{12}	0.1408	14.17**	0.1043	2.40**	-0.2191	-9.03***
a_{21}	-0.2299	-8.77**	-0.16288	-5.92***	0.1863	15.49***
a_{22}	0.0077	0.50	0.19239	4.93***	0.4734	15.15***
b_{11}	0.8734	132.31**	0.8994	63.67***	1.0100	655.74***
b_{12}	-0.0561	-18.33**	-0.0227	-1.10	0.03710	7.08***
b_{21}	0.0671	122.97**	0.0556	5.57***	-0.02907	-9.32***
b_{22}	1.026	627.52**	0.9756	68.67***	0.9168	94.10***
B: 溢出效应假设检验						
原假设	系数	P 值	系数	P 值	系数	P 值
$H_0: a_{12} = b_{12} = 0$ $a_{21} = b_{21} = 0$	14.1423	0.000	12.0163	0.0000	2183.786	0.0000
$H_0: a_{12} = b_{12} = 0$	21.4467	0.000	4.6519	0.0095	599.906	0.0000
$H_0: a_{21} = b_{21} = 0$	25.1638	0.000	18.5007	0.0000	105.5885	0.0000

资料来源:根据软件运算数据整理。

注:＊＊＊、＊＊分别表示1%、5%的统计显著水平。

第一阶段上升期，矩阵 A、B 的对角元素均显著，说明期现货市场收益率波动具有集簇性和持续性。结合两市场间溢出效应 Wald 检验结果，第一个原假设被显著拒绝，说明沪深 300 股指期货与沪深 300 指数现货市场间存在显著的波动溢出效应；第二个和第三个原假设也被显著拒绝，说明期现货市场间互相存在波动溢出效应。且从波动强度来看，参数 $|a_{21}|>|a_{12}|$、$|b_{21}|>|b_{12}|$，说明无论是短期还是长期，期货市场对现货市场波动溢出效应强度都更大。

第二阶段下降期，矩阵 A、B 的对角元素在 1% 的置信水平下均显著，说明期现货市场波动具有集簇性和持续性。结合两市场间溢出效应 Wald 检验结果来看，第一个原假设被显著拒绝，说明沪深 300 股指期货与指数现货市场间存在显著的波动溢出效应；第二个原假设被接受，第三个原假设则被显著拒绝，说明仅存在股指期货市场对现货市场的单向波动溢出效应。从波动强度来看，参数 a_{12} 在 5% 的置信水平下显著，说明现货市场上一期冲击对当期股指期货收益率波动影响显著。b_{12} 在任何水平下均不显著，表明现货市场对股指期货市场持久性波动溢出效应不显著。因此，现货市场短期内对股指期货市场有波动溢出影响，但长期内不存在现货市场向期货市场的波动溢出。而在 1% 的置信水平下，参数 a_{21}、b_{21} 均显著，与 Wald 检验结果基本一致。

第三阶段捆绑期，矩阵 A、B 的对角元素在 1% 的置信水平下均显著，说明期现货市场波动具有集簇性和持续性。结合两市场间溢出效应 Wald 检验结果，第一个原假设被显著拒绝，说明沪深 300 股指期货与沪深 300 指数现货市场间存在显著的波动溢出效应；第二个和第三个原假设也被显著拒绝，说明期现货市场间互相存在波动溢出效应。从波动强度上来看，参数 $|a_{12}|>|a_{21}|$、$|b_{12}|>|b_{21}|$ 说明现货市场短期波动溢出效应及其持久性均强于期货市场，现货市场对期货市场的波动溢出强度更大。

综合三阶段股指期货与现货市场间波动溢出状况来看。上升期，期现货市场间存在互相的风险溢出。在股灾急剧下跌中，转变为股指期货市场向现货市场的单向波动溢出，说明市场极端行情下，期货波动溢出效应显著增加。考虑可能是由于股灾期间大量股票跌停、停牌，而股票指数持续暴跌，市场风险急剧累积。而市场多空机制不协调，融券标的股票少且成本高，导致市场只能通过股指期货市场进行风险对冲。股指期货市场虽然分流了部分股票抛压，但股指期货市场与现货市场规模差距过大，交易品种较为匮乏，无法及时纠偏现货市场价格失衡，甚至加剧现货市场波动。且现货市场的流动性匮乏，导致市场交易的严重滞后，影响了期现货市场间联系，甚至出现脱节现象，进一步限制了股指期货市场风险对冲及市场稳定功能的发挥。而股指期货捆绑政策实行后，股指期货市场交易量急剧压缩，转为现货市场对期货市场的波动溢出占主导，说明了股指期货捆绑政策的有效性。

第四节 结论及政策建议

为探究 2015 年中国股灾催生出的史上最严股指期货捆绑政策的必要性及有效性，本篇采用 Johansen 协整检验、向量误差修正 VEC 模型、信息共享 IS 模型、BEKK – GARCH 模型分别从价格发现和风险溢出角度对样本区间内上升期、下降期、捆绑期三个不同阶段的沪深 300 股指期货和沪深 300 指数 5 分钟高频数据进行实证分析。

一、主要结论

第一，在市场急剧震荡阶段及股指期货捆绑政策实行期间，股指期货与现货市场均具有显著的协整关系，说明期货市场仍以现货市场价格波动为基准上下波动，并未出现独立行情。

第二，从价格引导关系及价格发现能力来看，期货市场在价格剧烈波动阶段（上升期、下降期）具有较强的价格引导能力和价格发现能力，说明极端市场行情下，股指期货市场的信息传导优势仍得到了有效发挥。股指期货捆绑政策出台后，现货市场引导能力占据主导，说明捆绑政策使股指期货市场交易量急剧缩小，显著削弱了股指期货市场价格发现能力。

第三，从风险波动溢出情况来看，在上升期，期现货市场间存在互相的风险溢出。在股灾急剧下跌中，转变为股指期货市场向现货市场的单向波动溢出，主要考虑是由于目前我国交易多空力量不均衡，且股指期货市场发展不够完善，不足以平衡暴跌过程中市场杠杆的巨大动能，导致其市场稳定功能无法有效发挥。在此背景下，为了及时抚平此次股灾的市场波动，减少损失，短期内对股指期货市场采取捆绑政策有其必要性。捆绑期间，现货市场对期货市场的波动溢出占主导，说明股指期货捆绑政策有效抑制了期货市场对现货市场的波动溢出。

二、政策建议

基于研究结论，本篇提出以下政策建议。

一是适度监管而不抑制创新。衍生品市场运行混乱将扭曲资源配置、降低市场效率，过度膨胀则会增加市场风险、导致经济泡沫累积，严重时甚至会引发全球性的金融危机。因此在金融海啸之后，全世界都绷紧了金融衍生品监管的神经，放松监管被视为一种不合时宜的理念与做法而遭到摒弃。审慎监管的理念符合金融市场对于安全和稳定的要求，也确实应为各国的金融监管部门所遵守。我们也有必要对监管体系进行改革，把好新的金融衍生产品的风险关，做好日常的风险监测工作，在关注和监管好金融创新时，要以安全稳定为前提。但是，正确处理好金融稳定与金融创新之间的关系并不意味着要因噎废食，以从严监管抑制创新发展。尤其是随着金融机构之间、国际金融市场之间的竞争日趋激烈，对金融创新的全面否定与简单禁止将会制约金融行业的整体发展。虽然保证了市场的安全性，但也可能因缺乏风险释放途径而不断蓄积，风险若一旦爆发，后果将难以控制。因此，我们应当在坚持审慎监管原则的前提下，把握好审慎的尺度，切不可使监管标准过于严苛，既要坚持金融业务创新，又要使其在安全、稳健的轨道中运行，实现与我国现实相符合的适度发展。

二是建立系统风险预警体系，形成危机应急处置机制。此次股灾暴露了我国传统金融监管体制的滞后，对危机信号的反应较为迟缓，与市场有效沟通不足，应急机制不规范等问题（吴晓求，2016）。虽然实证结果表明，及时调整股指期货市场交易规则有必要性及有效性，但12天内连续4次变动，严重损害了市场规则的可预期性，损害了部分市场主体的合法权益；同时也强化了国际交易者对中国政策风险的认知，甚至进一步转向境外A股衍生品市场。中国正在逐步开放资本市场，随着跨境资本流动的增加，政府继续采用行政手段直接修改交易市场规则将变得不再可能。因而我国亟待构建系统的风险监管和危机处理机制，弥补监督制度缺陷，明确救市的法律依据，建立各政府机构、监管部分、市场机构之间的动议、决策、监督及终止等机制，防止过度干预，确保救市措施简易灵活，而不随意。

三是丰富股指期货衍生产品，健全资本市场多空平衡机制。我国资本市场多空机制存在显著不均衡，股指期货等做空机制发展规模仍较小，品种较为匮乏，导致市场超量上涨时无法及时纠偏价格，市场急速下跌时无法平衡市场多空力量，市场稳定功能受限。因此，随着目前市场逐渐回归平稳，应逐步放松股指期货限制，并进一步完善股指期货市场制度基础，多元化股指期货品种，微型化股指期货合约，同步化期现货交易，拓宽市场深度和广度，充分发挥股指期货市场优势，实现多空机制协调发展。

四是发挥媒体舆论导向作用，形成市场舆情反馈机制。股指期货市场作为新兴建立的衍生品市场，自上市以来一直受到投资者和媒体的广泛关注。而在此次股市异常波动中，关于境内外势力利用股指期货市场恶意做空以打压大盘的谣言一直纷纷扬扬，导致市场恐慌情绪蔓延，进一步推动资本市场非理性暴跌。因此，建议监管部门加大对市场舆情的重视，构建资本市场舆情检测机制，通过新闻发布会等形式，就日常工作安排及社会热点问题等进行常规交流，及时传递官方信息，引导舆论方向。同时，监管部门应联合媒体，帮助投资者强化风险意识，普及股指期货等金融衍生品基础知识。

本篇小结

在衍生品监管演进历程中，监管制度的变迁总是与金融市场的发现和金融危机的发展相伴前进。国际股指期货市场发展30多年来，历经多次危机。股指期货发展初期：1987年美国股灾、1990年日本泡沫破灭、1998年东亚金融危机中，社会对股指期货的功能仍存在较多质疑。随着股指期货市场逐步发展完善，2008年次贷危机、2010年欧债危机中，股指期货市场充分发挥了其价格发现和市场稳定功能，得到国际社会的普遍认可，已经成为全球使用最为广泛的风险对冲工具和多层次资本市场体系中的重要组成部分。

自2015年7月中国股市危机爆发至今，股指期货限制政策持续长达3年，其间虽"三度松绑"，但相较前期整体股指期货市场仍处于低迷状态。我国股指期货市场当前正处在发展改革的"十字路口"，如何放开股指期货市场限制、如何改革市场制度、股指期货风险治理走向何方等现实问题摆在学者们和治理主体面前。那么，2015年股市危机下，中国股指期货限制政策推出是否有其必要性？限制政策推出后，其对股指期货市场功能具体产生了什么影响？对以上问题的研究有助于总结股指期货危机治理措施得失，为我国股指期货市场治理和发展作出一些方向性探索。

本篇以2015年股灾前后期现货市场高频数据为研究对象，通过结构突变点检验划分上升期、下降期及捆绑期。基于股指期货市场价格发现和市场稳定两大基础功能，分别从价格引导、价格发现、风险溢出三个角度对三阶段期现货市场间价格关系进行比较，对股指期货捆绑政策的必要性与有效性进行全面分析。实证研究发现以下三个方面。

一是在市场急剧震荡阶段及股指期货捆绑政策实行期间，期货市场仍以现货市场价格波动为基准上下波动，并未出现独立行情。二是从价格引导关系及价格发现能力来看，极端市场行情下，股指期货市场的信息传导优势仍得到了有效的发挥。捆绑政策对股指期货市场交易量的急剧压缩，显著削弱了股指期货市场价格发现能力。三是从市场稳定功能来看，在上升期，期现货市场间存在互相的风险溢出。在股灾急剧下跌中，转变为股指期货市场向现货市场的单向波动溢出。股指期货捆绑政策有效抑制了期货市场对现货市场的波动溢出。

本篇参考文献

[1] 鲍建平. 国内外期货市场保证金制度比较研究及其启示 [J]. 世界经济, 2004 (12): 65-69.

[2] 蔡向辉. 股指期货风险管理的金融逻辑 [M]. 北京: 东方出版社, 2016: 15-18.

[3] 蔡向辉. 金融海啸中股指期货的风险管理功能研究 [J]. 证券市场导报, 2009 (10): 12-19.

[4] 常宁, 徐国祥. 金融高频数据分析的现状与问题研究 [J]. 财经研究, 2004 (3): 31-39.

[5] 陈海强, 张传海. 股指期货交易会降低股市跳跃风险吗? [J]. 经济研究, 2015, 50 (1): 153-167.

[6] 陈蓉, 郑振龙. 无偏估计、价格发现与期货市场效率——期货与现货价格关系 [J]. 系统工程理论与实践, 2008 (8): 2-11, 37.

[7] 丁逸俊, 冯芸. 极端下跌事件的正反馈效应与监管限制溢出 [J]. 中国管理科学, 2017, 25 (9): 81-96.

[8] 丁逸俊, 冯芸. 现货市场异常波动下股指期货交易限制对市场质量的影响分析 [J]. 系统工程理论与实践, 2017, 37 (10): 2481-2496.

[9] 华仁海, 刘庆富. 股指期货与股指现货市场间的价格发现能力探究 [J]. 数量经济技术经济研究, 2010, 27 (10): 90-100.

[10] 黄瑜琴, 王朝阳, 崔相勋. 管控股指期货的救市政策有效吗?——基于现货市场波动率的视角 [J]. 国际金融研究, 2018 (9): 87-96.

[11] 李永东. 论期货市场的重要作用 [J]. 经济研究, 1986 (12): 45-48.

[12] 刘成立. 股市危机中股指期货应该限制交易吗——基于2015年股市危机的实证分析 [J]. 统计与信息论坛, 2017 (1): 84-92.

[13] 清华大学国家金融研究院课题组. 完善制度设计提升市场信心建设长期健康稳定发展资本市场 [J]. 清华金融评论, 2015, 12 (3): 14-23.

[14] 王军, 刘卓然. 股指期货限制性措施对期现货价格关系的影响研究——中美日应对"股灾"实施股指期货限制性措施及其效果比较 [J]. 价格理论与实践, 2016 (9): 115-119.

[15] 吴晓求. 股市危机: 结构缺陷与规制改革 [J]. 财贸经济, 2016(1): 22-32.

[16] 许年行, 于上尧, 伊志宏. 机构投资者羊群行为与股价崩盘风险 [J]. 管理世界, 2013 (7): 31-43.

[17] 许荣, 刘成立. 股指期货限制交易对定价效率影响研究——基于跨市场信息传递视角的实证 [J]. 经济理论与经济管理, 2018 (1): 61-74.

[18] 杨海文, 王丹华. 线性回归模型参数稳定性的 Quandt-Andrews 检验法 [J]. 数理统计与管理, 2013, 32 (5): 823-829.

[19] 杨阳, 万迪昉. 股指期货真的能稳定市场吗? [J]. 金融研究, 2010 (12): 146-158.

[20] 袁怀宇. 金融危机下卖空限制对证券市场的影响——以台湾市场为例 [J]. 中国证券期货, 2010 (2): 9-11.

[21] 郑振龙, 林璟. 沪深300股指期货定价偏差与投资者情绪 [J]. 数理统计与管理, 2015, 34 (6): 1129-1140.

[22] 周伟, 何建敏. 后危机时代金属期货价格集体上涨——市场需求还是投机泡沫 [J]. 金融研究, 2011 (9): 65-77.

[23] 左浩苗, 刘振涛, 曾海为. 基于高频数据的股指期货与现货市场波动溢出和信息传导研究 [J]. 金融研究, 2012 (4): 140-154.

[24] ABREU D, BRUNNERMEIER M K. Bubbles and Crashes [J]. Econometrica, 2003, 71 (1): 173-204.

[25] BACHA O, VILA A F. Futures Markets, Regulation and Volatility: The case of the Nikkei stock index futures markets [J]. Pacific-Basin Finance Journal, 1994, 2 (2): 201-225.

[26] BECKETTI S, ROBERTS D J. Will Increased Regulation of Stock Index Futures Reduce Stock Market Volatility [J]. Economic Review, 1990, 75 (6): 33-46.

[27] CHAN K. A Further Analysis of the Lead-Lag Relationship Between the Cash Market and Stock Index Futures Market [J]. Review of Financial Studies, 1992, 5 (1): 123-152.

[28] CHAN K. A Further Analysis of the Lead – lag Relationship between the Cash Market and Stock Index Futures Market [J]. The Review of Financial Studies, 1992, 5 (1): 123 – 152.

[29] CHANG Y K, CHEN Y L, CHOU R K, et al. The Effectiveness of Position Limits: Evidence from the Foreign Exchange Futures Markets [J]. Journal of Banking & Finance, 2013, 37 (11): 4501 – 4509.

[30] DENNIS P J, STRICKLAND D. Who Blinks in Volatile Markets, Individuals or Institutions? [J]. The Journal of Finance, 2002, 57 (5): 1923 – 1949.

[31] DUTT H R, HARRIS L E. Position Limits for Cash – settled Derivative Contracts [J]. Journal of Futures Markets: Futures, Options, and Other Derivative Products, 2005, 25 (10): 945 – 965.

[32] FISHE R P H, GOLDBERG L G, GOSNELL T F, et al. Margin Requirements in Futures Markets: Their Relationship to Price Volatility [J]. Journal of Futures Markets, 1990, 10 (5): 541 – 554.

[33] FREMAULT A. Stock Index Futures and Index Arbitrage in a Rational Expectations Model [J]. Journal of Business, 1991: 523 – 547.

[34] FRINO A, WALTER T, WEST A. The Lead – lag Relationship between Equities and Stock Index Futures Markets around Information Releases [J]. Journal of Futures Markets, 2000, 20 (5): 467 – 487.

[35] FRINO A, WEST A. The Impact of Transaction Costs on Price Discovery: Evidence from Cross – listed Stock Index Futures Contracts [J]. Pacific – Basin Finance Journal, 2003, 11 (2): 139 – 151.

[36] GASTINEAU G L. Option Position and Exercise Limits: Time for a Radical Change [J]. The Journal of Portfolio Management, 1992, 19 (1): 92 – 96.

[37] GROSSMAN S J. Introduction to NBER Symposium on the October 1987 Crash [J]. The Review of Financial Studies, 1990, 3 (1): 1 – 3.

[38] GROSSMAN S J. The Case for Eliminating Position Limits on Financial Futures [J]. Journal of Financial Engineering, 1993, 2: 39 – 42.

[39] HAN J, PAN Z. On the Relation between Liquidity and the Futures – cash Basis: Evidence from a Natural Experiment [J]. Journal of Financial Markets, 2017, 36: 115 – 131.

[40] HAN Q, LIANG J. Index Futures Trading Restrictions and Spot Market Quality: Evi-

dence from the Recent Chinese Stock Market Crash [J]. Journal of Futures Markets, 2017, 37 (4): 411 – 428.

[41] HARRIS L. The October 1987 S&P 500 Stock – Futures Basis [J]. Journal of Finance, 1989, 44 (1): 77 – 99.

[42] HICKS, J R. Value and Capital [M]. Cambridge: Oxford University Press, 1946.

[43] HIRAKI T, MABERLY E D, TAKEAXAWA N. The Information Content of End – of – the – day Index Futures Returns: International Evidence from the Osaka Nikkei 225 Futures Contract [J]. Journal of Banking & Finance, 1995, 19 (5): 921 – 936.

[44] HONG M, RAMCHANDER S, WANG T, et al. Role of Index Futures on China's stock Markets: Evidence from Price Discovery and Volatility Spillover [J]. Pacific – Basin Finance Journal, 2017, 44: 13 – 26.

[45] IIHARA Y, KATO K, TOKUNAGA T. Intraday Return Dynamics between the Cash and the Futures Markets in Japan [J]. Journal of Futures Markets, 1996, 16 (2): 147 – 162.

[46] IRWIN S H, SANDERS D R, MERRIN R P. Devil or Angel? The Role of Speculation in the Recent Commodity Price Boom (and bust) [J]. Journal of Agricultural and Applied Economics, 2009, 41 (2): 377 – 391.

[47] JOHNSON L L. The Theory of Hedging and Speculation in Commodity Futures [J]. The Review of Economic Studies, 1960, 27 (3): 139 – 151.

[48] KEYNES, JOHN MAYNARD. A Treatise on Money [M]. London: McMillan, 1923.

[49] KHANDANI A E, LO A W. What Happened to the Quants in August 2007? Evidence from Factors and Transactions Data [J]. Journal of Financial Markets, 2011, 14 (1): 1 – 46.

[50] KLEIDON A W, WHALEY R E. One Market? Stocks, Futures, and Options during October 1987 [J]. The Journal of Finance, 1992, 47 (3): 851 – 877.

[51] KLEIDON A W. Arbitrage, Nontrading, and Stale Prices: October 1987 [J]. Journal of Business, 1992: 483 – 507.

[52] KODRES L E, PRITSKER M. A Rational Expectations Model of Financial Contagion [J]. The Journal of Finance, 2002, 57 (2): 769 – 799.

[53] KUMAR P, SEPPI D J. Information and Index Arbitrage [J]. Journal of Business, 1994: 481 – 509.

[54] KYLE A S, XIONG W. Contagion as a Wealth Effect [J]. The Journal of Finance, 2001, 56 (4): 1401 – 1440.

[55] KYLE A S. Continuous Auctions and Insider Trading [J]. Econometrica: Journal of the Econometric Society, 1985: 1315-1335.

[56] LIU X, FILLER G, ODENING M. Testing for Speculative Bubbles in Agricultural Commodity Prices: A Regime Switching Approach [J]. Agricultural Finance Review, 2013, 73 (1): 179-200.

[57] MARKOWITZ H. Portfolio Selection. Efficient Diversificaiton of Investments [M]. Cambridge: Basil Blackwell, 1959.

[58] PASQUARIELLO P. Financial Market Dislocations [J]. The Review of Financial Studies, 2014, 27 (6): 1868-1914.

[59] RYOO H J, SMITH G. The Impact of Stock Index Futures on the Korean Stock Market [J]. Applied Financial Economics, 2004, 14 (4): 243-251.

[60] SANTONI G J. The October Crash: Some Evidence on the Cascade Theory [J]. Review, 1988.

[61] Securities U S, Exchange Commission. The October 1987 Market Break [J]. A report by the Division of Market Regulation, 1988.

[62] SHLEIFER A, VISHNY R W. The LIMITS of Arbitrage [J]. The Journal of Finance, 1997, 52 (1): 35-55.

[63] STEIN J C. Presidential Address: Sophisticated Investors and Market Efficiency [J]. Journal of Finance, 2009, 64 (4): 1517-1548.

[64] STIGLITZ J E. Using Tax Policy to Curb Speculative Short-term Trading [J]. Journal of Financial Services Research, 1989, 3 (2-3): 101-115.

[65] STOLL H R, WHALEY R E. The Dynamics of Stock Index and Stock Index Futures Returns [J]. Journal of Financial and Quantitative analysis, 1990, 25 (4): 441-468.

[66] SUMMERS L H, SUMMERS V P. When Financial Markets Work too Well: A Cautious Case for a Securities Transactions tax [J]. Journal of Financial Services Research, 1989, 3 (2-3): 261-286.

[67] TELSER L G, YAMEY B S. Speculation and Margins [J]. Journal of Political Economy, 1965, 73 (6): 656-657.

[68] TELSER L G. A Review of the Case for Position Limits on Agricultural Futures [J]. Journal of Financial Engineering, 1993, 2: 33-38.

[69] TOBIN J. A Proposal for International Monetary Reform [J]. Eastern Economic Jour-

nal, 1978, 4 (3/4): 153 – 159.

[70] YANG J, YANG Z, ZHOU Y. Intraday Price Discovery and Volatility Transmission in Stock Index and Stock Index Futures Markets: Evidence from China [J]. Journal of Futures Markets, 2012, 32 (2): 99 – 121.

第六篇

松绑政策效应

第十四章 松绑政策效应概论

第一节 研究背景及意义

一、研究背景

自2010年4月16日中国股指期货上市以来整体运行平稳,市场规模及功能稳步提升。直至2015年6月,中国真正意义上的股市危机发生,股指期货市场出现交易量暴增、深度贴水现象。一时间,股指期货被推上风口浪尖,为千夫所指,被疑为股灾"帮凶"。市场极端行情下,中国金融期货交易所为平息市场波动、社会舆论,2015—2016年6次收紧股指期货调控政策。史上最严股指期货限制政策实施后,股指期货市场交易量、成交量快速下跌。市场流动性枯竭,风险管理功能丧失,迅速陷入冰封期,引发业界、学术界激烈争论,呼吁恢复常态。

2017—2019年,随着股市危机逐步平息,中国股指期货市场迎来三度松绑[①]。截至2018年12月第三次松绑,业界评论股指期货松绑进度已达80%。监管层也宣称,已做好股指期货恢复常态化交易的各项准备。股指期货市场松绑政策调整下,市场规模逐步恢复。但受股市危机期间对股指

[①] 中国金融期货交易所于2017年2月16日、2017年9月15日、2018年12月2日三次连续调整沪深300、上证50、中证500股指期货交易保证金、手续费标准、日内过度交易行为监管标准。业界普遍将三次股指期货市场标准放松称为松绑,本篇后续将沿用业界的松绑说法。

期货市场舆论讨伐和股指期货松绑第二阶段内连续三次"乌龙指"事件影响[①]，广大投资者对于股指期货市场仍存在较多疑虑。

2015年中国股市危机是我国资本市场发展中的里程碑事件（吴晓求，2016），也是中国股指期货市场上市5年以来的发展转折点，更是重新审视我国股指期货风险管理功能的契机。已有少数文献对中国股指期货限制政策效应进行了研究。但由于松绑政策前期规模较小，关于股指期货松绑政策效应研究仍有待补充。研究股指期货松绑政策对股票市场定价效率的影响，有助于总结系统性风险中股指期货监管的经验，建立相机抉择的股指期货管控政策。

二、研究意义

从理论层面来看，中国股指期货松绑政策具有独特性和代表性。

一是中国股指期货市场本身具有其独特性。尽管全球股指期货市场具有丰富的危机经历，但较西方成熟股指期货市场，中国股指期货市场仍处于发展初期，本身具有市场规模小、品种数量少、投资者结构散户化、市场投机性强的特点，不能完全适用于成熟的国际市场经验。本篇充分利用中国股指期货市场特殊的制度背景和市场实践，系统性分析股指期货松绑政策对股票市场定价效率影响，有助于总结系统性风险中股指期货新兴市场调控政策经验。

二是2015年中国股指期货市场松绑政策具有其代表性。国际股指期货市场持续性调控政策大多制定于20世纪，且持续时间短、政策范围窄。此次后危机时期，中国股指期货松绑政策的全面性、系统性和市场影响力极具典型性。基于此次自然实验，深入剖析股指期货松绑政策效应的演变过程，从理论和实证的角度科学评估股指期货松绑政策效果及其影响。合理解释市场质疑，增进人们对股指期货风险管理功能及其市场运行的微观基础认识。

国内关于股指期货政策变动对股票市场定价效率的文献主要集中于单

[①] 三次"乌龙指"事件影响分别发生在2017年3月14日、2017年3月17日、2017年7月19日。

一特定政策调整及危机情况下股指期货限制政策效应研究。由于国际股指期货市场松绑政策样本少，且中国松绑政策前期规模较小，研究样本缺乏，因而股指期货渐进式松绑政策研究仍有待补充。基于股指期货渐进式松绑政策实施期的自然实验数据，研究股指期货市场政策调控对股票市场定价效率的影响，进一步丰富股灾期间股指期货政策调控理论文献。

从实践层面来看，金融的核心功能是资金融通与风险管理。随着经济全球化与金融深化，风险越多且越难以管理。以期货为代表的风险管理金融市场迅猛发展，并逐步与间接金融市场、直接金融市场呈现三足鼎立格局（姜洋，2018）。股指期货成为大国风险管理的金融重器，但中国股指期货市场却步入了停滞期。自2015年7月以来，股指期货市场调控政策持续已长达几年，股票市场风险裸露，失去了风险管理工具。其间虽三度松绑，但较前期股指期货市场整体仍处于低迷状态。

防范系统性风险是党的十九大以来提出的"三大攻坚战"之首。我国股指期货市场当前正处在发展改革的"十字路口"。如何放开股指期货市场限制，以恢复股指期货风险管理功能，是亟待解决的现实问题。本篇拟通过微观实证研究股指期货松绑政策效应，结合国际市场风险治理经验，为我国股指期货市场治理作出一些方向性探索，特别是为建立系统性风险中我国股指市场调控机制提供参考。

第二节 相关文献综述

一、国内外研究动态

（一）股票定价效率度量

资产定价效率是评估股票市场资源配置效率和交易质量的核心指标。早期相关研究重点主要集中于评估市场价格对公司内在价值信息的反映程度。Fama（1970）提出有效市场假说（Efficient Markets Hypothesis），依据价格随信息自由变化程度、证券信息披露和分布程度来衡量证券市场定价效率，并根据市场效率程度划分三种市场类型：弱式有效市场假说（Weak-Form Market Efficiency）、半强式有效市场假说（Semi-Strong-Form Market Efficiency）、强式有效市场假说（Strong-Form Market Efficiency）。大量实证文献基于某一特定事件（如公司兼并公告、盈利公告、股利分配公告）冲击，对股票价格是否存在显著的积累异常收益率进行研究，以判断效率市场类型。部分文献则从信息观（Information Perspective）角度对市场定价效率进行评估。基于未来盈余反应系数（Future-Earnings Response Coefficient，FERC）评估市场价格公司未来盈余信息反应程度（Ball 和 Brown，1968；巴曙松和王超，2018）。

另外，还有大部分文献则主要基于价格信息反应速度、信息含量，对市场定价效率进行衡量。在股票价格对市场新信息的吸收及反应速度方面，Hou 和 Moskowitz（2005）使用年度数据，通过市场当期信息和历史信息对价格解释程度的相对大小，形成滞后价格指标，以评估股票价格对市场信息调整速度的相对效率，并进一步基于 F 检验原理，提出可以基于限制及原始模型回归决定系数的比重，衡量股票信息反应速度。该指标在市场定价效率领域运用较为广泛（Saffi 和 Sigurdsson，2011）。在股票价格对所有市场信息的反应程度方面，Roll（1988）指出市场信息和企业异型性信息在股票价格中的体现程度，可用于测量市场中股价运动特征及股价信息特征。Morck 等（2000）基于股票与市场收益率拟合优度，对不同国家或地区个股联动（Co-movement）特征指标衡量发现，发达国家相较于新兴市场含有更多异质性风险（Idiosyncratic Risk）。Bris 等（2007）使用个股当期收益率和滞后一期市场收益率相关系数，对个股信息含量进行衡量。若相关系数值越小，则个股收益率与过去市场收益率相关性越小，市场异质性波动越大，股票市场定价效率越高。该指标在相关研究领域得到了广泛应用。许红伟、陈欣（2015）基于 Bris（2007）、Morck（2000）的文献，对不同市场行情下股票与市场指数日收益率分别回归。通过期现货市场差值以衡量个股价格对正负面私有消息的不同吸收程度，并进一步基于偏度、峰度、正端及负端极值频度等指标，对股票收益率分布特征进行分析。研究普遍认为，融资融券试点一年内对标的股票定价效率改善效果较弱。李志生（2015）综合采用价格信息反应速度、信息含量两重指标，基于中国融资融券推出前后资产定价效率变化情况研究发现，融资融券交易有效改善了中国股票市场价格发现机制，且融券卖空量与定价效率正相关。

（二）股指期货政策调控对股票市场定价效率的影响

本篇研究属于政策评价的研究框架，政策变动对市场定价效率的影响一直是一个重要的话题，关于政策变动对资本市场定价效率的影响存在大量研究。回顾股指期货政策调控效应相关文献，主要集中在股指期货单一特定政策调控和渐进政策调控两大方面。

在单一特定政策调控对股票市场定价效率的影响方面，研究主要集中于交易成本调整（保证金、交易手续费等）、交易限额调整（开仓限额、持仓限额）等方面。在交易成本调整方面，Chou 和 Wang（2006）对中国台湾地区股指期货市场的研究发现，下调交易税费显著促进了市场成交量的提升，市场买卖价差水平的降低，但对市场波动性的影响不显著。Gomber等（2016）基于法国证券市场的研究表明，在引入交易税费后，市场买卖价差扩大、订单簿深度降低，反映了交易税费对市场流动性的负面作用。刘用明等（2018）基于2012年9月中国股指期货市场交易手续费下调自然实验实证研究发现，市场交易量得到显著提升，市场信息效率和流动性水平也得到了提高，但价格波动影响不显著。庞素琳和吴曼琪（2014）采用极值理论和非参数 Hill 估计法对沪深300股指期货保证金水平的设置研究发现，违约率为3%时，保证金设定为3.5717%，可以覆盖市场97%的资产价格波动。针对不同空头和多头需设置不同的保证金水平。在交易限额调整方面，Gastineau 和 Jarrow（1991）研究发现市场规模不匹配的持仓限额标准，将过度降低市场流动性，导致关联市场价格的非同步波动。Hsieh（2004）对1993年中国台湾地区股指期货交易机制管控前后市场状况比较研究发现，交易税费下调加强了市场价格发现功能，持仓限额调整影响较小。饶越（2014）总结了沪深 300 股指期货自上市以来 4 年间对季月合约市价指令、手续费、保证金和持仓限额的调控措施，并实证分析了持仓限额调整对沪深 300 股指期货市场的影响，发现持仓限额由 300 手升至 600 手增加了股指期货市场的交易量，改善了市场整体流动性，并未显著增加股指期货市场的波动性。

全球历次股灾中，各国曾多次对股指期货市场采取渐进限制政策。但随着全球股指期货市场逐步发展成熟，21 世纪后，国际市场基本不再对股指期货市场采用限制政策。2008 年次贷危机及 2011 年欧债危机中，各国也主要是限制个股卖空，并未影响股指期货市场的正常运作。因此受样本局限，渐进政策调控对股票市场定价效率研究主要集中在危机期间股指期货限制政策。Hiraki 等（1995）针对 1988 年 9 月至 1991 年 6 月市场数据研究发现，大阪日经指数期货交易时间拓展与隔夜现货收益及未来两个交易日的交易期现货收益存在积极关系。期货市场非同步交易是重要的信息来源。股指期货交易时间缩短是股票现货市场收盘阶段流动性减少、买卖价差增大的重要原因之一。Tomio（1994）指出，股指期货限制政策的临时出台扭曲了市场规律，破坏市场连续性，严重影响期货市场效率，且使市场丧失公正性，投资者大量流失，导致市场深度不足，少量资金就可引发股指期货市场剧烈波动，反而恶化股票市场交易环境。Kleidon 和 Whaley（1992）指出，拆分现货、期货和期权市场将导致市场命令过程滞后，因而期货交易限制将不利于危机中综合市场情况。Iihara（1996）将日本股灾前后划分为牛市、熊市、政策限制市三阶段，对 NSA 股指期货和现货市场关系比较研究发现，股指期货价格始终引导现货价格，但政策限制阶段，期现货市场间引导关系弱化。

国内股指期货渐进调控政策相关研究也主要集中于 2015 年的股指期货限制政策。Han 和 Liang（2016）采用双差分法，发现中国 2015 年股灾期间对 CSI300 和 CSI500 采取的限制政策使 Alpha-trader 面临突然的风险暴露，大量抛售现货交易，进而恶化了现货市场质量。Hong 等（2017）研究发现，2010—2015 年沪深 300 股指期货显著引领现货市场。期货管制后，期货价格发现作用消失,且收益率和波动性也表现为现货市场对期货市场的单向冲击。王军和刘卓然(2016)采用向量误差修正模型(VEC)研究发现,股指期货限制政策短期内弱化了股指期货市场对现货市场的单向引导,但长期内弱化了期货市场信息效率。丁逸俊和冯芸(2017)基于投资者策略构建了仿真跨市场金融平台,研究发现股指期货交易限制措施短期内有效,但长期将限制股指期货基本功能,且新进杠杆资金较少的市场中交易限制短期效果最佳。丁逸俊和冯芸(2017)发现,股指期货限制政策的出台导致自身市场整体流动性萎缩,现货交易量与价格发现、信息传递效率密切相关。Han 和 Pan(2017)基于 2015 年中国股市危机自然实验研究发现,套利限制导致流动性与绝对期货现金基础之间的双向因果关系破裂。许荣和刘成立(2018)基于跨国金融市场定价效率视角,对 2015 年中国股市危机前后美国标普 500 股指期货与中国沪深 300 股指期货间信息传递关系研究发现,股指期货限制政策极大地增强了美国市场对现货市场的影响,尤其是在下跌行情中。杨光艺(2018)研究股指期货限仓前后衍生品价格的变化发现,股指期货限仓后,以 A 股为标的的衍生品均出现了价格偏差的现象。

二、文献述评

综合相关研究文献来看,大多数研究更多地关注单一特定政策调控和渐进限制政策效果,对股指期货松绑政策研究较少,但某一特定政策调控,更多的属于单一性事件,政策效应持续性差,因此难以捕捉股指期货市场对市场定价效率的变化轨迹。且后续政策调整具有随机性,时间间距长。因而对长期区间内政策调控效应研究将受附加的潜在因素影响。而渐进限制政策整体所处市场状况与渐进松绑政策有较大区别。限制政策的推出大多处于极端市场行情背景下。相较于正常市场情况下,极端市场行情下市场受到投资者情绪、流动性陷阱等影响,期现货市场间关联性存在不对称性(赵慧敏等,2018)。

对于股指期货调控政策效应的研究方法主要有三类:政策调控前后市

场情况比较研究、时间序列分析研究、样本匹配横断面研究。但前两种方法不能有效剥离股指期货调控政策外的其他经济因素,政策评估效果易受到市场整体趋势及其他经济因素影响。样本匹配横断面研究相较前两者而言政策效果评估更纯粹,但也难以体现政策效果的变化过程。本篇综合采用 PSM – DID 及多期 DID 方法,通过不同样本阶段划分方式,分别对股指期货松绑政策的效果进行整体、阶段、月度 DID 检验,以期能综合评估股指期货松绑政策的短期影响和长期影响。

第三节 研究思路及方法

一、研究思路

本篇围绕股指期货渐进式松绑政策对股票市场定价效应影响这一核心问题展开。首先,从经验事实角度,分别阐述国际及中国股指期货松绑政策脉络,并基于股指期货松绑政策调控前后期现货市场表现进行初步横向比较。其次,分别从期现货间作用机制、松绑政策各措施作用机制、整体松绑政策影响机制角度进行理论分析。最后,为综合分析股指期货松绑政策的短期影响和长期影响,基于不同样本阶段划分方式,采用 PSM – DID 模型分别对股指期货松绑政策效果进行整体、阶段、月度 DID 检验(见图 14 – 1)。

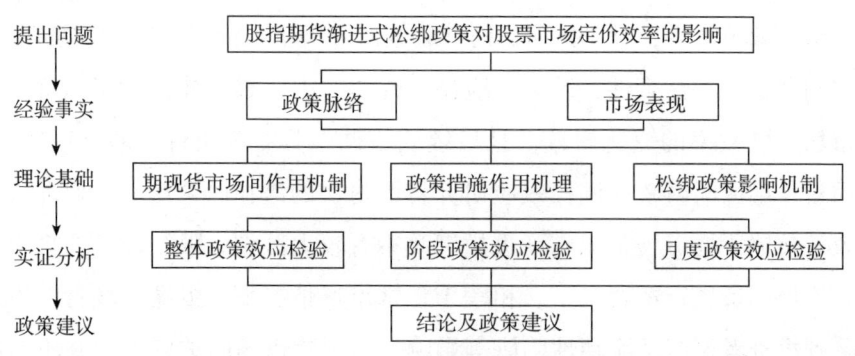

图 14 – 1 研究思路

二、研究方法

事件研究法。本篇通过研究股指期货松绑政策推出前后股票市场定价效率情况来比较分析政策效应。

PSM-DID 及多期 DID 法。本篇主要采用 PSM-DID（Heckman 等，1997、1998）比较股指期货限制政策松绑前后成分股与非成分股的定价效率差异，以探究股指期货市场对于股票市场定价效应的影响。首先，采用倾向得分匹配 PSM（Propensity Score Method）方法（Rosenbaum 和 Rubin，1983），依据匹配特征在对照组寻找与实验组相似度较强的样本集合，作为实验组个体反事实结果，以保障政策评估效果精确度。其次，再采用 DID（Differences-In-Differences）方法，对实验组（Treatment Group）和对照组（Control Group）差分，以评估政策干预效应（Meyer, 1995）。PSM-DID 方法是项目效应评估（Program Evaluation）使用较为广泛的检验方法。

同时，为了更进一步考虑股指期货松绑政策对股市定价效率影响的短期变化，本篇将采用多期 DID 方法，基于政策实施阶段及月度进行多层次的划分，以观察匹配后的实验组与对照组的定价效率相对变化过程，缓解长期宏观经济趋势对政策效果的影响，区分股指期货松绑政策的短期影响和长期影响。

第四节　主要研究内容

本篇的主要研究内容由以下四部分组成。

第一部分：概论。该部分主要阐述本篇的选题背景、目的和研究意义，并对国内外股指期货调控措施已有研究进行了较为系统的总结和归纳，为研究奠定统一的理论基础、观察视角和论证方向。

第二部分：国内外股指期货松绑政策及中国市场表现。该部分基于股指期货松绑政策进行介绍性阐述。首先，对 1987 年美国股灾及 1990 年日本股灾后期股指期货松绑政策进行总结梳理，以期为我国股指期货市场完善市场监管提供相关借鉴。其次，聚焦中国 2015 年股市危机后期股指期货松绑政策，从政策推出背景和政策脉络两个方面进行详细阐述。最后，初步从市场交易特征、期现货相关性、异常"乌龙指"情况等角度，对股指期货松绑政策调控前后期现货市场表现进行横向比较。

第三部分：股指期货松绑政策对股票市场定价效率影响理论基础。该部分首先从市场角度，基于股指期货市场对现货市场定价效率影响机制进行理论分析。其次，区分松绑政策主要措施，分别对证券交易佣金、市场保证金及投资者开仓限额影响股票市场定价效率作用机理进行分析。最后，综合从信息吸收速度、信息传递对称度、信息反应准确度三个角度对股指期货松绑政策影响机制进行理论分析。

第四部分：股指期货松绑政策对股票市场定价效率影响实证分析。首先，采用 PSM–DID 模型，以首次松绑为政策点，对股指期货松绑政策整体效果进行 DID 检验。其次，根据股指期货松绑政策的渐进推出时间，将后期整体松绑时期划分为三个子阶段，进行股指期货渐进式松绑政策阶段效应检验，以寻求渐进式松绑政策可能潜在的短期影响。最后，为更进一步揭示股指期货渐进式松绑政策效应的演变过程并揭示效应转变的具体节点，本篇对股指期货渐进式松绑政策效应进行月度检验。结合本篇的理论分析和实证分析，总结提炼本篇的主要研究结论，并给出相关的政策建议。

第五节 创新点与不足之处

一、创新点

相较于以往研究，本篇主要有以下创新点。

第一，本篇以股指期货市场最新政策动态——渐进松绑政策对股票市场定价效应影响作为研究对象，进一步丰富了危机期间股指期货管控理论文献。关于股指期货政策调整已有研究，主要集中于单一特定政策调控和危机期间股指期货限制政策调控。其在政策效应持续性和市场行情背景方面，与股指期货松绑政策具有较大差异。而股指期货松绑政策虽启动时间较早，但直至 2018 年 12 月才初具规模。受样本限制和前期规模较小的影响，关于股指期货松绑政策对股票市场定价效率研究较少。因此，本篇以 2016—2019 年股指期货市场自然实验为基础，对股指期货松绑政策效果进行研究，总结管控政策经验，并结合国际市场风险治理经验，为我国股指期货市场治理和发展作出一些方向性探索。

第二，在研究方法上，一方面，本篇选用 PSM – DID 方法对股指期货松绑政策效果评估更为准确。股指期货渐进松绑政策本身时间跨度较长，且 2016 年各指数成分股与非成分股市场定价效率均呈现提升趋势。若采用已有文献常用的一次性比较研究、时间序列分析研究，可能会导致各类经济因素及股灾恢复期的市场自发性趋势变化与股指期货松绑政策效果相混杂。相比之下，本篇借助股指期货限制政策逐次松绑的自然实验，并采用 PSM – DID 方法，预期能有效克服部分现有研究存在的实验设计缺陷，避免股灾恢复期的长期趋势影响，呈现出较为纯粹的股指期货松绑政策效应。另一方面，本篇将多期 DID 与 PSM – DID 相结合，在整体政策效应 DID 检验外，还进行了阶段、月度政策 DID 检验，详细刻画了股指期货对股票市场定价效率影响的变化趋势。股灾恢复期内股指期货市场规模变化较快，股指期货政策也呈渐进松绑状态，股指期货交易对股票市场定价效率影响可能会随政策阶段推移而发生变化。为更精确地刻画期现货间关系变化趋势，从政策实施阶段及政策实施月份进行多层次的划分，不仅可以通过关注两个匹配的股票组市场定价效率的动态变化过程来缓解对长期宏观经济趋势存在的任何担忧，而且还可以区分期货市场对现货市场的长期和短期影响。

二、不足之处

第一，本篇主要对股指期货松绑政策效应研究进行了时间上的细分检验，包括整体、阶段、月度等。但由于股指期货松绑政策均为多项措施（股指期货交易佣金、股指期货市场保证金、交易者开仓限额）同时推行，因此无法具体从各个政策理论机制上进行验证。

第二，本篇对国际市场中股指期货松绑政策进行了梳理，以期为我国股指期货市场完善市场监管提供相关借鉴。但由于缺乏国际危机期间详细市场数据，仅初步比较松绑政策措施，没有进一步针对中国股指期货松绑政策下市场表现与国际市场不同点进行深入比较研究。

第三，本篇研究范围仅涉及股指期货松绑政策推出对股票市场定价效率的影响结果，并未对政策作用机理及其实现路径进行深入分析。这也是下一步的研究方向。

第十五章　股指期货松绑政策背景及市场表现

第一节　国内外股指期货松绑政策

股指期货调控政策在全球股指期货市场上运用较为普遍，但连续的渐进调控政策主要发生在危机期间。极端市场行情冲击下，股指期货与股票市场间的关系，较正常市场行情可能会发生转变，导致市场定价失灵，无法通过"看不见的手"达到均衡[①]，甚至引发跨市场风险传染，往往需要政府采取政策调控手段进行干预，以保障市场效率及快速平稳。而松绑政策作为政策渐进调控闭环中的收尾部分，往往发生在市场逐步恢复平稳的后危机时期。

从国际市场与中国市场来看，国际历次股灾中，各国曾多次对股指期货市场采取渐进调控政策。但随着全球股指期货市场逐步发展成熟，21世纪后，国际市场基本不再对股指期货市场采用限制政策。2008年次贷危机及2011年欧债危机中，各国也主要是限制个股卖空，并未影响股指期货市场的正常运作。而中国市场由于发展时间较短，2015年股市危机是中国股指期货市场上市5年以来首次历经的危机事件。

总体来看，国际上股指期货市场调控政策与中国股指期货市场调控政策相通点较多。因而，本章首先对国际上历次危机后期股指期货松绑政策

[①] 朱民，边卫红. 危机挑战政府——全球金融危机中的政府救市措施批判[J]. 国际金融研究，2009（2）：4-33.

进行梳理,选择了较为典型的 1990 年日本股灾,并总结具体的监管措施,分析其政策效果。以期为我国股指期货市场应对突发金融事件,完善市场监管提供相关借鉴。再聚焦到中国 2015 年股市危机后期股指期货松绑政策,从政策推出背景和政策脉络两方面进行详细阐述。

一、日本经济危机下的股指期货松绑政策

(一)1990 年日本危机下股指期货松绑政策背景

1985 年 9 月,《广场协议》迫使日元大幅升值,形成严重的资产泡沫。1989 年底,日本政府采取紧缩性货币政策,大幅提高再贴现率,日元泡沫破裂。1990 年,日本楼市崩溃,股市暴跌,经济陷入长期低迷。上市仅两年的日经 225 股指期货,一时间被当成股市暴跌的罪魁祸首,引发大量要求加强对股指期货交易监管的公众压力,监管层被迫推出一系列调控措施。1990 年 8 月至 1991 年 12 月,日经 225 股指期货经历 4 次调整,产生了诸多变化:一是保证金水平迅速提升;二是交易成本增加;三是缩小股指期货报价区间,以增加市场行情揭示时间,降低套利交易利润空间;四是缩短股指期货交易时间,期现货市场交易时间保持一致;五是会员交易公开化;六是调整指数构造。

(二)1990 年日本危机下股指期货松绑政策过程

日本股指期货市场限制政策持续了 4 年。直至 1994 年,交易所才开始逐步放松对股指期货交易限制(见表 15-1),主要包括以下五个方面。

第一,下调保证金水平,并由静态保证金转为动态保证金。1995 年,大阪交易所大幅下调日经 225 股指期货保证金水平。委托保证金水平降低 1 倍,由 30% 降低至 15%,交易保证金由 25% 降低至 10%。1997 年,日本股指期货保证金交易模式改革,基于近 3 个月的市场波动率,采取动态保证金计算方法,并由原有的交易者毛持仓转为基于净持仓计算保证金,免收最小保证金。2000 年,日本期货市场与国际标准接轨,开始逐步引入 SPAN

保证金模式。

第二，逐步放松股指期货佣金管制。直至 1999 年，股指期货市场佣金彻底放开监管。

第三，取消交易税。1998 年，交易所将交易税由 0.001% 降低至 0.0005%。直至 1999 年，日本股指期货市场完全取消交易税。

第四，熔断制度取代涨跌停板制度。日经 225 股指期货放弃了上市以来一直实行的每日 3% 涨跌停板限制，改为熔断制度。当市场出现极端价格变化时，市场将暂停交易 15 分钟。

第五，交易时间延长。1997 年，大阪交易所宣传将非同步交易时间恢复为 1991 年限制前水平——上午 9 点至 11 点 15 分、下午 1 点至 3 点 15 分。

表 15-1 日经 225 股指期货宽松政策

项目	宽松政策
保证金	保证金水平降低，并逐步引入 SPAN
佣　金	放松佣金管制，并逐步减少监管
交易税	税率降低（0.0005%），并逐步废除
报价更新	放松管制
交易时间	延长交易时间

资料来源：鲁东升，游航，钟鸣. 日本股指期货之殇 [R]. 金融期货研究，2014.

二、中国股指期货松绑政策

（一）中国股指期货松绑政策背景

自 2014 年以来，在现实基础、未来预期和资金流入等多方面利好的背景下，中国股市快速拉高。2014 年 11 月 24 日至 2015 年 6 月 15 日，上证综指由 2532.88 点上涨至 5062.99 点，涨幅达 99.89%，共形成三波集中涨势。截至 2015 年 6 月 12 日，除银行、石油石化等行业上市公司外，市场市盈率平均超过 50 倍，创业板平均市盈率近 150 倍。无论是从上涨速度、上涨幅度还是从交易量、换手率来看，或是从市盈率来看，市场显然已经出现极其严重的泡沫。吴晓求（2016）将2015年股市泡沫归因为市场对中国经济改革和增长模式的转型短期预期过高，长期预期不足所带来的极度投机意识。

2015年6月中旬至8月上旬，短期资金的抽离引燃了导火索，中国资本市场建立以来真正意义上的股市危机爆发了。上证综指从最高点5178点下跌至最低点2850点，累计跌幅达45%，形成了两波显著的下跌行情。在市场跌势及政府清理场外配资影响下，场内外杠杆资金快速撤离。

2015年8月下旬，中国资本市场步入后危机时期，短暂反弹后逐步趋于平稳。由于危机前期的恐慌性崩盘，市场部分板块出现过度下跌，股票市场在8月下旬开始反弹。但整体市场信心已被摧毁，投资者观望态度明显，反弹行情持续时间较短，市场进一步下跌。截至2016年1月28日，上证综指达到市场最低点2638点。2016年1月5日后，市场在3000点左右保持长期平稳（见图15-1）。

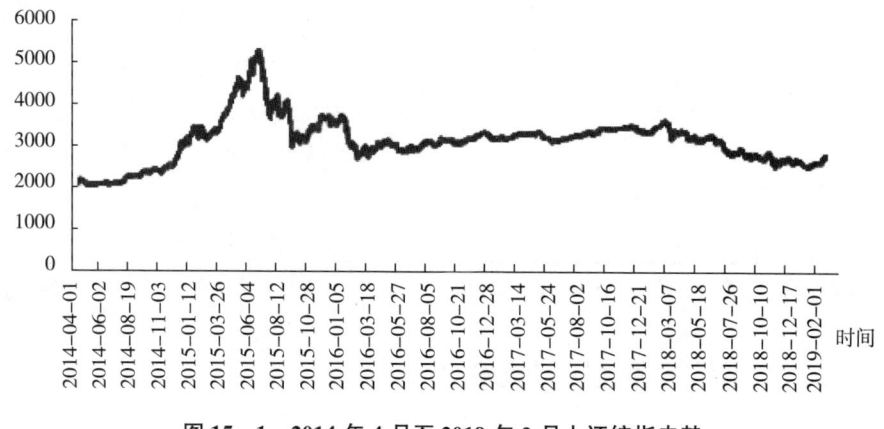

图15-1　2014年4月至2019年2月上证综指走势

（资料来源：Wind资讯）

（二）中国股指期货松绑政策调整脉络

1. 危机期间股指期货市场"六次收紧"

2015年股市异常波动期间，股指期货却一度出现成交量急剧放大、价格显著贴水的情况，引起社会广泛关注。股指期货被推上风口浪尖，被疑为股灾帮凶，存在恶意做空、市场操纵行为。被誉为股市波动的稳定器的股指期货，在股灾中风险管理功能似乎出现失灵；为维持资本市场大局稳定，中国金融期货交易所于 2015 年 7 月至 9 月，分 6 次逐步出台一系列"史上最严"股指期货限制政策。

2. 股指期货市场三度松绑

随着市场波动的逐步平息，股指期货全面受限一年半之后，中国金融期货交易所开始整体放松股指期货交易限制，三度推出松绑政策。

（1）2017 年 2 月 16 日，股指期货市场首次松绑（见表 15 - 2）。在交易保证金方面，沪深 300 股指期货和上证 50 股指期货各合约非套期保值持仓的交易保证金标准由 40% 调整为 20%，下调幅度为 50%。中证 500 股指期货各合约非套期保值持仓的交易保证金标准由 40% 调整为 30%，下调幅度为 25%。套期保值持仓交易保证金标准维持合约价值 20% 不变①。在交易税费方面，沪深 300、上证 50、中证 500 股指期货各合约平今仓交易手续费标准调整为成交金额的 0.092%，下调幅度为 60%②。在异常交易监管方面，股指期货日内过度交易行为监管标准由 10 手调整为 20 手，增幅为 50%。套期保值交易开仓数量不受此限③。

从政策调控程度来看，保证金、交易税费、异常交易监管三方调控措施松绑 25% ~ 60% 不等。相较于收紧前，市场交易监管仍显著紧缩。从政策调控范围来看，中证 500 股指期货作为波动较大的小盘股指数，保证金比例仅下调 25%，说明松绑政策仍较为谨慎。整体来看，股指期货市场首度松绑的信号作用大于其实质影响。在风险可控基础上股指期货市场有望继续渐进放开限制。

---

① 中国金融期货交易所. 关于调整沪深 300、上证 50、中证 500 股指期货交易保证金的通知 [EB/OL]. http：//www.cffex.com.cn/jysgg/20170216/20197.html.
② 中国金融期货交易所. 关于调整股指期货手续费标准的通知 [EB/OL]. http://www.cffex.com.cn/jysgg/20170216/20198.html.
③ 中国金融期货交易所. 调整股指期货交易安排 促进市场功能发挥 [EB/OL]. http://www.cffex.com.cn/jysdt/20170216/20199.html.

表 15−2　股指期货手续费调整

执行时间	交易保证金	调整前 (‰)	调整后 (‰)
2015 年 8 月 3 日	开仓、平仓、平今	0.25	0.23
			申报费 1 元
2015 年 8 月 26 日	平今仓手续费	0.23	1.15
2015 年 9 月 7 日		1.15	23
2017 年 2 月 17 日		23	9.2
2017 年 9 月 18 日		9.2	6.9
2018 年 12 月 3 日		6.9	4.6

资料来源：基于中国金融期货交易所政策文件整理所得。

（2）2017 年 9 月 15 日，股指期货市场第二次松绑。在交易保证金方面，沪深 300 股指期货和上证 50 股指期货各合约交易保证金标准由 20% 调整为 15%，下调幅度为 25%[1]。在交易税费方面，沪深 300、上证 50、中证 500 股指期货各合约平今仓交易手续费标准调整为成交金额的 0.069%，下降幅度为 25%[2]。

从政策调控程度和范围来看，市场影响最大的日内开仓监管并未放松（见表 15−3）。平今仓交易手续费下降 25%，但仍高于开仓手续费 27 倍，市场交易持续维持对手仓交易模式。保证金方面调整仅涉及沪深 300 股指期货和上证 50 股指期货，中证 500 股指期货仍维持 30% 的保证金。但上证 50 股指期货对冲交易涉及较少，仅限于上证 50 期权。沪深 300 股指期货在阿尔法策略上使用度也显著低于中证 500 股指期货，且保证金降幅仅为 5%。因此整体来看，二次松绑调整幅度较首度松绑小，对沪深 300 股指期货和上证 50 股指期货利好较大，提升其对冲配置价值。而中证 500 股指期货受影响较小。

---

[1] 中国金融期货交易所. 关于调整沪深 300、上证 50 股指期货交易保证金的通知 [EB/OL]. http://www.cffex.com.cn/jysgg/20170915/20368.html.

[2] 中国金融期货交易所. 关于调整股指期货手续费标准的通知 [EB/OL]. http://www.cffex.com.cn/jysgg/20170915/20369.html.

表 15–3 股指期货开仓限额调整

执行时间	持仓限额	调整前（手）	调整后（手）
2015 年 7 月 8 日	中证 500 股指期货日内开仓限制	1000	1200
2015 年 8 月 26 日	股指期货日内开仓限制	1500	600
2015 年 9 月 7 日	股指期货日内开仓限制	600	10
2017 年 2 月 17 日	股指期货日内开仓限制	10	20
2017 年 9 月 18 日	股指期货日内开仓限制	20	20
2018 年 12 月 3 日	股指期货日内开仓限制	20	50

资料来源：基于中国金融期货交易所政策文件整理所得。

（3）2018 年 12 月 3 日，股指期货市场第三次松绑。在交易保证金方面，沪深 300 股指期货、上证 50 股指期货交易保证金标准统一调整为 10%，中证 500 股指期货交易保证金标准统一调整为 15%，整体降幅达 50%[①]。在交易税费方面，股指期货平今仓交易手续费标准调整为成交金额的 0.046%，下调幅度为 33%[②]。在异常交易监管方面，股指期货日内过度交易行为的监管标准调整为单个合约 50 手，上升幅度为 150%。套期保值交易开仓数量不受此限[③]。

自 2018 年以来，股指期货监管态度转向积极放开。监管机构 5 次公开表态要积极推动股指期货常态化交易。2018 年 12 月 1 日，中国证监会副主席方星海在 2018 年第 14 届中国（深圳）国际期货大会上表示，做好股指期货恢复常态化交易的各项准备[④]。从政策调控程度和范围来看，第三次松绑幅度较前两次有了极大的提高。从各个调整政策来看，保证金调整较限制前已恢复 95%（见表 15–4）。沪深 300 股指期货、上证 50 股指期货交易保证金标准已恢复至受限前的水平；中证 500 股指期货交易保证金恢复到合

[①] 中国金融期货交易所. 关于调整沪深 300、上证 50、中证 500 股指期货交易保证金的通知 [EB/OL]. http：//www.cffex.com.cn/jysgg/20170216/20197.html.

[②] 中国金融期货交易所. 关于调整股指期货手续费标准的通知 [EB/OL]. http：//www.cffex.com.cn/jysgg/20181202/23407.html.

[③] 中国金融期货交易所. 优化股指期货交易运行 促进市场功能有效发挥 [EB/OL]. http：//www.cffex.com.cn/jysdt/20181202/23409.html.

[④] 期货日报. 方星海：持续推进期货市场国际化建设 扩展期货市场的广度和深度 [EB/OL]. http：//www.qhrb.com.cn/2018/1201/237750.shtml.

约标准的15%，虽高于受限前10%的水平，但也远低于前期30%的水平。开仓限额已恢复至限制前水平的80%。单个合约50手的开仓限额已经达到期现套利、阿尔法和股指期货的CTA策略使用所需，但日内和高频策略仍受限。在交易税费方面调整力度较小，象征意义更大。机构为降低手续费，大多采取平对锁仓的方式进行平仓。因此整体来看，第三次松绑后股指期货市场在保证金和开仓限额上，已经基本可以满足个人及机构投资者交易和风险管理需求。特别是保证金水平的恢复，大大降低了个人投资者股指期货市场参与门槛，使个人投资者能够利用股指期货市场套期保值。从综合监管层态度和股指期货调控力度来看，第三次松绑更多的是股指期货全面松绑信号，股指期货恢复常态化交易已呼之欲出。

表15－4 股指期货保证金调整

执行时间	交易保证金	调整前（%）	调整后（%）
2015年7月8日	CSI500卖出非套保	10	20
2015年7月9日		20	30
2015年8月26日	HS300、IH50非套保保证金	10	12
	CSI500买入保证金		
2015年8月27日	HS300、IH50非套保保证金	12	15
	CSI500买入保证金		
2015年8月28日	HS300、IH50非套保保证金	15	20
	CSI500买入保证金		
2015年8月31日	HS300、IH50非套保保证金	20	30
	CSI500买入保证金		
2015年9月7日	HS300、IH50、CSI500非套保保证金	30	40
	HS300、IH50、CSI500套保保证金	10	20
2017年2月17日	HS300、IH50非套保保证金	40	20
	CSI500非套保保证金	40	30
2017年9月18日	HS300、IH50各合约保证金	20	15
2018年12月3日	HS300、IH50各合约保证金	15	10
	CSI500各合约保证金	30	15

资料来源：基于中国金融期货交易所政策文件整理所得。

第二节 中国股指期货松绑政策下的市场表现

2015年股市危机后，中国股指期货市场调控政策调控力度大、政策系统性强且整体持续时间长，对股指期货与股票市场产生了较大影响。在国际股指期货市场调控政策中极具典型性。本章初步从市场交易特征、期现货相关性、异常"乌龙指"情况等角度，对股指期货松绑政策调控前后期现货市场表现进行横向比较。

一、股指期货松绑政策下市场交易特征变化

市场下跌期间，成交量与持仓比呈反向走势，成交持仓比大幅提高。一方面，成交量快速放大。2015年6月15日至7月6日，沪深300、上证50、中证500股指期货当月合约日均成交量较6月上旬分别上涨12.16%、12.48%、4.29%。另一方面，持仓量持续下降。2015年6月15日至7月6日，沪深300、上证50、中证500三大股指期货合约日均持仓较6月上旬日均持仓量分别下降25.42%、3.87%、31.09%。由于市场持仓量下降幅度远大于成交量，2015年6月上旬至下旬，市场成交持仓比由8.30快速上涨至11.83。

2015年股市危机期间，股指期货市场限制政策实行后，市场迅速萎缩，成交量大幅下降（见图15-2）。2015年9月7日至2016年7月底，三大指数日均成交量和持仓量较9月2日分别下降95.82%、25.93%（见图15-3、图15-4）。

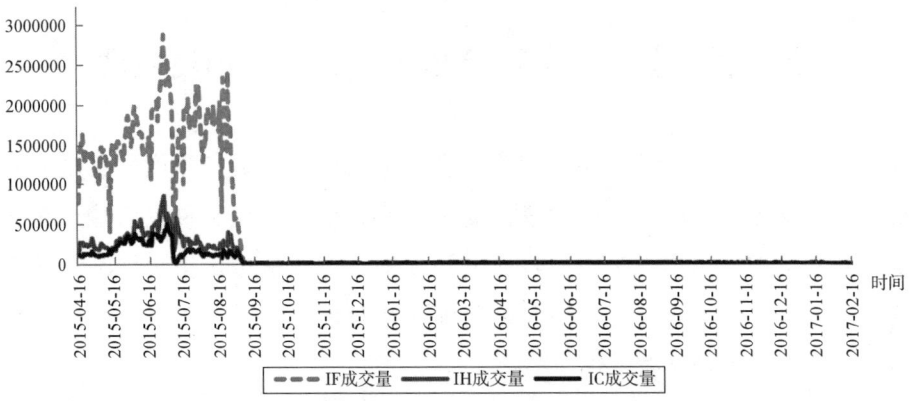

图 15-2 限制阶段股指期货成交量变动

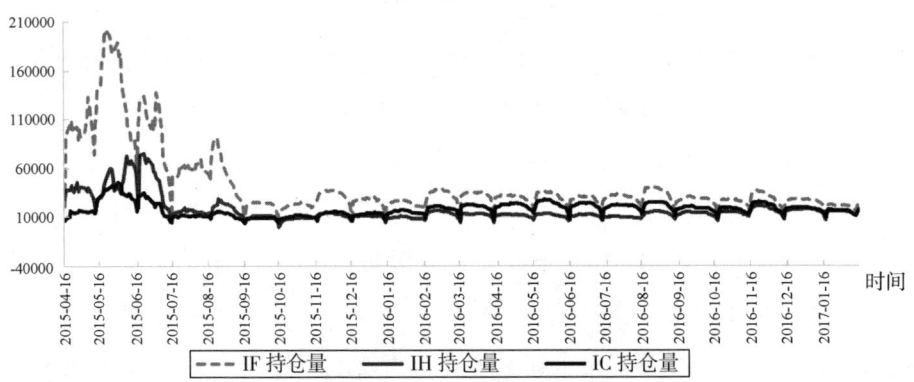

图 15-3 限制阶段股指期货持仓量变动

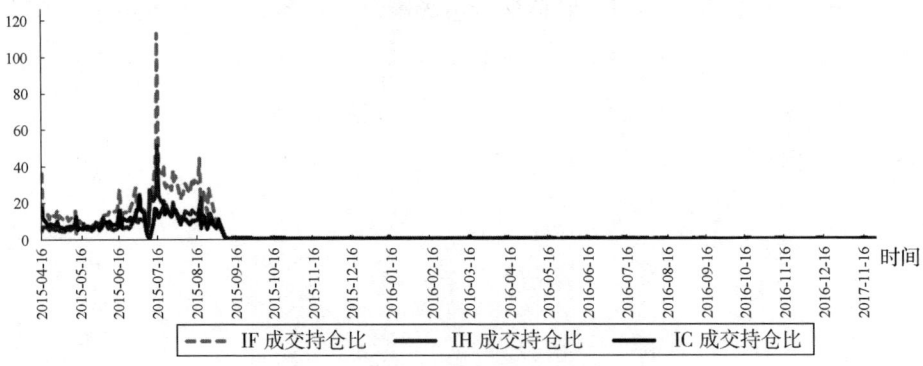

图 15-4 限制阶段股指期货成交持仓比变动

2015 年股市后危机期间,股指期货市场逐步松绑。沪深 300、上证 50、中证 500 股指期货市场规模稳步增长。截至 2019 年 1 月 22 日,三大指数市场较首度松绑前交易量分别提升 8.70 倍、6.63 倍、5.83 倍,持仓量也分别提升 1.33 倍、0.30 倍、2.08 倍。2018 年 12 月三度松绑以来,股指期货市场扩张速度显著,相较二次松绑阶段市场状况方面,成交量分别提升 70.14%、60.12%、83.29%(见图 15 – 5),持仓量分别提升 34.74%、20.21%、53.08%(见图 15 – 6)。成交持仓比方面,沪深 300、上证 50、中证 500 中位值分别达到 0.91、0.977、0.68,最高分别有 2.00、1.54、1.21(见图 15 – 7)。综合各个指标来看,市场整体活跃度显著提升。但由于股指期货前期六次限制政策,使股指期货市场规模缩减近 98%。因此,虽然三次松绑市场扩张幅度较快,市场交易量仅恢复限制前 10% 左右,持仓量恢复 70%。交易持仓比恢复 9% ~ 10%。股指期货市场仍有很大的恢复空间。

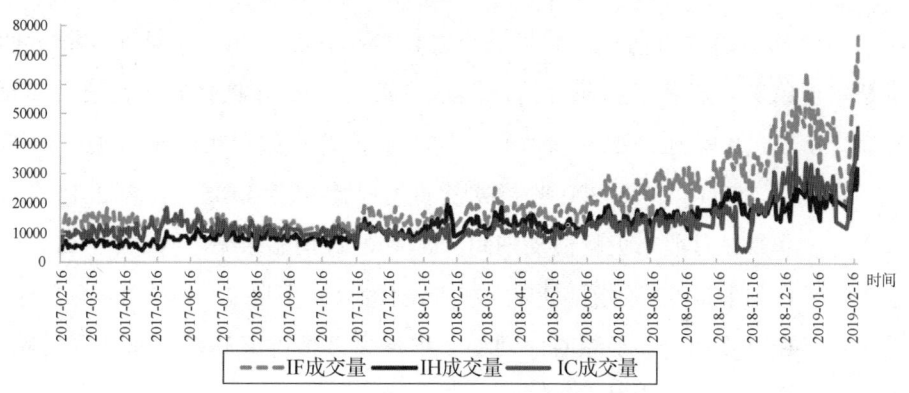

图 15 – 5 松绑阶段股指期货成交量变动

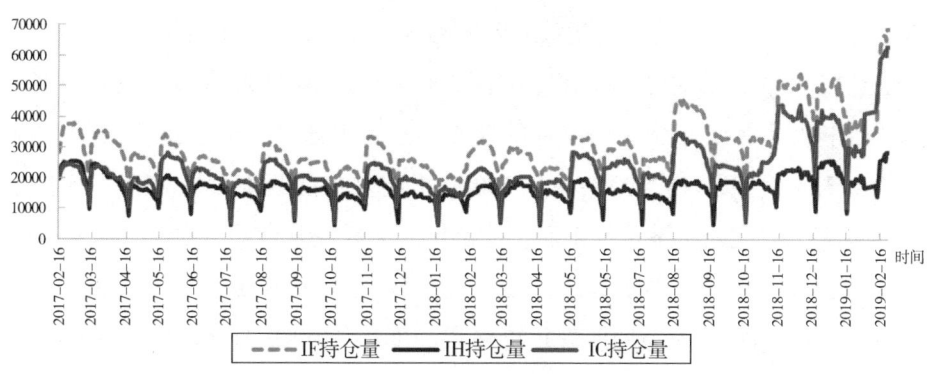

图 15 – 6 松绑阶段股指期货持仓量变动

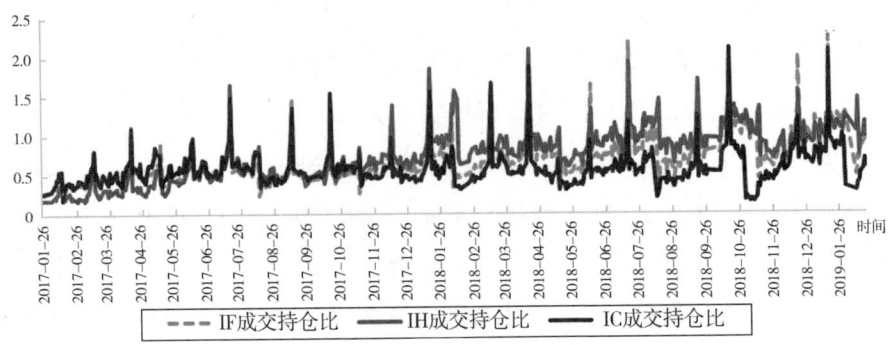

图 15-7 松绑阶段股指期货成交持仓比变动

二、股指期货松绑政策下期现货相关性变化

2015 年股市危机前期,股指期货主力合约持续贴水。中证 500 股指期货贴水现象最为显著,远期合约成贴水重灾区。股指期货限制政策后,股指期货市场过度承压情况有所改善,期现货价差收敛。2015 年 9 月 7 日至 2016 年 4 月 15 日,沪深 300 股指期货日均贴水率为 1.45%,较 2015 年 7 月 7 日至 9 月 2 日股市大幅波动期间 3.51% 的日均贴水率下降 58.71%。中证 500 股指和上证 50 股指期货的贴水幅度也分别下降 50.69% 和 64.13%。受市场预期逐步稳定,股票有序回稳,指数失真情况好转等因素共同影响,期现货拟合度也稳步提升。

2015 年后危机期间,股指期货渐进松绑政策推出后,沪深 300、上证 50、中证 500 股指期货三大指数基差波动区间显著减小,仅于小区间内波动(见图 15-8)。二次松绑阶段,沪深 300、上证 50 期现货市场整体基差、价差结构基本恢复正常,即同标的期货较现货升水或平水,远月合约较近月合约升水(见图 15-9)。中证 500 股指期货在前两阶段松绑阶段仍维持贴水状态。三度松绑政策推出后,受市场流动性提升推动,中证 500 期现货基差整体加快收敛,贴水程度逐步减轻。截至 2019 年 2 月,沪深 300、上证 50、中证 500 三大品种期现货价格相关度均达 99.9%,收益率相关度也提升至 98.1% 以上(见表 15-5)。

表 15-5 期现货相关性

时间	价格相关性			收益率相关性		
	沪深300（%）	上证50（%）	中证500（%）	沪深300（%）	上证50（%）	中证500（%）
2015年4月16日至2015年6月12日	98.53	97.07	99.09	93.18	92.75	87.30
2015年6月15日至2015年9月2日	98.68	98.98	98.48	88.73	93.15	87.61
2015年9月7日至2016年1月7日	99.14	99.46	99.09	84.16	85.92	87.10
2016年1月8日至2017年2月16日	99.37	99.74	98.29	94.00	93.28	95.05
2017年2月17日至2017年9月15日	99.81	99.86	99.61	95.73	96.53	96.15
2017年9月18日至2018年12月3日	99.91	99.88	99.68	97.65	97.64	97.75
2018年12月4日至2019年2月22日	99.94	99.92	99.95	98.14	98.04	98.16

资料来源：依据 Wind 资讯数据计算所得。

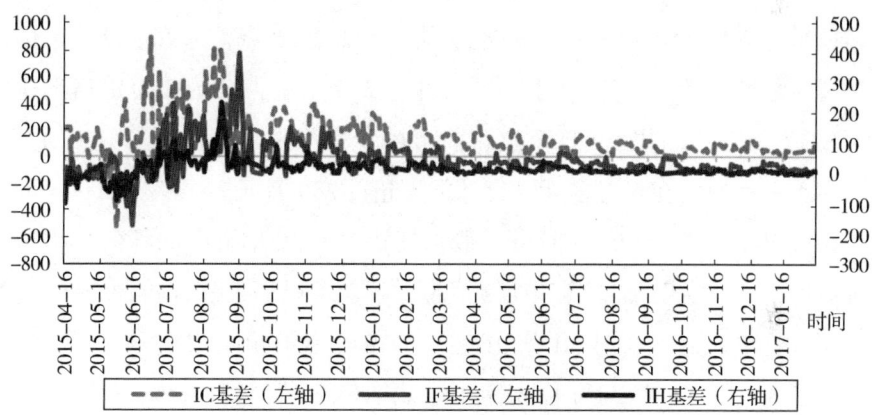

图 15-8 限制阶段股指期货基差变动

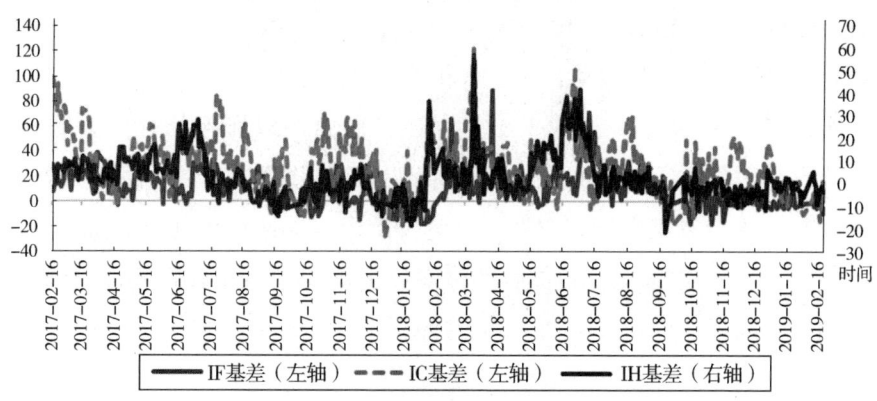

图 15-9 松绑阶段股指期货基差变动

三、股指期货松绑政策下异常"乌龙指"事件

市场规模是市场稳定性的重要影响因素。市场规模及交易深度过低时,少量资金就可引发股指期货市场剧烈波动,恶化股票市场交易环境,甚至出现异常"乌龙指"事件。首度松绑政策推出后,虽初步放松股指期货市场限制,但受前期市场长期全面限制影响,市场放松绝对力度仍有限。整体市场交易仍处于显著紧缩状态,市场流动性、交易深度低。首度松绑政策打开了限制已久的期现货市场间套利门槛,市场交易较前期冰点迅速提升,但股指期货市场无法消化现货市场对冲需求,反而提升市场波动率。股指期货市场更是三度出现"乌龙指"事件:

2017年3月14日14时25分28秒,上证50主力合约IH1703价格受35手多单平仓成交影响,从2347.4点一秒跌至2128.6点,逼近跌停。市场交易量瞬时激增。随后一笔49手的空头开仓成交,主力合约成交价格迅速回升至2317.2点,2秒后恢复至急跌前市场价格水平。预计当日"乌龙指"交易多单每手损失在6万多元,合计损失超过200万元。

2017年3月17日9时30分,股指期货IC1706早盘瞬间涨停,维持半分钟后回落。成交明细显示,9419手超大手卖单以逼近涨停价6939.6点的价格买入挂单。并于9时30分01秒,6939.6点的价格成交了9手、6951点成交了83手,致使一秒内冲击涨停,并在涨停板停留36秒,最后共计成交261手。后续,中国金融期货交易所发布公告称,是兴业期货公司误对其资管产品以涨停价格进行了大额买平交易,导致中证500股指期货IC1706合约价格出现瞬间大幅波动,并进行相关监管措施。

2017年7月19日,沪深300主力IF1708合约以涨停开盘,触及3997的最高点,开盘之后市场价格迅速回落。中国金融期货交易所发布公告称,此次"乌龙指"是某资管客户在集合竞价阶段以涨停板价在IF1708合约买开委托18手并全部成交,致该合约以涨停板价开盘,开盘后1秒内价格迅速回归正常水平。此次"乌龙指"涨停耗资719万元,目前该埋单损失超过180万元。

第十六章 股指期货松绑政策对股票市场定价效率影响理论分析

第一节 股指期货市场对股票市场定价效率影响机理

金融创新对于提升资产定价效率具有重要意义，卖空机制是金融创新链条的重要环节。各类金融创新产品或机制的提出，使市场价格发现效率提升，资产价格能更精确、快速地反映出市场上广泛的信息。卖空机制作为创新链条中重要的环节，已经成为资产市场上不可或缺的部分。一方面，卖空机制可以通过套期保值转移对冲股票市场风险，并为市场提供充足的流动性；另一方面，提供了一种新的市场价格发现机制（Bris 等，2007；Boehmer 等，2008；Saffi 和 Sigurdsson，2011；Boehmer 和 Wu，2013；周春生和杨云红，2002）。而股指期货作为一篮子股票卖空方式，相较于融资融券个股卖空机制，市场运用更为广泛。

一、股指期货与股票市场间关联机制

股指期货以现货（股票市场）指数作为交易标的，股指期货市场内存在三类投资者，即套期保值者、投机者和套利者。股指期货市场与股票市场间交易关联性是两种风险资产和三类投资者在连续时间模型内互相博弈的结果。在股指期货这个封闭的零和市场内，三类投资者通过指数套利交易实现了风险转移、价格修正、信息传递及社会福利分配（Fremault，1991）。

二、股指期货市场对股票市场定价效率影响途径

有效市场理论、CAPM（Sharpe，1964）及 APT（Ross，1976）等模型认为，在完全由理性投资者组成的市场上，资产价格能准确、充分且迅速地反映所有市场信息。一方面，市场不同交易者之间非理性交易行为会互相抵消；另一方面，市场存在大量理性的微小套利者。每个套利者都会对各种市场的错误定价采取无限小的立场。此时，资本限制没有约束力，套利者对每笔交易都是风险中性的。而微小套利者的集体行动将会消除非理性行为对价格的影响，推动资产价格走向基本价值。

因而，从理论来看，股指期货市场有助于现货市场定价效率提升，主要体现在以下两个方面。

一是股指期货市场交易便捷，有助于提高股市信息吸收速度。指数期货作为现货市场的平行市场，具有独特的市场制度：双向交易便捷、资金占用少、交易成本低、交易时间延长、无限合约交易，使投资者能便捷、低成本地获得相关信息并作出反应。通过期现货套利机制，有效提高股市信息吸收速度（Cox，1976；Kawaller，1987；Chan，1992；Frino 和 West，2003；Stoll 和 Whaley，1990；陈蓉和郑振龙，2008；顾琪和王策，2017）。

二是股指期货能够提高市场中股票特质性信息含量。股指期货作为股票市场的影子市场，为投资者构建了一个期现货风险对冲平台。基于期现货多空双向交易，投资者可以实现组合投资，并根据资产预期收益、方差及期现货市场相关性，随时调整改变期现货交易头寸，完善资金配置、规避市场风险。在微小套利者的集体行动下，市场投资者信息都得到了充分的表达（特别是负面信息）。同时，也减少了"单边市"下市场价格泡沫，提升股票价格异质信息（Idiosyncratic Information）含量，将推动价格走向基本价值。在稳定个体有效的基础上，达到市场整体有效（戴晓凤和朱海燕，2005；廖士光，2010）。

第二节　股指期货政策调控措施作用机制

理论上，股指期货与现货市场达到无套利均衡时，股指期货市场能有效提升股票市场定价效率，但其基本前提是市场不存在约束。事实上，世界各国往往都会依据市场具体发展情况或阶段性管控目的，对股指期货市场采取相关调控措施，尤其是在市场异常时期。2015年股市危机期间股指期货限制政策就是典型的极端市场行情下的市场约束措施。本篇的政策研究对象——股指期货松绑政策，更多地是随着市场的逐步回稳，对股指期货市场前期管控约束的逐步放松，主要包括证券交易佣金、市场保证金及投资者开仓限额等方面。

一、股指期货交易佣金

股指期货交易佣金调控可以通过交易政策调节市场流动性，保持市场信息效率最佳状态。基于有效市场理论，不受约束的金融市场价格密切跟踪基础价值，可以为交易者提供正确的信息信号，适当引导投资并促进风险分散。市场缺乏流动性时，促进交易以提高市场运行效率方式是显著有效的，如房地产市场、艺术品市场。但当超过某个均衡点，流动性的增加将会产生超过其利益的成本。过度的噪声交易，往往并不具有内在信息，仅跟随市场波动进行交易决策，使价格偏离价值波动，衍生额外的市场风险，扭曲投资分配，并限制资产价格信息内容（Summers 和 Summers，1989；周伟，2011）。提高交易佣金就像是"往快速齿轮里扔沙子"（Tobin，1978），通过对短期投资交易成本调节，有效管控市场运行状况，防止过度或过浅运行。去除股指期货市场私人和社会最优投资策略之间的巨大偏差，缩小期现货市场间基差，保持市场信息效率最佳状态。

股指期货松绑政策本质上是从危机期间对市场过度限制的反向放松过程，将会给期货市场带来显著的正面影响。首先，提升股指期货市场流动性水平。交易费用的降低带来市场成本的减少，将显著提升市场投资者的交易积极性，加大市场订单簿深度、降低市场价差。其次，缓和期现货市场间套利机制摩擦，降低市场波动性水平。交易佣金具有选择作用机制，其主要影响对象为短期套利交易者。套利交易者是市场主要的交易对手方，其交易积极性的提升将会对市场波动性产生正面影响。因此，在市场流动性水平、波动性水平的回稳下，股指期货市场的本身定价效率和市场功能将得到有效恢复。

二、股指期货市场保证金

保证金是在交易完成后，交易所依据持仓合约价值按一定比例向买卖双方收取的交易保证金。在交易零成本的情况下，保证金作为合约占用的现金存款，为不利价格转变提供缓冲，缓和可能的交易违约带来的不利影响（Fishe 等，1990）。因而从市场制度的角度来说，保证金的设定对于稳定金融市场运行具有重大意义。在相关的理论研究中，把保证金视为违约风险暴露和市场运行效率间的平衡选择。

后危机时期的市场情况与危机期间不同，整体市场趋于平静，抑制市场过度投机，防范市场违约风险暴露不再是首要目的。交易者的投资组合规模取决于其净资产，及其能够且愿意根据自有净资产和投资机会性质采取的杠杆。对最佳投资组合中保证金要求的降低，首先，将降低保证金机会成本，必然会提升其投资组合的总规模。其次，将提高杠杆率，使交易者降低单位预期收益率较低的资产比例，改变最佳投资组合的构成，从而带来交易者成本的降低。如果期货交易所能根据市场实际情况，在审慎性原则指导下适度降低保证金，机会成本和交易者成本均会降低，对市场交易者意愿有显著提升作用。市场流动性逐步提高，股指期货市场效率和功能也将逐步恢复（Telser 和 Yamey，1965；鲍建平，2004）。

三、交易者开仓限额

限仓制度起源于商品期货市场，包括开仓限额和持仓限额两类。其主要用于缓解短期内无限资金供给与实物商品有限提供间的矛盾，实现以下三个方面：一是防止少数大户投资者操纵市场价格（Kumar 和 Seppi，1992；Dutt 和 Harris，2005）。二是防止持仓过度导致风险集中于少数投资者。否则，当市场价格出现不利变动时，可能导致违约风险集中触发（Kyle，1985）。三是确保市场效率。投机者交易头寸对价格存在正的且非线性的影响。投机持仓占市场总持仓比例低于市场内生决定的某个限额，投机交易将提升市场效率（Chang 等，2013）。因此，监管者可以依据市场内生决定的限额来设定持仓限额标准，保证市场价格效率。

持仓限额制度作为对交易者的硬性规定制度，对市场影响极大，其影响范围并不仅限于投机交易，也包括套期保值和套利交易者等。监管者需要依据市场状况决定的限额来设定持仓限额标准。随着后危机时期市场的平稳，逐步放松的持仓限额制度将会显著增加市场流动性，这是市场价格发现和风险管理的基础。

第三节　股指期货松绑政策对股票市场定价效率影响机制

综合各类股指期货松绑措施作用机理，股指期货松绑政策有助于股票市场定价效率的提升。证券交易佣金、市场保证金及投资者开仓限额三类政策措施本质上是通过降低交易成本、降低交易硬性限制、提高杠杆率的方式来缓解信息在传递过程中的衰减度，以促进信息的形成、传递及获取。

一、信息吸收速度

股指期货松绑政策将有助于提升市场信息吸收速度。市场直接交易成本、机会成本、交易者成本将直接影响交易者利润空间，对信息套利和风险对冲两类交易需求都产生极大影响。交易成本的降低将直接提升投资者的交易积极性，提升其市场交易频率，扩大市场交易规模，甚至促使部分对交易成本敏感的投资者重新加入市场，使价格吸收信息的速度加快，对市场信息反映更加充分。

二、信息传递对称度

股指期货松绑政策将有助于提升市场信息传递的对称度。大量文献认为，危机期间各类股指期货限制政策一般更多侧重于悲观投资者，市场正负面信息形成不对称传递。市场上悲观投资者受管控约束影响成为"边际支持买家"（Marginal Support Buyers）。市场悲观情绪被隐藏，乐观投资信息占据主导，市场价格估值高于市场潜在投资者平均水平，基础证券价格被扭曲。其带来的后果是：一方面，公司基本面的不确定性和准确信息反馈的缺乏将会带来更大的投资者心理偏差和信念分歧，加剧期现货市场的不稳定性；另一方面，多空交易的不对等将会带来正负面信息获取的不对称性。隐藏负面信息长时间累计下，当市场出现突发性金融冲击，负面信息突然释放，可能引发市场过度反应，加速市场下跌。

股指期货松绑政策作为对限制政策的反向放松，将改变这种长期对负面信息的抑制状况，使市场价格更贴近于内在价值。

三、信息反应准确度

股指期货松绑政策实施后，随着交易成本的降低和交易限制的放开，股指期货市场的规模将逐步提升。但考虑中国股指期货市场前期全面限制长达一年半，整体市场规模严重萎缩。市场规模提升，市场交易者结构改善需要一定的发展过程。而股指期货市场作为股票市场的影子市场，股指期货松绑政策也打开了限制已久的期现货市场间的套利通道。松绑政策前期，股指期货市场规模较小，吸收新信息、应对冲击的能力较弱，较低数量的订单就能极大冲击市场价格，造成市场对已有信息的过度反应，使股指期货市场可能无法应对现货市场积攒已久的套利需求，反而对股票市场定价效率产生负面影响。直至松绑政策后期，市场规模恢复至与股票市场大小匹配时，期现货市场间关联性将恢复正常。股指期货松绑政策对股票市场信息反应的准确度可能会历经一个由负面到正面的过程。

第十七章 股指期货松绑政策对股票市场定价效率影响实证分析

第一节 模型与方法

一、实证模型与设定

（一）模型选择

从股指期货松绑政策特点来看，整体政策延续时间较长。自 2016 年以来，随着股灾的平息，整体股票市场运行逐步平稳，各指数成分股与非成分股市场定价效率本身呈现提升的趋势。若采用一次性比较研究，可能会导致股灾恢复期的市场自发性趋势变化与股指期货松绑政策效果相混杂。而 DID 方法是项目效应评估领域目前应用较为普遍的实证方法，且可与事件研究法相结合（姚磊和姚王信，2016）。实证原理是通过划分项目参与者全体构成的实验组及未参与项目者构成的对照组，并两两间差分，以获得评估政策干预效应（Meyer，1995）。因而，本章采用 DID 方法，通过实验组——成分股与对照组——非成分股间定价效率差异，避免股灾恢复期的长期趋势影响，呈现出较为纯粹的股指期货松绑政策效应。

DID 实证方法只有当政策实施对象为随机时，政策评估效果才是有效的（Besley 和 Case，2000），否则，股指期货标的股票与非标的股票间的内在差异可能会被归入政策效果，存在内生性问题。因此，需进一步通过匹配，寻求特征相似的对照组个体作为实验组个体的反事实结果，以保障政策评估效果的准确性。目前运用较为普遍的是 PSM 模型（Rosenbaum 和 Rubin，1983），适用于容量大、处理组与对照组的倾向得分有较大的共同取值范围的样本。

综合政策研究的特点，本章主要采用 PSM – DID（Heckman 等，1997，1998）及多期 DID 模型关于股指期货松绑政策关于成分股定价效率影响进行实证分析。

（二）模型设定

1. 股指期货松绑政策整体效应 DID 检验

为了检测股指期货松绑政策是否会对股票市场定价效率产生影响，本章将三阶段松绑政策视为一个整体，对松绑政策实施前后指数成分股与非成分股间定价效率差异进行比较。具体模型如下：

$$Efficiency_{i,t} = \alpha_0 + \beta T_i \times CSI_i + \gamma Controls_{i,t} + v_i + e_i + \varepsilon_{i,t} \quad (17-1)$$

其中，被解释变量 $Efficiency_{i,t}$ 表示 t 时 i 股票定价效率；解释变量 $T_i \times CSI_i$ 为虚拟变量，代表 t 时 i 股票是否受到政策影响。如果 i 股票为指数成分股，且 t 时松绑政策已实施，则取值为 1，否则为 0。$Controls_{i,t}$ 代表 t 时 i 股票对应的控制变量；v_i、e_i 分别代表月份固定效应和公司固定效应。

$T_i \times CSI_i$ 系数代表整个股指期货松绑政策对股票市场定价效率的影响。若 β 为负且显著，则说明股指期货松绑政策实施后，成分股相较于匹配非成分股定价效率得到提升。

2. 股指期货松绑政策阶段效应 DID 检验

鉴于股票市场定价效率在长期样本区间内存在提升趋势，政策整体效果 DID 结果说明力不强，需要更进一步地对各阶段政策效果进行实证分析。此外，McKenzie（2012）指出，DID 估计中政策前后时期选择是关键因素，政策前期和后期时间样本区间保持一致时估计效果更佳。而中国股指期货各阶段松绑持续时间存在较大差异①。为了更准确地评估三次股指期货松绑政策效果，本章分别截取三次松绑政策实施前后三个月数据，采用多期 DID 模型分别比较各阶段次松绑政策实施后股票市场定价效率的变化方向。多期 DID 模型设定如下：

$$Efficiency_{i,t} = \alpha_0 + \sum_{t=1}^{3} \beta T_i \times CSI_i + \gamma Controls_{i,t} + v_i + e_i + \varepsilon_{i,t}$$

$$(17-2)$$

其中，解释变量 $T_i \times CSI_i$ 与式（17-1）不同。每个阶段都对应一个虚拟变量，对于处于该阶段内的成分股定义为 1，否则均为 0。其他变量定义与式（17-2）一致。

3. 股指期货松绑政策月度效应 DID 检验

资本市场上大多数制度创新和市场改革的效应都有一个渐变的过程（李志生，2015）。为更进一步考虑股指期货松绑政策对股市定价效率影响的短期变化，本章分别对各阶段政策实施后每个月的政策效应方向和程度进行比较，分析每个月政策效果方向及系数绝对值的变化，以区分股指期货松绑政策的短期及长期影响，缓解长期宏观经济趋势。多期 DID 模型设定与式（17-2）一致。

4. 稳健性检验

为进一步保障政策效应的稳健性，本章主要对两个方面进行了检验。首先，在政策前后时间跨度选择方面。受第三阶段政策期较短影响，为保障政策前后保持相同样本区间，前文中股指期货松绑政策阶段效应 DID 检验仅选取了三次松绑政策实施前后三个月数据。大量样本区间数据被删除，可能会导致政策后期效应被忽视。因此，本章选取了第一次和第二次松绑政策前后 7 个月数据进行股指期货松绑政策阶段效应 DID 检验，以检查估计结果的稳健性。其次，在股票指数选取方面。中证 500 同样为市场主要指数且主要为中小股票，与沪深 300 指数重合度不高。故本章选取中证

---

① 第一阶段股指期货松绑政策持续时间 7 个月、第二阶段股指期货松绑政策持续时间 14 个月、第三阶段股指期货松绑政策推出约 3 个月。

500 指数数据，对股指期货松绑政策整体效应、阶段效应、月度效应进行 DID 检验，以确保政策效应估计的稳健性。

二、变量定义与度量

(一) 市场定价效率指标

国内外相关文献对于市场定价效率的衡量标准主要集中于股票价格对市场新信息的吸收及反应速度（Hou 和 Moskowitz，2005；Staff 和 Kari，2008；Boehmer 和 Wu，2013；李志生等，2015；肖争艳和高荣，2015 等）。

Hou 和 Moskowitz（2005）使用年度数据，通过市场当期信息和历史信息对个股价格解释程度的相对大小，形成滞后价格指标，以评估股票价格对市场信息调整速度的相对效率。该指标在市场定价效率领域运用较为广泛（Saffi 和 Sigurdsson，2011）。

由于本章政策效应样本时间仅 3 年，因此本章参照 Boehmer 和 Wu（2013）、李志生（2015）的做法，将数据频率转换为日度，并在综合考虑新兴市场周内效应后（佟孟华等，2017），将个股日度收益率对同期、滞后 5 期的市场收益率进行回归：

$$r_{i,t} = \alpha_i + \beta_i \times R_{m,t} + \sum_{n=1}^{5} \delta_{i,n} \times R_{m,t-n} + \varepsilon_{i,t} \qquad (17-3)$$

其中，$r_{i,t}$ 为 t 时股票 i 的收益率；$R_{m,t}$ 为 t 时市场收益率；$R_{m,t-n}$ 为滞后 n 期的市场收益率；$\varepsilon_{i,t}$ 为随机误差项。

若股票价格对市场新信息的吸收速度和反应程度较低，即价格反应存在滞后，则当期市场收益率解释能力越弱，而滞后期市场收益率解释力越强；反之亦然。在式（17-3）中，则表现为回归方程解释变量系数相对大小。因此，本章构造定价效率指标一，如下：

$$Efficiency1_{i,t} = \frac{\sum_{n=1}^{5}|\delta_{i,t-n}|}{|\beta_i| + \sum_{n=1}^{5}|\delta_{i,t-n}|} \qquad (17-4)$$

$Efficiency1_{i,t}$ 捕捉了式（17-3）中滞后 n 期的市场收益率回归系数占所有回归系数的比重。因此，$Efficiency1_{i,t}$ 越小，说明股票市场定价效率越高。

除系数比重判别外，Hou 和 Moskowitz（2005）基于 F 检验原理，提出可以基于限制及原始模型回归决定系数的比重，对股票信息反应速度进行衡量。首先，设定限制模型，即式（17-3）中滞后 n 期的市场收益率系数均为 0（$\delta_{i,t-n}=0$），解释变量仅为当期市场收益率，回归得到限制模型回归决定系数 $R'^{2}_{i,t}$。其次，对式（17-3）中滞后 5 期的市场收益率进行回归，得到原始模型回归决定系数 $R^{2}_{i,t}$。两项系数相比，构造获得定价效率指标二：

$$Efficiency2_{i,t} = 1 - \frac{R'^{2}_{i,t}}{R^{2}_{i,t}} \qquad (17-5)$$

$Efficiency2_{i,t}$ 表示个股收益率中滞后 n 期的市场收益率解释比重。因此 $Efficiency2_{i,t}$ 越小，说明股票市场定价效率越高。

在市场定价效率指标计算方法基础上，本章参考 Boehmer 和 Wu（2013）、Hou 和 Moskowitz（2005）及 Bris 等（2007），采取滚动回归模型，滚动窗口为 100，分别对原始式（17-3）及限制式（$\delta_{i,t-n}=0$）进行回归，获得动态系数和动态回归决定系数 $R_{i,t}$。基于式（17-4）、式（17-5）进行计算，得到所有股票的日度市场定价效率指标后，再进行月度平均，最终获得股票月度市场定价效率指标。

（二）控制变量

综合参考 Xie 和 Mo（2015）、Han 和 Liang（2016）、李志生（2015）及主要指数成分股筛选标准，本章采用的主要控制变量为股票流通市值、股票交易量及股票价格。其中，$Cap_{i,t}$ 反映公司规模，是分月度计算的股票流通市值均值的自然对数；$Invp_{i,t}$ 反映股票价格因素，为个股价格平方的倒数月均值的平方根。本章主要变量说明如表 17-1 所示。

表 17-1 变量定义

变量名	变量	定义
$Efficiency_{i,t}$	股票定价效率	被解释变量,用于衡量股票定价效率
$T_i \times CSI_i$	是否受政策影响	虚拟变量,当成分股处于政策实施后时 $T_i \times CSI_i = 1$,否则为 0
$Cap_{i,t}$	公司规模	控制变量,计算方式为股票流通市值取自然对数
$Invp_{i,t}$	股票价格因素	控制变量,计算方式为个股价格平方的倒数月均值的平方根

第二节 数据样本与 PSM 匹配

一、数据样本

本章主要研究股指期货松绑政策对沪深 300 指数成分股市场定价效率影响。在样本区间选择方面,本章选取股指期货限制政策全面实施日 2016 年 1 月 8 日至目前股指期货松绑政策最新实施日 2019 年 3 月 16 日为总体样本区间,并结合股指期货市场政策三度松绑时间作为阶段划分标志,进一步将样本区间划分为 4 个子阶段:

第一阶段:全面限制期(2016 年 1 月 8 日至 2017 年 2 月 16 日)。此阶段作为基准对照期,从股指期货限制政策全面实施起至股指期货限制政策首次松绑前夕。

第二阶段:首次松绑期(2017 年 2 月 17 日至 2017 年 9 月 15 日)。此阶段作为股指期货首次松绑期,从股指期货市场首次松绑开始至股指期货市场二次松绑前夕。

第三阶段:二次松绑期(2017 年 9 月 18 日至 2018 年 12 月 1 日)。此阶段作为股指期货二次松绑期,从股指期货市场二次松绑开始至股指期货三次松绑前夕。

第四阶段:三次松绑期(2018 年 12 月 2 日至 2019 年 3 月 19 日)。此阶段作为股指期货三次松绑开始。

在样本筛选方面，本章参考同类文献处理方式（Xie 和 Mo，2013；Han 和 Liang，2016；黄瑜琴和王朝阳，2018），对市场 A 股逐步进行筛选，其中剔除以下样本：一是 2016 年 1 月 7 日后上市股票；二是特殊处理（ST）股票；三是金融行业股票，因为大多数金融行业股票均属于指数成分股，难以找到非成分股进行匹配；四是 2016 年 1 月 8 日至 2019 年 1 月 25 日交易日少于 500 个交易日的股票，以减轻数据耗损问题①；五是在样本期间添加到两个指数或从两个指数中删除的股票，以保持样本区间内成分股数据的结构稳定。最终筛选的样本共包括 2056 只股票，共 1578168 个样本观测值。其中包含沪深 300 成分股 114 只，中证 500 成分股 249 只，非成分股 1695 只。同时，为剔除数据极端值影响，本章各连续变量均进行了 1% ~ 99% 置信区间内的 Winsor 缩尾处理。资料来源于 Wind 资讯。

二、PSM 匹配

为实现 DID 平行假定，本章采用倾向匹配得分（PSM）。首先，使用 Probit 参数回归，根据处理变量 $Efficiency_{i,t}$ 和协变量 $Cap_{i,t}$、$Invp_{i,t}$ 估计倾向得分。然后，采取一对四匹配法，确定与实验组匹配的全部对照组。

表 17-2 为匹配后沪深 300 描述性统计，分别比较了总样本及股指期货松绑政策前后实验组与对照组各主要变量描述统计数据。从 Panel A 总样本描述性统计来看，沪深 300 指数成分股定价效率显著高于非成分股，且公司规模、价格指标也均大于非成分股。从股指期货松绑政策实行前后来看，Panel B 股指期货松绑政策前描述性统计中，沪深 300 指数成分股定价效率与非成分股无显著差异。Panel C 股指期货松绑政策后描述性统计中，沪深 300 指数成分股定价效率显著大于非成分股，说明股指期货松绑政策提升了股票市场定价效率。但描述性统计数据易受市场整体趋势影响，需要更进一步的验证。

---

① Han 和 Liang（2016），黄瑜琴和王朝阳（2018）认为，主要样本时期为 2015 年股票市场异常波动期间前后高频数据，为排除大量股票连续停牌记录，所以此项筛选条件设定为 5 个连续非交易日。本章设定的不少于 500 个交易日的股票筛选条件，主要参考 Xie 和 Mo（2013）的文献。

表 17-2 沪深 300 样本的描述性统计

变量	HS300 成分股		HS300 非成分股		均值之差	t 值
	样本量	均值	样本量	均值		
Panel A：总样本						
$Efficiency1$	55219	0.4041	3779	0.4323	-0.0280***	-11.6330
$Efficiency2$	55219	0.1593	3779	0.1994	-0.0401***	-13.6622
Cap	55219	15.1516	3779	17.6681	2.5176***	-261.5371
$Invp$	55219	0.1132	3779	0.1036	0.0107***	8.1412
Panel B：松绑政策实施前						
$Efficiency1$	14423	0.3822	1002	0.3907	-0.0083	-1.7221
$Efficiency2$	14423	0.1465	1002	0.1502	-0.0042	-0.6990
Cap	14423	15.3407	1002	17.5973	2.2581***	-136.2962
$Invp$	14423	0.0771	1002	0.1022	-0.0256***	-15.5331
Panel C：松绑政策实施后						
$Efficiency1$	40796	0.4114	2777	0.4476	-0.0361***	-12.6454
$Efficiency2$	40796	0.1632	2777	0.2172	-0.0533***	-15.3932
Cap	40796	15.0846	2777	17.6943	2.6092***	-229.3661
$Invp$	40796	0.1257	2777	0.1031	0.0229***	15.2730

注：t 值为样本分组的 t 检验结果。*** 表示 1% 的统计显著水平。

图 17-1 为匹配后沪深 300 指数样本股票定价效率指标的时间序列。从图中来看，股指期货松绑政策实施前，沪深 300 指数成分股与非成分股定价效率变动时间趋势基本相同，满足 DID 模型平行趋势基本假设，且指数成分股定价效率均高于非成分股。股指期货松绑政策实施后，指数成分股定价效率整体降低。股指期货松绑政策实施后几个月，指数成分股定价效率一度出现反向降低趋势，显著低于非成分股定价效率。定价效率指标短期内的反复变化，使政策检验结果受到采样间隔的选择较大影响，从而多期 DID 检验更为必要。

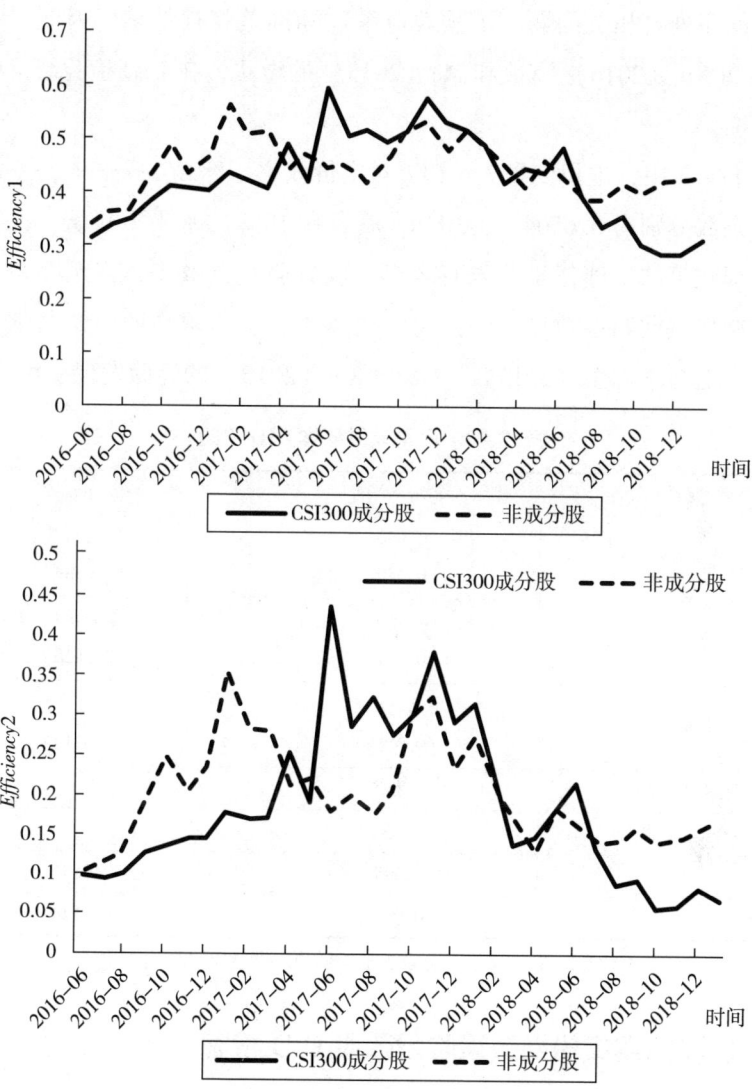

图 17-1 匹配后沪深 300 指数成分股与非成分股市场定价效率

第三节 实证结果与分析

一、股指期货松绑政策整体效应 DID 检验

我们首先基于回归公式（17-1）对股指期货松绑政策整体效应进行检验。Bertrand（2004）发现采用干预前后长时间连续数据进行 DID 检验，存

在严重的序列自相关问题,干预效应系数标准差将被低估。因此,本章依据 Han 和 Xie(2016)、Xie 和 Mo(2013)的做法,在 DID 检验结果中报告聚类标准误。

表 17-3 中,虚拟变量 $T_i \times CSI_i$ 对定价效率指标 $Efficiency1$、$Efficiency2$ 的回归系数分别为 0.0504、0.1071,后者在 10% 的水平下显著,说明股指期货松绑政策的实施似乎并未有效提升成分股定价效率,甚至存在负面影响。控制变量回归系数显示,公司规模越小,价格越高的股票通常定价效率越高。这与李志生(2015)、Han 和 Xie(2016)的经验发现一致。

表 17-3 政策效果整体 DID 检验

变量	$Efficiency1$	$Efficiency2$
$T_i \times CSI_i$	0.0504	0.1071*
	(0.0301)	(0.0339)
$Invp_{i,t}$	-0.1068	-0.2670
	(0.1075)	(0.0820)
$Cap_{i,t}$	0.0383**	0.0475**
	(0.0153)	(0.0212)
时间固定效应	是	是
公司固定效应	是	是
N	1085	1085
R^2	0.0801	0.1174

注:括号内为聚类标准误值。**、*分别表示 5%、10% 的统计显著水平。

二、股指期货松绑政策阶段效果 DID 检验

虽然从整体 DID 检验结果来看,股指期货松绑政策实施反而降低了股票市场定价效率。整体效果检验只是简单地从松绑政策实施前后进行双重差分,样本时间跨度过长,可能会受各种经济因素影响。中国股指期货松绑政策是渐进阶段性实施的,各阶段政策推出的时间点和调整力度各不相同。为了排除以上因素影响,区分政策长短期影响,有必要更进一步分阶段对股指期货松绑政策效果进行分析。

本章根据三个阶段股指期货松绑政策实施时间,截取各阶段松绑政策

实施时点前后3个月的数据（第一阶段2016年12月至2017年6月；第二阶段2017年7月至2018年1月；第三阶段2018年9月至2019年3月），对回归公式（17-2）进行多期DID估计，分别比较各阶段次松绑政策实施后股票市场定价效率的变化方向，结果如表17-4所示。

如表17-4所示，采用三次松绑对应的政策交互项替代表17-3的单一处理项。第一次松绑阶段，政策代理变量 $P_i \times CSI_i$ 对定价效率指标 $Efficiency1$、$Efficiency2$ 的回归系数分别为0.0713、0.1831，在5%、1%置信水平下显著。但第二次松绑阶段，两个定价效率指标交叉项系数由正转负，分别为-0.1006、-0.1762，在5%、1%水平下显著。至第三次松绑阶段，两个定价效率指标交叉项系数分别为0.1983、-0.1451，且在10%、5%水平下显著，第三次松绑阶段交叉项系数绝对值均大于第二次松绑阶段。

表17-4 沪深300阶段DID实证结果

变量	第一次松绑		第二次松绑		第三次松绑	
	$Efficiency1$	$Efficiency2$	$Efficiency1$	$Efficiency2$	$Efficiency1$	$Efficiency2$
$P_i \times CSI_i$	0.1071**	0.1831***	-0.1006**	-0.1762***	-0.1983*	-0.1451**
	(0.0460)	(0.0623)	(0.0398)	(0.0586)	(0.0456)	(0.0640)
$Invp_{i,t}$	-0.2670	-0.3432	-0.0311*	-0.0437	0.5283	0.6321
	(0.2048)	(0.2695)	(0.1676)	(0.2459)	(0.5010)	(0.7011)
$Cap_{i,t}$	0.04758**	0.0551	0.0217	0.0350	0.0774*	0.0934*
	(0.0229)	(0.0335)	(0.0173)	(0.0276)	(0.0416)	(0.0497)
月份固定效应	是	是	是	是	是	是
公司固定效应	是	是	是	是	是	是
N	1085	1085	1085	1085	1085	1085
R^2	0.1174	0.1107	0.1065	0.1787	0.2721	0.2340

注：括号内为聚类标准误值。***、**、*分别表示1%、5%、10%的统计显著水平。

相较前期整体DID检验，分阶段样本DID检验政策效应方向出现了较大转变，呈现"先抑后扬"的趋势。首度松绑阶段，股指期货松绑政策对成分股市场定价效率存在负面影响，而第二次、第三次政策阶段，股指期货松绑政策效果由负面转向正面，且第三阶段股指期货松绑政策正向提升效果更为显著。

三、股指期货松绑政策月度效果 DID 检验

为了进一步验证股指期货松绑政策效应的演变过程，解释上述不同样本间隔下 DID 检验结果的变化，本章将股指期货松绑政策实施后（2017年2月17日至2019年3月19日）的23个月作为研究区间。采用多期 DID 回归公式（17-2），分别设定了23个 DID 估计系数及相应的交叉项。

（一）第一阶段松绑政策月度效应

从表17-5来看，第一阶段松绑政策出台后第一个月（2017年3月），政策代理变量 $P_i \times CSI_i$ 对定价效率指标 $Efficiency1$、$Efficiency2$ 的回归系数分别为 -0.0506、-0.0650，且均在1%的水平下显著。而政策出台后第二、第三个月（2017年4月、5月），交叉项系数均不显著。直至政策出台后第四、第五、第六个月（2017年6月、7月、8月），交叉项系数均显著为正，且越到后期交叉项系数绝对值越大。

实证结果表明，第一阶段松绑政策对股票市场定价效率提升仅持续了一个月，第二、第三个月政策效果不断衰减，并于第四个月政策对股票市场定价效率转为负面影响，且越到后期（第五、第六个月）负面影响效果越大。松绑政策对股票市场定价效率的正向提升效应持续时间显著短于负面影响时间，且强度也显著低于负面影响。总体而言，第一阶段松绑月度政策效应变化情况为第一阶段松绑阶段政策效应为负，提供了合理的解释。

表17-5 第一阶段松绑政策月度 DID 实证结果

变量	$Efficiency1$	$Efficiency2$
$P_1 \times CSI_i$	-0.0506** (0.0219)	-0.0650*** (0.0226)
$P_2 \times CSI_i$	0.0431 (0.0313)	0.0430 (0.0400)

续表

变量	*Efficiency*1	*Efficiency*2
$P_3 \times CSI_i$	0.0230 (0.0392)	0.0706 (0.0555)
$P_4 \times CSI_i$	0.1353*** (0.0721)	0.2467** (0.1047)
$P_5 \times CSI_i$	0.1363*** (0.0488)	0.1970** (0.0754)
$P_6 \times CSI_i$	0.1796*** (0.0593)	0.2573*** (0.0892)
$Invp_{i,t}$	−0.1423 (0.1002)	−0.1100* (0.1188)
$Cap_{i,t}$	0.0156** (0.0106)	0.0198* (0.0132)
月份固定效应	是	是
公司固定效应	是	是
N	896	896
R^2	0.0561	0.0773

注：括号内为聚类标准误值。***、**、*分别表示1%、5%、10%的统计显著水平。

结合政策梳理及理论分析，第一阶段政策效应可能受政策松绑程度和范围、期现货市场情况等因素影响。第一，从政策调控程度和范围来看，首度松绑政策虽然在三次松绑调整幅度中属于中等，但在前期市场长期全面限制下，市场放松绝对力度仍有限。市场规模较前期初步提升，但幅度有限，整体市场交易仍处于显著紧缩状态。市场流动性、交易深度处于较低水平，股指期货价格发现功能无法有效发挥。第二，从期现货市场情况来看，股指期货市场全面限制长达一年半，市场交易陷入冰点。股指期货市场松绑谣言持续不断，各方需求长期被限制。股指期货作为股票市场的影子市场，承接着现货市场对冲需求。随着首次松绑政策的实施，限制已久的期现货市场间交易门槛被降低，市场交易较前期冰点迅速提升，但市场整体规模有限，吸收新信息、应对冲击的能力较弱，无法与现货市场规模配套，使较低数量的订单就能极大地冲击市场价格，市场波动率反而有所提升，导致现货市场定价效率的恶化，如首次松绑后三次"乌龙指"事件。

(二) 第二阶段松绑政策月度效应

从表17-6来看，第二阶段松绑政策出台后第一、第二、第四个月（2017年10月、11月及2018年1月），政策代理变量 $P_i \times CSI_i$ 对定价效率指标 $Efficiency1$、$Efficiency2$ 的回归系数均为正，且于10%、5%、1%的水平下显著。第五、第六个月（2018年2月、3月）交叉项系数不显著。直至政策出台后第七、第九个月至第十四个月（2018年4月、6月至11月）交叉项回归系数转为正，且至少于5%的水平下显著。越到政策后期，交互项系数绝对值越大。

表17-6 第二阶段月度DID实证结果

变量	$Efficiency1$	$Efficiency2$
$P_1 \times CSI_i$	0.0868**	0.0969*
	(0.0381)	(0.0557)
$P_2 \times CSI_i$	0.1804***	0.2151***
	(0.0335)	(0.0559)
$P_3 \times CSI_i$	0.0404	0.0352
	(0.0335)	(0.0475)
$P_4 \times CSI_i$	0.0819***	0.0732
	(0.0311)	(0.0501)
$P_5 \times CSI_i$	0.0890	0.0773
	(0.0503)	(0.0776)
$P_6 \times CSI_i$	0.0456	-0.0064
	(0.0430)	(0.0541)
$P_7 \times CSI_i$	-0.0304	-0.0918***
	(0.0361)	(0.0298)
$P_8 \times CSI_i$	0.0018	-0.0219
	(0.0590)	(0.0917)
$P_9 \times CSI_i$	-0.0508**	-0.0989***
	(0.0219)	(0.0200)

续表

变量	$Efficiency1$	$Efficiency2$
$P_{10} \times CSI_i$	-0.0799*** (0.0226)	-0.1180*** (0.0213)
$P_{11} \times CSI_i$	-0.0157 (0.0194)	-0.0707*** (0.0139)
$P_{12} \times CSI_i$	-0.0790*** (0.0286)	-0.0987*** (0.0263)
$P_{13} \times CSI_i$	-0.1102*** (0.0211)	-0.1223*** (0.0146)
$P_{14} \times CSI_i$	-0.1222*** (0.0245)	-0.1207*** (0.0191)
$Invp_{i,t}$	-0.0980 (0.1029)	-0.0592 (0.1260)
$Cap_{i,t}$	0.0192** (0.0121)	0.0302** (0.0159)
月份固定效应	是	是
公司固定效应	是	是
N	896	896
R^2	0.0818	0.0727

注：括号内为聚类标准误值。***、**、*分别表示1%、5%、10%的统计显著水平。

实证结果表明，第二阶段松绑政策前期（前四个月）仍持续了第一阶段后期的负面影响。直至政策实施后期（后六个月），政策效应出现转折，不稳定的负面影响转为稳定的正面影响，且整体的影响力度均显著大于前期的负面影响，基本符合前述阶段性政策效应检验中第二次松绑政策对股票市场定价效率的显著提升结果。

第二次松绑阶段，股指期货市场对股票市场定价效率影响由负转正。综合前述政策梳理及理论分析来看，第一，从政策调控程度和范围比较而言，第二次松绑调整幅度小于首度松绑，且中证500受影响较小，但首度松绑政策与第二次松绑政策的叠加效应，使市场较全面限制期手续费放松70%、保证金放松62.5%、开仓限额提升2倍。市场成交量和持仓量也开始逐步提升。第二，从期现货市场情况来看，首度松绑政策释放了一年半以来积攒的市场对冲需求，市场交易逐步平稳化。市场交易规模的提升，带来市场流动性、市场深度的提高，也使市场对冲风险能力得到了增强。此外，为避免大额订单对不活跃合约交易的冲击，在整体交易量不受限的前提下，中国金融期货交易所在 2017 年 3 月 31 日将股指期货合约限价指令每次下单数量下调为 20 手，市价指令每次最大下单数量下调为 10 手，在一定程度上也有助于股指期货市场稳定性的提升。

（三）第三阶段松绑政策月度效应

第三阶段松绑政策出台后三个月内，政策代理变量 $P_i \times CSI_i$ 对定价效率指标 $Efficiency1$、$Efficiency2$ 的回归系数均为负，且于 5%、1% 置信水平下显著，说明第三次松绑政策对股票市场定价效率维持稳定的正向影响（见表 17-7）。

表 17-7 第三阶段月度 DID 实证结果

变量	$Efficiency1$	$Efficiency2$
$P_1 \times CSI_i$	-0.0870**	-0.0689
	(0.0433)	(0.0562)
$P_2 \times CSI_i$	-0.1101**	-0.0964***
	(0.0251)	(0.0276)
$P_3 \times CSI_i$	-0.1042***	-0.1229***
	(0.0224)	(0.0197)
$Invp_{i,t}$	-0.1062	-0.0653
	(0.1040)	(0.1264)
$Cap_{i,t}$	0.0224	0.0302**
	(0.0120)	(0.0160)
月份固定效应	是	是
公司固定效应	是	是
N	896	896
R^2	0.0389	0.0285

注：括号内为聚类标准误值。***、**分别表示1%、5%的统计显著水平。

综合前述政策梳理及理论分析来看，第一，政策调控程度和范围上，第三次松绑幅度较前两次有了极大的提高，基本可以满足个人和机构投资者交易和风险管理的需求。第二，股指期货市场扩张速度相较二次松绑阶段显著提升（成交量提升60%~83%，持仓量提升20.21%~53.08%），市场整体活跃度显著提升，给予了股指期货市场功能发挥基础。从而，第三次松绑政策效应对市场定价效应维持稳定的正向影响，且影响程度较二次松绑更大。

整体而言，股指期货松绑政策月度DID检验与前期政策阶段DID检验结果基本一致，并为前期阶段DID检验结果差异提供了合理的解释，更描绘了股指期货松绑政策对股票市场定价效率先抑后扬的影响演变过程，而且股指期货松绑政策效应DID检验结果与已有卖空机制对股票市场定价效率影响相关理论基本一致，但在变化趋势上存在一定差异。考虑可能与股指期货各阶调控政策松绑程度、政策持续时间及政策调控前期市场基础相关。

第四节 稳健性分析

本节主要处理与我们实证结果相关的两个潜在问题：政策前后时间跨度选择、股票指数选取，以进一步保障政策效应的稳健性。

一、政策前后时间跨度调整

首先，在政策前后时间跨度选择方面，McKenzie（2012）指出，DID估计中政策前后时期选择是极其重要的，且政策前后阶段保持同长度样本使政策效果评估更准确。而由于第三阶段政策实施至今仅3个月，为保障政策前后期保持相同样本区间，表17-4中仅选取了三阶段松绑政策实施前后三个月数据，大量样本区间数据被删除，可能会导致政策后期效应被忽视。因此，本节选取了第一次松绑、第二次松绑政策前后7个月数据：2016年8月至2017年10月、2017年3月至2018年5月，进行多期DID分析，以控制政策前后时间跨度选择对统计结果的干扰。结果如表 17-8 所示。

表 17-8 沪深 300 阶段 DID 实证结果

变量	第一次松绑		第二次松绑	
	$Efficiency1$	$Efficiency2$	$Efficiency1$	$Efficiency2$
$P_i \times CSI_i$	0.1253***	0.1892***	-0.0470	-0.1153**
	(0.0390)	(0.0623)	(0.0310)	(0.0447)
$Invp_{i,t}$	-0.1084	-0.1296	-0.0410	0.0040
	(0.1337)	(0.1866)	(0.1408)	(0.2010)
$Cap_{i,t}$	0.0330*	0.0414	0.0284	0.0391
	(0.0195)	(0.0268)	(0.0177)	(0.0266)
月份固定效应	是	是	是	是
公司固定效应	是	是	是	是
N	407	407	407	407
R^2	0.1373	0.1107	0.0461	0.0598

注：括号内为聚类标准误值。***、**、*分别表示 1%、5%、10% 的统计显著水平。

从表 17-8 来看，扩大政策前后时间跨度后，政策效果基本与表 17-4 中一致。第一次松绑阶段，政策代理变量 $P_i \times CSI_i$ 对定价效率指标 $Efficiency1$、$Efficiency2$ 的回归系数分别为 0.1253、0.1892，均在 1% 置信水平下显著。第二次松绑阶段，定价效率指标 $Efficiency2$ 交叉项系数（-0.1153）由正转负，在 5% 水平下显著。上述结果进一步表明，股指期货松绑政策对股票市场定价效率存在先抑后扬的影响。

二、股票指数重新选取

目前市场主要指数有沪深 300 指数、中证 500 指数。前述仅基于沪深 300 指数进行了研究。而中证 500 指数代表了中国股市中中小市值公司的股票价格表现。为更全面地分析股指期货松绑政策对中国股票市场定价效率影响，本节选取中证 500 指数数据，对股指期货松绑政策月度效应进行 DID 检验[①]，以确保政策效应估计的稳健性。

---

① 为简洁起见，仅于书中放置中证 500 指数股指期货松绑政策月度效果 DID 检验。

（一）中证500指数倾向得分匹配及描述性统计

采用倾向得分匹配（PSM）对中证500指数成分股与非成分股进行匹配。图17-2为匹配后中证500指数样本股票定价效率指标的时间序列。从图中来看，股指期货松绑政策实施前，中证500指数成分股与非成分股定价效率变动时间趋势基本相同，满足DID模型平行趋势基本假设。

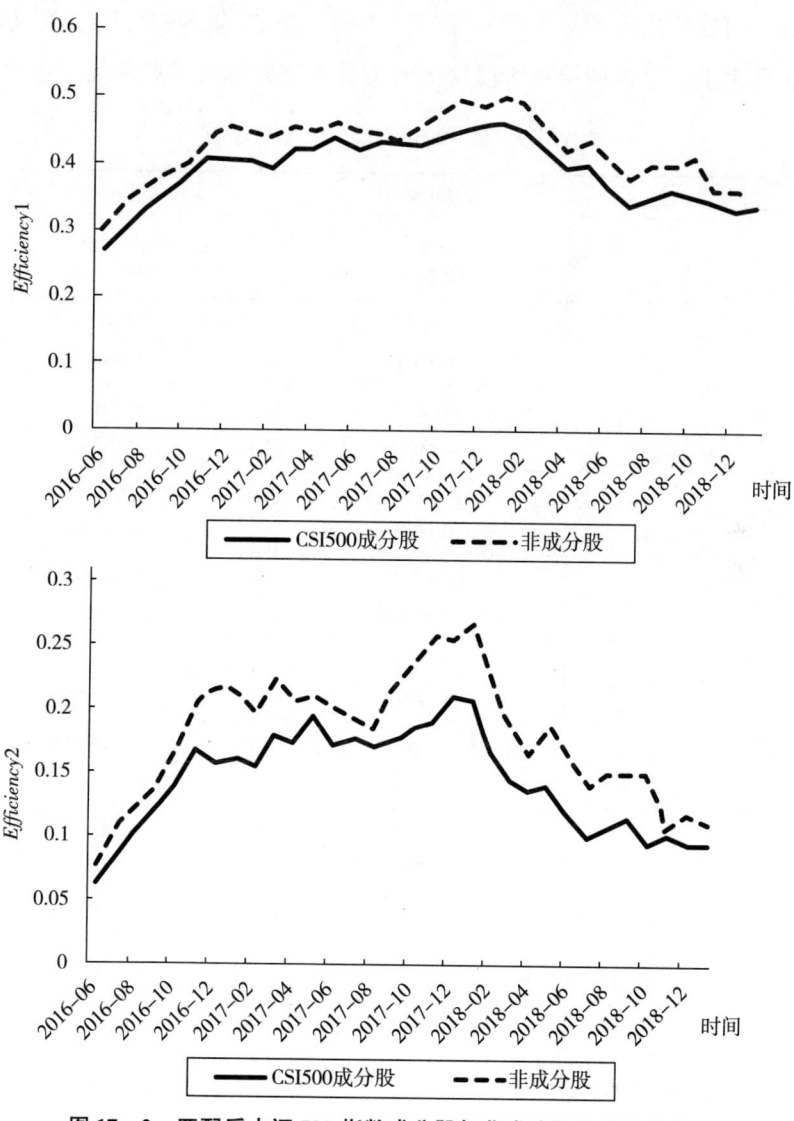

图17-2 匹配后中证500指数成分股与非成分股市场定价效率

(二) 股指期货松绑政策月度效果 DID 检验

表 17-9 为第一阶段松绑政策实施后 6 个月中不同时期的政策影响，变化趋势与表 17-5 中沪深 300 指数情况基本一致。政策出台后第一个月（2017 年 3 月），政策代理变量 $P_i \times CSI_i$ 对定价效率指标 $Efficiency1$、$Efficiency2$ 的回归系数分别为 -0.0044、-0.0089，均在 10%、5% 的水平下显著。而政策出台后第三个月至第六个月（2017 年 5—8 月），交叉项系数均显著为正。这说明第一阶段松绑政策并未有效提升股票市场定价效率。

表 17-9 第一阶段月度 DID 实证结果

变量	$Efficiency1$	$Efficiency2$
$P_1 \times CSI_i$	-0.0044* (0.0094)	-0.0089** (0.0115)
$P_2 \times CSI_i$	0.0030 (0.0089)	-0.0020 (0.0107)
$P_3 \times CSI_i$	0.0213** (0.0092)	0.0216* (0.0119)
$P_4 \times CSI_i$	0.0096* (0.0094)	0.0058** (0.0118)
$P_5 \times CSI_i$	0.0170** (0.0086)	0.0071 (0.0109)
$P_6 \times CSI_i$	0.0097 (0.0086)	-0.0045 (0.0104)
$Invp_{i,t}$	-0.2626*** (0.0381)	-0.2646*** (0.0433)
$Cap_{i,t}$	0.0060 (0.0047)	0.0044 (0.0055)
月份固定效应	是	是
公司固定效应	是	是
N	16809	16809
R^2	0.0202	0.0134

注：括号内为聚类标准误值。***、**、* 分别表示 1%、5%、10% 的统计显著水平。

表17-10为第二阶段松绑政策实施后14个月中不同时期政策影响。变化趋势与表17-5中沪深300指数情况基本一致。松绑政策前期（前五个月）并未提升股票市场定价效率。直至政策实施后期（后六个月），政策效应出现转折，不稳定的负面影响转为稳定的正面影响。

表17-10 第二阶段月度DID实证结果

变量	$Efficiency1$	$Efficiency2$
$P_1 \times CSI_i$	0.0249***	0.0080
	(0.0091)	(0.0116)
$P_2 \times CSI_i$	0.0379***	0.0242**
	(0.0088)	(0.0120)
$P_3 \times CSI_i$	0.0407***	0.0335***
	(0.0091)	(0.0120)
$P_4 \times CSI_i$	0.0385***	0.0282**
	(0.0093)	(0.0120)
$P_5 \times CSI_i$	0.0394***	-0.0030
	(0.0083)	(0.0098)
$P_6 \times CSI_i$	0.0104	-0.0218**
	(0.0092)	(0.0107)
$P_7 \times CSI_i$	-0.0190**	-0.0364***
	(0.0090)	(0.0106)
$P_8 \times CSI_i$	-0.0085	-0.0285**
	(0.0093)	(0.0113)
$P_9 \times CSI_i$	-0.0395***	-0.0467***
	(0.0095)	(0.0107)
$P_{10} \times CSI_i$	-0.0642***	-0.0633***
	(0.0091)	(0.0100)
$P_{11} \times CSI_i$	-0.0526***	-0.0530***
	(0.0090)	(0.0095)
$P_{12} \times CSI_i$	-0.0402***	-0.0435***
	(0.0091)	(0.0103)
$P_{13} \times CSI_i$	-0.0465***	-0.0584***
	(0.0080)	(0.0081)

续表

变量	$Efficiency1$	$Efficiency2$
$P_{14} \times CSI_i$	-0.0573***	-0.0548***
	(0.0086)	(0.0093)
$Invp_{i,t}$	-0.2380***	-0.2372***
	(0.0373)	(0.0425)
$Cap_{i,t}$	0.0058	0.0058
	(0.0047)	(0.0055)
月份固定效应	是	是
公司固定效应	是	是
N	16809	16809
R^2	0.0325	0.0215

注：括号内为聚类标准误值。***、**分别表示1%、5%的统计显著水平。

表17-11为第三阶段松绑政策实施后3个月中不同时期政策影响。变化趋势与表17-5中沪深300指数情况基本一致。松绑政策实施三个月内，股指期货市场对股票市场定价效率维持稳定的正向影响。政策代理变量$P_i \times CSI_i$对定价效率指标$Efficiency1$、$Efficiency2$的回归系数均为负，且在5%、1%置信水平下显著。

表17-11 第三阶段月度DID实证结果

变量	$Efficiency1$	$Efficiency2$
$P_1 \times CSI_i$	-0.0624***	-0.0584***
	(0.0079)	(0.0081)
$P_2 \times CSI_i$	-0.0614***	-0.0589***
	(0.0076)	(0.0073)
$P_3 \times CSI_i$	-0.0644***	-0.0654***
	(0.0079)	(0.0072)
$Invp_{i,t}$	-0.2431***	-0.2453***
	(0.0379)	(0.0433)
$Cap_{i,t}$	0.0070	0.0051
	(0.0046)	(0.0055)
月份固定效应	是	是

续表

变量	Efficiency1	Efficiency2
公司固定效应	是	是
N	16809	16809
R^2	0.0266	0.0176

注：括号内为聚类标准误值。＊＊＊表示1％的统计显著水平。

第五节 结论及政策建议

为探究2017年以来股指期货渐进式松绑政策对股票市场定价效率的影响及政策效应演变过程，本篇采用PSM－DID及多期DID法，基于2016年1月8日至2019年3月16日沪深300指数成分股及非成分股，分别进行股指期货松绑政策效果整体、阶段、月度DID检验，并进一步从政策前后时间跨度选择、股票指数选取角度进行了稳健性分析。

一、实证结论

第一，股指期货松绑政策对股票市场定价效率短期内的确具有提升作用。在阶段政策实施短期内，基本都出现了对股票市场定价效率的提升作用。但各阶段的政策效应大小、变化趋势都有较大的区别。基于股指期货松绑政策月度DID检验来看，第一阶段松绑政策对股票市场定价效率提升有效性持续一个月；第二阶段松绑政策实施后期（后六个月），政策效应转为稳定的正面影响；第三阶段松绑政策对股票市场定价效率始终维持稳定的正向影响，暂未出现政策效应的衰减。

第二，股指期货松绑政策效应呈现先抑后扬的变化趋势。基于股指期货松绑政策阶段DID检验来看，第一次松绑政策阶段内，股指期货松绑政策对成分股市场定价效率存在负面影响，而第二次、第三次松绑政策阶段，股指期货松绑政策效果由负面转向正面，且第三阶段股指期货松绑政策正向提升效果更为显著。股指期货松绑政策月度DID检验也与阶段检验结果基本一致，更详细地描绘了股指期货松绑政策对股票市场定价效率"先抑后扬"的影响演变过程。考虑松绑政策效应的变化可能与政策调控前期现货市场基础、各阶段股指期货松绑程度有关。

第三,股指期货松绑政策整体上并未有效提升股票市场定价效率。可能是由于前期市场长期全面限制,市场放松绝对力度仍有限,整体市场交易仍处于显著紧缩状态,股指期货价格发现功能仍无法有效发挥。且松绑政策的实施降低了限制已久的期现货市场间交易门槛,但前期股指期货市场规模过小,无法消化现货市场激增的对冲需求,反而导致了股票市场定价效率的恶化。虽然随着三次松绑政策效应的叠加,限制期累计的对冲需求被释放,市场规模逐步提升,风险对冲能力得到了增强,使股指期货松绑政策效应转向对股票市场定价效率正面提升,但正向影响持续时间显著短于前期负面影响时期,故整体样本区间内,政策效应仍呈现负面影响。

二、政策建议

基于研究结论,本篇提出以下政策建议。

第一,继续稳步推进股指期货松绑政策实施。本篇的研究结果表明,从单次股指期货松绑政策来看确实有助于提升股票市场定价效率。虽然股指期货松绑政策整体上尚未发挥对股票市场定价效率的提升作用,但趋势上已经开始由前期负面抑制作用转为正面提升作用。综合我国股指期货市场情况来看,这是股指期货市场由前期全面限制到松绑过程中的必经之路。同时,也说明了我国目前股指期货松绑政策还不到位。因此,还需要更进一步降低股指期货交易限制和交易费用,不断扩大股指期货市场规模,快速恢复我国股指期货市场功能,也促使我国证券市场向定价机制更合理、市场质量更高的目标迈进。

第二,后期股指期货松绑政策要保持适度、稳健。从对我国股指期货市场松绑政策对股票市场定价效率的整体、阶段及月度 DID 检验结果来看,股指期货与现货市场间关联紧密,但也很微妙。股指期货市场对于股票市场定价效率的影响,不仅受到各阶段股指期货松绑程度的影响,同时也与政策调控前期现货市场基础有关。只有当整体资本市场平稳、期现货市场实现均衡时，股指期货市场功能才能有效发挥，否则将恶化我国资本市场定价效率，甚至引发市场异常事件，如"乌龙指"事件等。因此，尽管要坚定松绑股指期货市场的决心，但后期股指期货松绑政策也要依据市场情况，保持适度、稳健的节奏，以防范股指期货松绑政策带来的负面影响。

第三，对于股指期货市场应坚持适度监管与创新并重。对于股指期货市场的未来发展，除放开股指期货市场限制，以恢复股指期货市场功能外，更重要的是如何进一步改革完善股指期货市场监管体系。基于2015年股市危机下期现货市场情况来看，受市场极端冲击的影响，股指期货市场失灵，期现货市场关系异化。两市场间风险对冲机制转变为风险传染的主要途径，加剧资本市场危机。审慎监管的理念是保障金融市场安全、稳定运行所必需的，但处理好金融稳定和金融创新间均衡关系，对于中国整个资本市场的发展也至关重要。随着国际金融市场间竞争日趋激烈，对于未来中国股指期货市场的发展，我们应当把握好审慎监管的原则，实现市场稳健运行与金融业务创新均衡发展才是长远之计。

本篇小结

自 2017 年以来，随着股市危机逐步平息，中国股指期货市场在历经一年半全面限制后，迎来三度松绑。到 2018 年 12 月的第三次松绑，中国股指期货松绑政策已初具规模，股指期货恢复常态化交易指日可待。但受危机期间股指期货市场舆论讨伐和股指期货松绑期间连续三次"乌龙指"事件影响，广大投资者对于股指期货市场仍存在较多疑虑。当前，我国股指期货市场正处于发展改革的"十字路口"，如何放开股指期货市场限制以恢复股指期货风险管理功能，是亟待解决的现实问题。而纵观已有研究，受样本限制，大多关注于单一特定政策调控和危机期间渐进限制政策，对股指期货松绑政策研究较少。本篇拟通过实证研究股指期货渐进松绑政策对股票市场定价效率影响，并结合国际市场风险治理经验，为后危机时期我国股指期货市场治理作出一些方向性探索。

本篇围绕股指期货松绑政策对股票市场定价效率的影响这一核心问题展开。首先，从经验事实角度，分别对国际及中国股指期货松绑政策脉络进行了梳理，并基于松绑政策调控前后期现货市场表现进行初步横向比较；其次，从理论层面分别对期现货市场间作用机理、具体松绑措施对股票市场定价效率作用机制、整体松绑政策对于股票市场定价效率影响机制进行分析。最后，分别对股指期货松绑政策短期影响和长期影响进行实证检验。实证过程为：一是整体政策效应检验：比较整体松绑政策实施前后，实验组——沪深 300 指数成分股与对照组——沪深 300 指数非成分股间定价效率差异；二是阶段政策效应检验：分别截取三次松绑政策实施前后三个月数据，采用多期 DID 模型分别比较各阶段松绑政策实施后股票市场定价效率变化；三是月度政策效应检验：分别比较各阶段月度政策效应的方向和程度；四是进一步从政策前后时间跨度选择及股票指数选取角度进行稳健性检验。

研究结论如下：一是通过对各阶段松绑政策月度效应检验发现，股指期货松绑政策对股票市场定价效率短期内的确具有提升作用；二是股指期货松绑政策阶段效应呈现"先抑后扬"的变化趋势，各阶段松绑政策月度效应横向比较结果与其阶段效应结论基本一致；三是股指期货松绑政策整体上并未有效提升股票市场定价效率，可能是由于松绑政策对股票市场定价效率正面影响持续时间显著短于前期负面影响时期所致。基于研究结论，本篇提出以下政策建议：一是继续稳步推进股指期货松绑政策实施；二是后期股指期货松绑政策要保持适度、稳健；三是对于股指期货市场应坚持适度监管与创新并重。

本篇参考文献

[1] 巴曙松,王超.分析师对业绩披露信息含量及其市场定价效率的影响[J].金融论坛,2018,23(10):3-17,53.

[2] 鲍建平.国内外期货市场保证金制度比较研究及其启示[J].世界经济,2004(12):65-69.

[3] 蔡向辉,杨嘉文.股指期货如何影响股市稳定性?——对全球主要市场的三角度实证检验[J].财贸研究,2010,21(3):100-109.

[4] 蔡向辉.股指期货风险管理的金融逻辑[M].北京:东方出版社,2016.

[5] 戴晓凤,朱海燕.股指期货与股票市场定价效率问题[J].财经理论与实践,2005(3):48-53.

[6] 丁逸俊,冯芸.极端下跌事件的正反馈效应与监管限制溢出[J].中国管理科学,2017,25(9):81-96.

[7] 丁逸俊,冯芸.现货市场异常波动下股指期货交易限制对市场质量的影响分析[J].系统工程理论与实践,2017,37(10):2481-2496.

[8] 顾琪,王策.融资融券制度与市场定价效率——基于卖空摩擦的视角[J].统计研究,2017,34(1):80-90.

[9] 黄瑜琴,王朝阳,崔相勋.管控股指期货的救市政策有效吗?——基于现货市场波动率的视角[J].国际金融研究,2018(9):87-96.

[10] 姜洋.发现价格:期货和金融衍生品[M].北京:中信出版社,2018.

[11] 鲁东升,游航,钟鸣.日本股指期货之殇[R].金融期货研究,2014.

[12] 刘用明,屈万程,甘永春.交易手续费调整对我国股指期货市场质量的影响研究[J].西南民族大学学报(人文社科版),2018,39(4):122-129.

[13] 李志生,陈晨,林秉旋.卖空机制提高了中国股票市场的定价效率吗?——基于自然实验的证据[J].经济研究,2015,50(4):165-177.

[14] 廖士光.中国股票市场定价效率研究——基于个股特有信息含量的视角[J].

财经研究, 2010, 36 (8): 68-77.

[15] 庞素琳, 吴曼琪. 股指期货保证金水平设置比较研究——基于 Hill 及 VaR-x 估计法 [J]. 管理科学学报, 2014, 17 (6): 84-96.

[16] 饶越. 股指期货及其交易机制调整对期现市场的影响研究 [D]. 成都: 西南财经大学, 2014.

[17] 吴晓求. 股市危机: 结构缺陷与规制改革 [J]. 财贸经济, 2016 (1): 22-32.

[18] 王军, 刘卓然. 股指期货限制性措施对期现货价格关系的影响研究——中美日应对"股灾"实施股指期货限制性措施及其效果比较 [J]. 价格理论与实践, 2016 (9): 115-119.

[19] 许红伟, 陈欣. 我国推出融资融券交易促进了标的股票的定价效率吗?——基于双重差分模型的实证研究 [J]. 管理世界, 2012 (5): 52-61.

[20] 许荣, 刘成立. 股指期货限制交易对定价效率影响研究——基于跨市场信息传递视角的实证 [J]. 经济理论与经济管理, 2018 (1): 61-74.

[21] 许荣, 刘成立. 限制交易政策如何影响期现关系?——对股指期货价格发现功能的实证检验 [J]. 金融研究, 2019 (2): 154-168.

[22] 肖争艳, 高荣. 卖空交易促进了股价信息效率吗?——来自中国融券交易的经验证据 [J]. 财经问题研究, 2015 (10): 45-52.

[23] 袁怀宇. 金融危机下卖空限制对证券市场的影响——以台湾市场为例 [J]. 中国证券期货, 2010 (2): 9-11.

[24] 杨光艺. 股指期货限仓对衍生品市场价格偏差的影响及原因 [J]. 证券市场导报, 2018 (9): 31-37, 45.

[25] 姚磊, 姚王信. 融资融券渐进式扩容的政策效应研究——基于多期 DID 模型与 Hausman 的检验 [J]. 国际金融研究, 2016 (5): 85-96.

[26] 朱民, 边卫红. 危机挑战政府——全球金融危机中的政府救市措施批判 [J]. 国际金融研究, 2009 (2): 4-33.

[27] 赵慧敏, 陈晓倩, 黄嵩. 中国股指期货和现货市场信息传导关系在牛熊市中的异化现象 [J]. 系统工程理论与实践, 2018, 38 (4): 863-872.

[28] 周伟, 何建敏. 后危机时代金属期货价格集体上涨——市场需求还是投机泡沫 [J]. 金融研究, 2011 (9): 65-77.

[29] BAE S C, KWON T H, PARK J W. Futures Trading, Spot Market Volatility, and Market Efficiency: The Case of the Korean Index Futures Markets [J]. Journal of Futures Mar-

kets: Futures, Options, and Other Derivative Products, 2004, 24 (12): 1195 – 1228.

[30] BALL R, BROWN P. An Empirical Evaluation of Accounting Income Numbers [J]. Journal of Accounting Research, 1968: 159 – 178.

[31] BESLEY T, CASE A. Unnatural Experiments? Estimating the Incidence of Endogenous Policies [J]. The Economic Journal, 2000, 110 (467): 672 – 694.

[32] BOEHMER E, JONES C M, ZHANG X. Which Shorts Are Informed? [J]. The Journal of Finance, 2008, 63 (2): 491 – 527.

[33] BOEHMER E, WU J. Short Selling and the Price Discovery Process [J]. The Review of Financial Studies, 2012, 26 (2): 287 – 322.

[34] BRIS A, GOETZMANN W N, ZHU N. Efficiency and the Bear: Short Sales and Markets Around the World [J]. The Journal of Finance, 2007, 62 (3): 1029 – 1079.

[35] CHANG Y K, CHEN Y L, CHOU R K, et al. The Effectiveness of Position Limits: Evidence From the Foreign Exchange Futures Markets [J]. Journal of Banking & Finance, 2013, 37 (11): 4501 – 4509.

[36] CHOU R K, WANG G H K. Transaction Tax and Market Quality of the Taiwan Stock Index Futures [J]. Journal of Futures Markets: Futures, Options, and Other Derivative Products, 2006, 26 (12): 1195 – 1216.

[37] DUTT H R, HARRIS L E. Position Limits for Cash – settled Derivative Contracts [J]. Journal of Futures Markets: Futures, Options, and Other Derivative Products, 2005, 25 (10): 945 – 965.

[38] FIGLEWSKI S. Hedging Performance and Basis Risk in Stock Index Futures [J]. The Journal of Finance, 1984, 39 (3): 657 – 669.

[39] FISHE R P H, GOLDBERG L G, GOSNELL T F, et al. Margin Requirements in Futures Markets: Their Relationship to Price Volatility [J]. Journal of Futures Markets, 1990, 10 (5): 541 – 554.

[40] FREMAULT A. Stock Index Futures and Index Arbitrage in a Rational Expectations Model [J]. Journal of Business, 1991: 523 – 547.

[41] GASTINEAU G L. Option Position and Exercise Limits: Time for a Radical Change [J]. Journal of Portfolio Management, 1992, 19 (1): 92.

[42] GASTINEAU G L. Option Position and Exercise Limits: Time for a Radical Change [J]. The Journal of Portfolio Management, 1992, 19 (1): 92 – 96.

[43] GOMBER P, HAFERKORN M, ZIMMERMANN K. Securities Transaction Tax and

Market Quality—The Case of France [J]. European Financial Management, 2016, 22 (2): 313 – 337.

[44] GROSSMAN S J. Introduction to NBER Symposium on the October 1987 Crash [J]. The Review of Financial Studies, 1990, 3 (1): 1 – 3.

[45] HAN J, PAN Z. On the Relation Between Liquidity and the Futures – cash Basis: Evidence from a Natural Experiment [J]. Journal of Financial Markets, 2017, 36: 115 – 131.

[46] HAN Q, LIANG J. Index Futures Trading Restrictions and Spot Market Quality: Evidence from the Recent Chinese Stock Market Crash [J]. Journal of Futures Markets, 2017, 37 (4): 411 – 428.

[47] HECKMAN J J, ICHIMURA H, TODD P E. Matching As an Econometric Evaluation Estimator: Evidence from Evaluating a Job Training Programme [J]. The Review of Economic Studies, 1997, 64 (4): 605 – 654.

[48] HECKMAN J J, ICHIMURA H, TODD P. Matching As an Econometric Evaluation Estimator [J]. The Review of Economic Studies, 1998, 65 (2): 261 – 294.

[49] HIRAKI T, MABERLY E D, TAKEZAWA N. The Information Content of End – of – the – day Index Futures Returns: International Evidence from the Osaka Nikkei 225 Futures Contract [J]. Journal of Banking & Finance, 1995, 19 (5): 921 – 936.

[50] HONG M, RAMCHANDER S, WANG T, et al. Role of Index Futures on China's Stock Markets: Evidence from Price Discovery and Volatility Spillover [J]. Pacific – Basin Finance Journal, 2017, 44: 13 – 26.

[51] HOU K, MOSKOWITZ T J. Market Frictions, Price Delay, and the Cross – section of Expected Returns [J]. The Review of Financial Studies, 2005, 18 (3): 981 – 1020.

[52] HSIEH W G. Regulatory Changes and Information Competition: The case of Taiwan Index Futures [J]. Journal of Futures Markets: Futures, Options, and Other Derivative Products, 2004, 24 (4): 399 – 412.

[53] IIHARA Y, KATO K, TOKUNAGA T. Intraday Return Dynamics Between the Cash and the Futures Markets in Japan [J]. Journal of Futures Markets, 1996, 16 (2): 147 – 162.

[54] KLEIDON A W. Arbitrage, Nontrading, and Stale Prices: October 1987 [J]. Journal of Business, 1992: 483 – 507.

[55] KUMAR P, SEPPI D J. Information and Index Arbitrage [J]. Journal of Business, 1994: 481 – 509.

[56] KYLE A S, XIONG W. Contagion as a Wealth Effect [J]. The Journal of Finance,

2001, 56 (4): 1401 – 1440.

[57] KYLE A S. Continuous Auctions and Insider Trading [J]. Econometrica: Journal of the Econometric Society, 1985: 1315 – 1335.

[58] MALKIEL B G, FAMA E F. Efficient Capital Markets: A Review of Theory and Empirical Work [J]. The journal of Finance, 1970, 25 (2): 383 – 417.

[59] MEYER B D. Natural and Quasi – experiments in Economics [J]. Journal of Business & Economic Statistics, 1995, 13 (2): 151 – 161.

[60] MORCK R, YEUNG B, YU W. The Information Content of Stock Markets: Why Do Emerging Markets Have Synchronous Stock Price Movements? [J]. Journal of Financial Economics, 2000, 58 (1 – 2): 215 – 260.

[61] ROSENBAUM P R, RUBIN D B. The Central Role of the Propensity Score in Observational Studies for Causal Effects [J]. Biometrika, 1983, 70 (1): 41 – 55.

[62] ROSS S A. Return, Risk and Arbitrage [M]. Rodney L. White Center for Financial Research, The Wharton School, University of Pennyslvania, 1973.

[63] SAFFI P A C, SIGURDSSON K. Price Efficiency and Short Selling [J]. The Review of Financial Studies, 2010, 24 (3): 821 – 852.

[64] SHARPE W F. Capital Asset Prices: A Theory of Market Equilibrium under Conditions of Risk [J]. The Journal of Finance, 1964, 19 (3): 425 – 442.

[65] SUMMERS L H, SUMMERS V P. When Financial Markets Work Too Well: A Cautious Case for a Securities Transactions Tax [J]. Journal of Financial Services Research, 1989, 3 (2 – 3): 261 – 286.

[66] TELSER L G, YAMEY B S. Speculation and Margins [J]. Journal of Political Economy, 1965, 73 (6): 656 – 657.

[67] TELSER L G. A Review of the Case for Position Limits on Agricultural Futures [J]. Journal of Financial Engineering, 1993, 2: 33 – 38.

[68] TOBIN J. A Proposal for International Monetary Reform [J]. Eastern Economic Journal, 1978, 4 (3/4): 153 – 159.

[69] XIE S, MO T. Index Futures Trading and Stock Market Volatility in China: A Difference – In – Difference Approach [J]. Journal of Futures Markets, 2014, 34 (3): 282.

后 记

　　股指期货乃大国金融重器。随着经济全球化与金融深化,随着我国市场经济的不断发展与完善,股票市场成为市场配置资源的重要枢纽与平台,股市风险亟待股指期货发挥发现价格与套期保值功能,股指期货成为大国风险管理的金融重器,以股指期货为主体的风险管理金融市场迅猛发展,与以商业银行为主体的间接金融市场、以证券为主体的直接金融市场,将呈现鼎立之势。

　　本人挚爱并长期专注证券期货研究与投资,在股市与期市上横刀立马二十载,首次见证并体味了那场股市危机之惨烈。2015年6月中旬至8月下旬,中国资本市场建立以来真正意义上的股市危机爆发,千股连续跌停、千股连续停牌,40余万亿元股票市值灰飞烟灭,成为我国资本市场发展中的里程碑事件(吴晓求,2016)。股市危机期间股指期货被推上风口浪尖,被质疑其存在恶意做空、市场操纵行为,被指责其为股市危机"帮凶"。面对股指期货风险管理功能失灵现象,中国金融期货交易所及时出台"史上最严"股指期货限制政策,从保证金比例、佣金比例、仓位三个维度六次收紧,并从交易时间上限制,缩短延伸交易时段至同步交易。市场运行平稳后,从保证金比例、佣金比例、仓位三个维度四度松绑,恢复至股市危机前水平。

　　股市危机是检验股指期货风险管理功能的试金石。2008年国际金融危机期间,股指期货成为国际股市波动宏观稳定器,而2015年股市危机期间股指期货风险管理功能失灵现象;"橘逾淮为枳",股指期货为什么"水土不服",值得深思。党的十九大以来,防范风险成为当前三大攻坚战之首。

股市危机以来股指期货渐进式管控政策，收放自如，成功地化解股市系统性风险，充分体现了金融当局驾驭市场的能力与调控市场的艺术，值得总结。

　　本书系湖南省自然基金项目（2019JJ40129）最终成果。感谢湖南省自然基金委与湖南农业大学经济学院专著出版的资助；感谢经济学院院长刘辉教授、书记曾建英的鼎力支持；感谢课题组成员李世美副教授、蔡洋萍副教授的热心帮助；感谢课题组成员研究生郑皖梅、裴雅琴、周琬玥等同学在数据处理及文稿修订等方面的贡献。当然，本书难免存在错漏之处与商榷之地，敬请各位同仁斧正。

杨林
2020 年 6 月 1 日